교사들이 국가교육과정을 읽으며 풀어낸 49가지 이야기
교사, 교육과정을 읽다

현직 교사들이
국가교육과정을
읽으며 풀어낸
49가지 이야기

교사,
교육과정을
읽다

이한진 이광재 김상훈 유성열 남승종 이찬희 함께 지음

미래가치

여는 글
●

교사는
교육과정으로 말한다.

　교사들은 저마다 교육 실천의 과정과 결과를 시시때때로 성찰한다. 자신이 근무하는 학교에 대한 이야기에서부터 교육 평등이나 대학 서열화 등의 거시적인 교육 담론으로까지 주제의 스펙트럼은 매우 넓다. 때로는 동료교사들과 허심탄회하게 자신의 교육적 삶에 대해서 이야기하며 '우리 교육, 정말 이대로 괜찮은가'라는 질문을 던지며 깊이 고민하기도 하고, 이에 대해서 나름의 대안을 내놓기까지 한다. 그 대안이 현재 우리 사회에 적합한지의 여부를 떠나 교사들이 교육에 대해 고민하는 것은 바람직한 일이다. 학교 현장에서 실제 교육활동을 실행하는 교사의 사유는 우리 교육이 사회의 각종 문제들로부터 오염되지 않도록 하는 중요한 버팀목 역할을 한다.
　이때 교사 개인의 사유 자체가 편협적인 방향으로 나가지 않도록 해주는 기본 좌표 내지는 교사 사이의 의사소통에 있어서 객관적인 표준이 될 수 있는 것은 무엇일까? 바로 국가 수준의 교육과정이다. 물론 교육을 바라보는 우리의 시각이 국가교육과정 안에 국한되어서는 안 된다. 다만, 교사가 교육을 이야기할 때는 국가 수준에서 제시하고 있는 교육과정 편성·운영상의 지침에 근거하여 논의가 진행되어야 한다. 현행 교육과정에 대한 명확한 이해의 토대 위에서 교육을 이야기할 때 대화 참여자 간에 불필요한 논쟁을 줄일 수 있고, 나아가 우리 교육에 대한 공통의 청사진을 그릴 수 있다.

이와 관련하여 교육과정 이해를 위해서 교사들이 출발점으로 삼아야 하는 텍스트는 당연히 교육과정 총론이 되어야 한다. 여기에는 교육과정의 성격을 시작으로 우리 교육이 추구하는 교육 이념과 인간상, 교육목표 등의 교육과정 구성의 방향, 학교 급별 교육과정 편성·운영, 그리고 지원에 관한 사항들이 제시되어 있다. 교사는 이 내용들을 늘 숙지하고 있다가 자신의 교육과정 실천 과정에서 발생하는 다양한 의문을 해소하거나 또는 자신의 교육과정 실천 전반에 대한 사유와 성찰에 들어갈 때 반드시 참고해야 한다. 다시 말해서, 교사는 고시된 국가 수준의 교육과정과 현재 자신이 만나고 있는 학생과의 사이에 서서 교육과정 편성·운영의 융통성을 발휘할 수 있어야 한다. 이것이 바로 교사의 전문성 중 하나일 것이다.

현재 교사들은 교육과정을 읽고 있는가? 이 질문은 교사교육과정이라는 말이 등장한 시점에서 다소 시대에 뒤떨어지는 질문처럼 들릴지 모른다. 사실 현장의 교사가 교육과정 총론을 정독하는 경우는 매우 드물다. 그 이유는 교육과정 총론에 서술된 내용들이 학교 현장에서 교사들이 가르치는 교과 내용이나 수업 상황과 상당히 거리가 있는 이야기처럼 보이기 때문이다. 실제로 교육과정 총론의 내용이 단위 차시의 교과 수업을 진행하는 상황에서 교사에게 상기될 필요성은 낮은 편이다. 하지만 교사가 주도성을 갖고 자신의 교육과정을 창의적으로 운영하기 위해서라도 교육과정 독해는 선행되어야 한다.

이 책의 집필은 바로 이러한 문제 인식에서 시작되었다. 교육에 대한 고민이 깊고, 교육과정 공부에 관심이 많은 교사들이 모여 교육과정 총론(교육부 고시 제2015-74호)을 함께 읽어나갔다. 학교 교사라는 일상적인 삶에서 틈을 내어 주기적인 만남을 가졌다. 그리고 교육과정 총론

독해는 자연스럽게 저자들을 학교교육, 나아가 대한민국의 교육에 대한 고민으로 이끌었다. 때로는 학교교육 경험을 바탕으로 우리 사회의 현안 문제들과 끊임없이 교섭했다. 이 책은 그 고민의 과정에서 탄생되었다. 일종의 교육과정에 대한 고증학적 연구의 결과물이라고 할까? 저자들의 교육과정 읽기는 교육과정 공부에 대한 사변적이고 추상적인 차원을 극복하려는 시도였음을 밝혀둔다.

비교적 짧은 글이지만 교육과정 총론이 담고 있는 다양한 함의를 폭넓게 이해하고, 지나치게 자의적인 해석을 피하기 위해서 별도로 고시된 교육과정 총론 해설서를 함께 탐독했다. 단언컨대, 이를 통해 국가 수준의 교육과정을 기획한 교육부, 교육과정을 집필한 대학의 여러 교수들의 의도에 조금 더 가까워질 수 있었다. 또한 교육과정 총론만으로는 논의의 과정에서 쉽게 답을 구하기 어려운 문제들과 관련하여 초·중등교육법을 비롯한 법령, 그리고 시·도 교육청 '주요업무계획' 등을 살펴보며 탐구를 심화하고 서로 간의 대화를 진전시켰다.

이 책은 크게 교육과정 구성의 방향, 학교 급별 교육과정 편성·운영의 기준, 학교교육과정 편성·운영, 학교교육과정 지원, 이렇게 크게 4개의 장으로 구성되어 있다. 이것은 2015 개정 교육과정 총론의 구성 형식과 동일하다. 그렇게 구성한 이유는 독자들에게 독서의 편의를 제공하기 위함이다. 독자는 이 책을 읽음으로써 저자들의 교육 경험을 소재로 나눈 대화의 장에서 성찰의 기회를 얻을 것이며, 동시에 2015 개정 교육과정 총론을 읽는 효과를 보게 될 것이다. 궁극적으로는 현재의 한국 사회가 당면한 교육 문제들에 대해서 답을 제공한다기보다 그러한 문제들로 독자를 초대하는 데 목적이 있다. 어쩌면 독자가 저자들이 품은 교육적 고민과 관련하여 더 좋은 답을 가지고 있을지도 모른다. 그러한 대안이 개인적인 단상에 머무르지 않고 교육 동지들 사이에, 그리고 정책을 입안하는 정부나 시민사회의 공적 담론의 장에 등장하기를 기대한다.

교사라면 누구나 수업을 하고, 학생과 대면한다. 그러나 그 수업과 만남의 방식은 교사마다 질적으로 엄청난 차이를 보인다. 여기서 교육과정에 대한 이해와 성찰의 과정은 교사 역량의 질적 도약에 있어서 필요조건이다. 때때로 교사는 일상적인 교육적 삶에 거리를 두고 우리 교육의 모습을 조망할 수 있어야 한다. 얼마간의 교육과정을 실행하다보면, 자신의 교육과정에 대해서 반성할 필요를 느끼게 되고, 때로는 국가 수준의 교육과정을 비판해야 할 상황에 놓이기도 한다. 이 모든 것이 우리 교육을 진보시키는 희망이다. 이 책의 독자가 그러한 희망의 불씨가 되기를 진심으로 바라는 바이다.

끝으로, 이 책이 나오기까지 바쁜 와중에도 집필진의 교육과정 연구를 지원해주시고, 교육 현상을 바라보는 우리의 시각이 단지 교사들만의 시각에 머무르지 않도록 조언해 주신 한결초등학교 조항선 교감선생님께 고마운 마음을 전한다. 또한 부족한 글임에도 불구하고 기꺼이 출판해주신 도서출판 미래가치 대표님을 비롯하여 출판을 위해 애써주신 미래가치 출판사 가족 모든 분들께도 진심으로 감사의 말씀을 드린다.

2020년 7월, 세종의 어느 카페에서

저자 일동

추천사

● 1

교사는 교육과정을 만들고, 실행하는 주체입니다.

　교육과정은 국가교육과정과 지역 수준의 교육청 차원에서 개발하여 보급하는 편성·운영 지침 등의 문서로 구체화되어 있습니다. 그 문서에는 교사가 학생에게 가르쳐야 할 교과 지식과 더불어 교육 이념과 목표 등 우리 교육이 지향하고 있는 가치가 담겨 있습니다. 교사가 교육과정을 실행하기 위해서는 교육과정을 잘 이해해야 합니다. 하지만 이는 국가교육과정에 대한 직역을 의미하지는 않습니다. 문서에 제시된 문장들에 함몰되면 자칫 교사의 교육과정 실행이 너무 경직될 위험이 있습니다. 교사가 교육과정의 주체라는 것은 문서화되어 있는 지식 체계를 교과 진도에 따라 단순히 전달하는 것과는 차원이 다른 이야기입니다. 문서화된 교육과정은 최소한의 공통분모일 뿐 나머지는 교실에서 벌어지는 학생들의 배움과 교사들의 실천으로 채워져야 하기 때문입니다.

　그래서 요즘은 교육과정을 편성하고 운영하는 교사에게 교육과정에 대한 문해력이 필요하다는 말을 많이 합니다. 말 그대로 교사는 교육과정을 바라보는 지적 안목과 그것을 상황에 맞게 실천할 수 있는 맥락성을 갖추어야 한다는 말입니다. 교육과정에 대한 문해력을 갖춘 교사라면 교육과정을 실행함에 있어서 학생들에게 보다 풍부하고 유의미한 경험을 제공할 수 있을 것입니다.

이 책의 저자들은 교실에서 직접 학생들을 가르치고 있는 교사들입니다. 동시에 교육과정에 대한 연구와 실천을 병행하고 있는 연구자들입니다. 이 책에서 저자들이 보여준 '교육과정 읽기'는 끊임없이 우리에게 교육과정에 대한 맹목적 이해와 경직된 실천에서 벗어나기를 촉구합니다. 저자들은 국가교육과정의 텍스트를 준수하면서도 그 안에 매몰되지 않는, 살아있는 교육 현장의 맥락을 반영하는 교육과정 실행을 보여주고 있습니다. 저자들이 교사로서 교육과정 이해와 실천 사이의 간극을 어떻게 메우고 있는가를 살펴보는 것은 교사가 아닌 독자들에게도 흥미로운 경험이 될 것입니다.

아울러 이 책에서는 창의적 교육과정을 구현하면서도 우리 사회가 지향해야 하는 교육의 참모습을 발견하기 위한 저자들의 질문과 탐구도 함께할 수 있습니다. 평소 자신들이 교실에서 실천한 가르침의 경험, 그리고 학교 안팎에서 일어나는 교육문제와 현상들에 대한 고민도 심도 있게 담아내고 있습니다.

일선 학교에서 교사가 왜 교육과정을 읽어야 하며, 어떤 방식으로 교육과정을 운영해야 하는가에 대한 실천적 지침을 제공해주고 있는 이 책은 현장 교사뿐만 아니라 교육 정책을 입안하는 행정가, 예비교사, 교사를 지원하는 교육전문직, 학부모, 그밖에 우리 교육에 대해서 고뇌하는 사람들에게 좋은 지침서가 될 것으로 기대합니다.

세종특별자치시교육감
최교진

추천사 2

아이디어가
교육과정으로 표현될 때
비로소 교육이 된다고 합니다.

    이 책에는 여섯 선생님들의 국가교육과정 읽는 이야기 49편이 실려 있습니다. 교사들은 교육활동을 하는 맥락을 가지고 있습니다. 동일한 국가교육과정을 사용하지만 이것을 사용하는 맥락들이 다릅니다. 정지된 국가교육과정을 살아나게 하는 저마다의 교육과정이 거주하는 시간과 공간이 있습니다. 이 때문에 교사들이 하는 교육활동은 모두가 조금이라도 달라 보입니다. 각자의 맥락에 맞춰서 사용하면서 필요한 부분을 창조하여 완성하기 때문입니다. 여기에는 교사가 교육과정을 해석하는 활동이 동반할 수밖에 없습니다. 이렇게 교사가 해석하는 부분이 있기에 교사가 창조하는 부분도 동행합니다. 동일한 국가교육과정을 어떻게 사용해야 하는가에 대한 이야기는 많지만, 동일한 국가교육과정이 특수한 맥락을 만나서 어떤 모습을 창조해서 완성하는지를 들려주는 이야기는 그리 많지 않습니다. 교사가 이렇게 창조하는 부분을 창조로 보기도 하고, 동일성을 해치는 것으로 보기도 합니다. 이런 판단을 하기 위해서는 무엇보다 연구자는 교사가 하는 일을 연구해야 합니다. 연구자로서 교사는 교사로서 자신이 하는 일을 이야기해야 합니다.

    이렇게 교사를 통해서 (학교)교육을 연구해야 한다 혹은 교사가 학교에서 하는 교육을 연구해야 한다는 이런 슬로건은 이미 1950년대 즈

음부터 있었습니다. 그동안 우리는 교사가 교육하면서 무슨 생각을 하는지에 초점을 둔 교사의 성찰reflection 연구, 교사의 실천Action이나 실행implementation연구에 꾸준히 관심을 가져 왔습니다. 덕분에 교사가 실제로 교육하면서 사용하는 독특한 지식이 있다는 것도 알게 되었습니다. 이런 점에서 교사를 교육학 지식 사용자에서 지식 생산자로 보게 되었고, 실천가에서 연구자로 보는 개념도 가졌습니다.

우리나라에서도 교사와 교사가 하는 교육활동을 연구하는 것을 넘어서, 이제는 교사가 자신을 그리고 자신이 활동하는 현장을 연구하는 것도 보기 드문 일이 아닙니다. 이런 현상은 점점 우리 주변에 글 쓰는 교사들이 증가하고 있는 현상만 보아도 넉넉히 짐작할 수 있습니다. 나는 교사가 실천하면서 고민하는 것을 성찰하고 이를 글로 쓰는 일을 교사가 하는 연구 중 하나로 봅니다. 교사가 쓰는 글은 실천을 기반으로 한다는 점에서 연구로서 맥을 가지며, 그 결과를 연구 결과로 소통하고 공유할 수 있습니다. 이것을 이 분야에서는 이미 '실천 연구', '실행 연구', '교사 연구'와 같은 용어로 부릅니다.

'교사, 교육과정을 읽다'는 교사들이 국가교육과정을 읽고 있는 모습들입니다. 6명의 선생님들이 학교교육이라는 살아있는 체제, 그 생태계에서 국가교육과정 버전을 자신의 교육과정 버전으로 바꾸는 데 필요한 어떤 고민들을 어떻게 하고 있는지를 말하고 있습니다. 교육을 상상하는 일은 모두 아이디어이지만, 이런 아이디어가 교육과정으로 표현될 때 비로소 교육이 된다고 합니다. 이 글을 쓴 6명의 선생님들이 이 글을 통해서 얼마나 성장하였는지 어렵지 않게 짐작할 수 있습니다. 또 이 글이 글쓴이를 넘어서 글을 쓰는 또 다른 선생님들을 나오게 할 것이라고 믿습니다.

한국교원대학교 교수

정광순

차례

4 　여는 글
8 　추천사

Ⅰ.
Dreaming
교육과정 꿈꾸기_17
교육과정 구성의 방향

22 　국가교육과정은 누가 읽어야 하는가
27 　학교는 국가교육과정을 그대로 가르쳐야만 하는가
31 　학교운영위원회가 가야 할 길
36 　우리 시대의 홍익인간
41 　나를 공부하자
46 　엉뚱한 대답이 정답이 될 수는 없는가
51 　사진보다는 마음에 담아요
56 　교실 안에서 실천하는 세계 시민 교육
61 　역량, competency에서 capabilities로
67 　핵심역량을 어떻게 평가하는가
73 　과정 중심 평가는 어디에서 출발했는가
77 　교사로 산다는 것

II.
Understanding
교육과정 이해하기_81
학교 급별 교육과정 편성·운영의 기준

- 104 학습자 주도적 맞춤 학습(Personalized Learning)
- 109 보고 또 보고
- 114 창의적 체험활동은 누구를 위한 것인가
- 119 범교과 수업 시수, 신경 쓸게 너무나 많다!
- 123 계기 교육은 어떻게 해야 할까
- 127 수업, 꼭 1차시에서 40분만 해야 하는가
- 132 이것은 시수 편제인가, 시수 강제인가
- 136 창의적 체험활동, 학교교육과정을 완성하다
- 141 학생 다모임을 통해 모두를 주인공으로
- 146 모든 아이는 우리 모두의 아이입니다
- 151 별빛 공부방을 추억하며
- 155 방문객에서 벗어나 우리 반 학생으로
- 160 좋은 사회가 좋은 교육을 만든다

Ⅲ.
Making
교육과정 만들기_165
학교교육과정 편성·운영

- 170 바야흐로, 학교교육과정 시대
- 175 교육과정에 담고 싶은 것
- 180 학교교육과정은 누가 어떻게 만들어야 하는가
- 184 교육 현장 속 흰 코끼리 이야기
- 189 방과후학교를 말하다
- 193 학부모 교육과정
- 198 전문적학습공동체와 교사의 전문성
- 203 눈치 시즌이 돌아오다
- 208 배움 중심 수업이 갖는 의미
- 213 학생이 만드는 현장체험학습
- 218 학교교육과정을 교사교육과정이라고 해석 가능한가?
- 223 평가의 본질적 의미
- 228 나에게 쉬우면서 어려운 교과의 평가
- 233 남자답게? 여자답게? 너와 나답게!

Ⅳ.
Supporting
교육과정 지원하기_239
학교교육과정 지원

- 244 학교교육과정을 지원하라!
- 249 코로나-19가 안긴 과제
- 254 학생의 삶이 담긴 교과서
- 259 Not In My Back Yard(NIMBY)
- 264 교사당 학생 수에서 학급당 학생 수로
- 269 에듀테크(EduTech)? 에듀데스(EduDeath)!
- 274 인구 절벽에서 학교 교육의 변화를 보다
- 279 교육지원청이 요청하는 컨설팅
- 284 책 냄새 하나, 어떠세요?
- 289 여기는 교실, 교원 업무경감 지원 바람!

- 294 참고 문헌

선생님은 교육과정을 어떻게 읽고 있나요?

I.
Dreaming
교육과정 꿈꾸기

교육과정 구성의 방향

교육과정 읽기

교육과정의 성격

이 교육과정은 초·중등교육법 제23조 제2항에 의거하여 고시한 것으로, 초·중등학교의 교육 목적과 교육 목표를 달성하기 위한 국가 수준의 교육과정이며, 초·중등학교에서 편성·운영하여야 할 학교교육과정의 공통적이고 일반적인 기준을 제시한 것이다. ⓘ

이 교육과정의 성격은 다음과 같다.

가. 국가 수준의 공통성과 지역, 학교, 개인 수준의 다양성을 동시에 추구하는 교육과정이다. ⓘⓘ
나. 학습자의 자율성과 창의성을 신장하기 위한 학생 중심의 교육과정이다.
다. 학교와 교육청, 지역사회, 교원·학생·학부모가 함께 실현해 가는 교육과정이다. ⓘⓘⓘ
라. 학교 교육 체제를 교육과정 중심으로 구현하기 위한 교육과정이다.
마. 학교 교육의 질적 수준을 관리하고 개선하기 위한 교육과정이다.

Ⅰ. 교육과정 구성의 방향

1. 추구하는 인간상

우리나라의 교육은 홍익인간의 이념 아래 모든 국민으로 하여금 인격을 도야하고, 자주적 생활 능력과 민주 시민으로서 필요한 자질을 갖추게 함으로써 인간다운 삶을 영위하게 하고, 민주 국가의 발전과 인류 공영의 이상을 실현하는 데에 이바지하게 함을 목적으로 하고 있다. I-1

이러한 교육 이념과 교육 목적을 바탕으로, 이 교육과정이 추구하는 인간상은 다음과 같다.

가. 전인적 성장을 바탕으로 자아정체성을 확립하고 자신의 진로와 삶을 개척하는 자주적인 사람 I-2
나. 기초 능력의 바탕 위에 다양한 발상과 도전으로 새로운 것을 창출하는 창의적인 사람 I-3
다. 문화적 소양과 다원적 가치에 대한 이해를 바탕으로 인류 문화를 향유하고 발전시키는 교양 있는 사람 I-4
라. 공동체 의식을 가지고 세계와 소통하는 민주 시민으로서 배려와 나눔을 실천하는 더불어 사는 사람 I-5

이 교육과정이 추구하는 인간상을 구현하기 위해 교과 교육을 포함한 학교 교육 전 과정을 통해 중점적으로 기르고자 하는 핵심역량은 다음과 같다. I-6 I-7

가. 자아정체성과 자신감을 가지고 자신의 삶과 진로에 필요한 기초 능력과 자질을 갖추어 자기주도적으로 살아갈 수 있는 자기관리 역량
나. 문제를 합리적으로 해결하기 위하여 다양한 영역의 지식과 정보를 처리하고 활용할 수 있는 지식정보처리 역량

다. 폭넓은 기초 지식을 바탕으로 다양한 전문 분야의 지식, 기술, 경험을 융합적으로 활용하여 새로운 것을 창출하는 창의적 사고 역량
라. 인간에 대한 공감적 이해와 문화적 감수성을 바탕으로 삶의 의미와 가치를 발견하고 향유하는 심미적 감성 역량
마. 다양한 상황에서 자신의 생각과 감정을 효과적으로 표현하고 다른 사람의 의견을 경청하며 존중하는 의사소통 역량
바. 지역·국가·세계 공동체의 구성원에게 요구되는 가치와 태도를 가지고 공동체 발전에 적극적으로 참여하는 공동체 역량

2. 교육과정 구성의 중점

이 교육과정은 우리나라 교육과정이 추구해 온 교육 이념과 인간상을 바탕으로, 미래 사회가 요구하는 핵심역량을 함양하여 바른 인성을 갖춘 창의융합형 인재를 양성하는 데에 중점을 둔다. 이를 위한 교육과정 구성의 중점은 다음과 같다.

가. 인문·사회·과학기술 기초 소양을 균형 있게 함양하고, 학생의 적성과 진로에 따른 선택학습을 강화한다.
나. 교과의 핵심 개념을 중심으로 학습 내용을 구조화하고 학습량을 적정화하여 학습의 질을 개선한다.
다. 교과 특성에 맞는 다양한 학생 참여형 수업을 활성화하여 자기주도적 학습 능력을 기르고 학습의 즐거움을 경험하도록 한다.
라. 학습의 과정을 중시하는 평가를 강화하여 학생이 자신의 학습을 성찰하도록 하고, 평가 결과를 활용하여 교수·학습의 질을 개선한다. I-8
마. 교과의 교육 목표, 교육 내용, 교수·학습 및 평가의 일관성을 강화한다.
바. 특성화 고등학교와 산업수요 맞춤형 고등학교에서는 국가직무능력표준을 활용하여 산업사회가 필요로 하는 기초 역량과 직무 능력을 함양한다.

3. 학교 급별 교육 목표

가. 초등학교 교육 목표

초등학교 교육은 학생의 일상생활과 학습에 필요한 기본 습관 및 기초 능력을 기르고 바른 인성을 함양하는 데에 중점을 둔다. I-9

1) 자신의 소중함을 알고 건강한 생활 습관을 기르며, 풍부한 학습 경험을 통해 자신의 꿈을 키운다.
2) 학습과 생활에서 문제를 발견하고 해결하는 기초 능력을 기르고, 이를 새롭게 경험할 수 있는 상상력을 키운다.
3) 다양한 문화 활동을 즐기고 자연과 생활 속에서 아름다움과 행복을 느낄 수 있는 심성을 기른다.
4) 규칙과 질서를 지키고 협동정신을 바탕으로 서로 돕고 배려하는 태도를 기른다.

국가교육과정은 누가 읽어야 하는가

이 교육과정은 초·중등교육법 제23조 제2항에 의거하여 고시한 것으로, 초·중등학교의 교육 목적과 교육 목표를 달성하기 위한 국가 수준의 교육과정이며, 초·중등학교에서 편성·운영하여야 할 학교교육과정의 공통적이고 일반적인 기준을 제시한 것이다.

- 교육과정의 성격 중에서 -

    교사는 무엇을 가르치는 사람일까? 교사라면 누구나 한 번쯤은 고민해봤을 법한 문제이다. 불과 몇 년 전까지만 해도 많은 교사들은 그들이 가르쳐야 할 것은 당연히 교과서라고 생각했다. 나 역시도 교직에 첫 발을 내딛었을 때, 내가 가르쳐야 할 것은 당연히 교과서라고 생각했었다. 그 이유는 간단했다. 나의 학창시절을 되돌아보면, 나는 학교에서 교과서를 배웠고, 예비교사 시절 교육대학교에서 내가 배운 것은 교과서를 가르치는 방법이었다. 그렇기 때문에 나는 교사라면 당연히 교과서를 가르쳐야 한다고 생각했다. 심지어 교사가 되기 위한 임용시험을 치를 때 국가교육과정을 달달 외웠음에도 불구하고, 교사가 국가교육과정을 가르친다는 상상은 하지 못했다. 나에게 국가교육과정은 지나치게 추상적이고 지나치게 당연한 말들로 가득해보였기 때문이다. 반면, 교과서는 내가 가르쳐야 할 것은 비교적 분명하게 제시하고 있었다. 1차시에는 무엇을 가르치며, 2차시에는 무엇을 가르쳐야 할지, 구체적인 활동까지 나름 체계적으로 제시해주었다. 나의 역할은 이렇게 잘 만들어진 교과서를 학생들에게 어떻게 잘 전달할 수 있을지 고민하고 연습하는 것이었다.

  교과서를 열심히 가르치던 어느 날이었다. 교과서와 학습 목표를 확인하고, 어떻게 하면 교과서 내용을 잘 전달하여 우리 반 학생들이 학습 목표에 도달할 수 있을까 하는 생각을 하고 있었다. 그 순간 문득 내가 가르쳐야 할 것은 학습 목표인가 교과서 활동인가 하는 고민이 들었다. 그때 나의 목적은 교과서 활동을 통해 학습 목표에 도달할 수 있도록 돕는 것이라는 생각을 처음으로 하게 되었고, 그렇다면 학습 목표에 도달하기 위해서 교과서 활동을 다른 활동으로 대체할 수 있을 것 같다는 생각이 들었다. 혹시 나와 같은 고민을 하고 있는 사람이 또 있을지 주변을 돌아보니 교과서 재구성 혹은 교육과정 재구성이라는 이름하에 교과서를 벗어난 활동들을 직접 만들어 실행하는 사람을 어렵지 않게 찾을 수 있었다. 그것은 교사가 가르쳐야 할 것은 교과서라는 기존의 틀이 깨지는 충격적인 순간이었다. 그런데 막상 교과서를 벗어나 학습 목표에 도달할 수 있는 다른 대체 활동을 만들려고 하다 보니 너무 막막했다. 그러한 막막함은 크게 두 가지 측면에서 존재했는데, 하나는 그 활동을 도대체 어떻게 만들어야 할지에 대한 것이었고, 다른 하나는 내가 만든 활동을 정말로 학생들에게 가르쳐도 되는지에 대한 것이었다. 지금에 와서 되돌아보니, 첫 번째는 '기준'에 대한 막막함이었고, 두 번째는 나의 교육활동의 '정당성'에 대한 막막함이었다. 이를 해결하기 위해 선배 교사들을 찾아가 묻기도 하며 관련 서적들을 탐독해보기도 했고 다른 여러 교사들의 수업을 찾아가 참관도 하고 이야기도 나누며 이전에는 알지 못했던 새로운 사실들을 깨닫게 되었다. 내가 그토록 신성시 여기던 교과서는 바로 교육과정을 가르치기 위한 하나의 교육과정 자료에 불과하다는 것이었다. 다시 말해, 교사가 가르쳐야 할 것은 교과서가 아니라 교육과정이었던 것이었다. 교육과정 총론을 펼쳐 보면 가장 먼저 교육부 고시 내용과 관련 부칙들이 나온다. 이어서 제시되는 교육과정 성격 부분에서 교사기 가르쳐야 할 공통적이고 일반적인 기준은 바로 교육과정임을 밝히고 있다.

또한, 국가교육과정이 근거하고 있는 초·중등교육법 제23조를 살펴보면 다음과 같다.

① 학교는 교육과정을 운영하여야 한다.
② 교육부장관은 제1항에 따른 교육과정의 기준과 내용에 관한 기본적인 사항을 정하며, 교육감은 교육부장관이 정한 교육과정의 범위에서 지역의 실정에 맞는 기준과 내용을 정할 수 있다.
③ 학교의 교과는 대통령령으로 정한다.

- 초·중등교육법 제23조-

이러한 근거로 인하여, 교사가 가르쳐야 할 것은 바로 교육과정이었던 것이다. 교과서는 다소 추상적이고 당연해 보일 수 있는 말들로 이루어진 교육과정을 교사가 가르칠 수 있도록 돕기 위해 만들어진 교육과정 자료 중 하나였다. 다시 말해, 교과서 역시 교과서 개발자들이 교육과정을 바탕으로 주관적으로 판단하여 만들어진 자료

였기 때문에, 그것이 때로는 교사가 마주하는 교실 상황에 적합하지 않을 수 있었던 것이다. 이때, 교사가 자율성을 발휘하여, 교실 속 학생들의 수준과 상황에 적절한 다른 활동 또는 자료들로 대체하여 교육활동을 만드는 것은 충분히 가능한 일이라는 것이다. 이때, 교사는 교육과정을 기준으로 삼을 수 있어야 한다. 교사는 교육과정에서 제시하는 기준에 의거하여 얼마든지 다양한 교육과정을 만들어 운영할 수 있다. 그렇다면 교사가 주어진 교과서에서 벗어나 학생들의 수준과 상황에 적절한 교육과정을 만들어 운영하기 위해 무엇을 해야 할까? 교사는 자신의 교육과정 활동에 정당성을 부여하고, 기준을 제공해줄 수 있는 국가교육과정을 살펴보아야 한다. 국가교육과정에는 교사가 누릴 수 있는 자율성과 교사가 다양하게 활용할 수 있는 기준들을 총론에서부터 각론까지 폭넓게 제시하고 있다. 예를 들어, 교사가 교육활동을 통하여 추구해야 하는 인간상은 어떠해야 하며, 학교 급별 교육 목표는 어떠한 지부터 교육과정을 편성하거나 운영할 때 편제와 시간 배당 기준은 어떠한지, 교육과정 운영을 위해 지원받을 수 있는 것들에는 어떠한 것들이 있는지까지 국가교육과정은 교사에게 친절히 안내해주고 있다. 이렇게 국가교육과정은 교사에게 '기준'을 제시할 뿐, 구체적인 내용에 대한 결정의 몫은 교사에게 있음을 반복적으로 강조하고 있다.

교육과정과 관련한 연구에 따르면, 국가교육과정이 갖는 '기준'과 '비결정성'의 특성은 각각 교사에게 '판단의 기준'과 '결정의 자율성'으로 발현되어, 교사가 누릴 수 있는 교육과정 가능성의 폭을 넓혀준다고 말한다. 다시 말해, 국가교육과정에는 교사가 누릴 수 있는 다양한 가능성이 담겨 있다는 것을 의미한다. 국가교육과정은 교사가 교과서라는 기존의 교육 활동 틀에서 벗어나, 교실에서 만나는 학생들의 환경, 수준, 특성 등을 고려한 교육과정을 만들어 운영할 수 있는 '판단의 기준'과 '결정의 자율성'을 제공하고 있을 뿐만 아니라, 교사가 만들어 실행해나가는 교육활동들에 '정당성'을 부여해 줄 수 있는 법적 근거로써 교사를 지원해 줄 수 있는 든든한 지원군인 것이다. 그렇기 때문에 국가교육과정의 가장 주된 독자는 다른 누구도 아닌, 교사가 되어야만 한다.

학교는 국가교육과정을 그대로 가르쳐야만 하는가 ⁱⁱ

가. 국가 수준의 공통성과 지역, 학교, 개인 수준의 다양성을 동시에 추구하는 교육과정이다.
나. 학습자의 자율성과 창의성을 신장하기 위한 학생 중심의 교육과정이다.
다. 학교와 교육청, 지역사회, 교원·학생·학부모가 함께 실현해 가는 교육과정이다.
라. 학교 교육 체제를 교육과정 중심으로 구현하기 위한 교육과정이다.
마. 학교 교육의 질적 수준을 관리하고 개선하기 위한 교육과정이다.

- 교육과정의 성격 중에서 -

    교사는 주어진 교육과정을 그대로 따르는 사람인가, 주어진 교육과정을 마주하는 상황에 맞추어 적절히 조절하여 운영하는 사람인가, 아니면 자신만의 교육과정을 새롭게 만들어 운영하는 사람인가. 여기에서 말하는 주어진 교육과정이란 2015 개정 교육과정과 같이 국가 수준에서 만들어 제공하는 국가교육과정을 의미한다.

우리나라는 오랜 기간 국가의 힘이 강력한 국가교육과정 체제를 유지해왔다. 이 시기 국가는 교사들에게 국가교육과정을 가르치기 위한 수단으로써 교과서를 제공했고, 교사의 역할은 이렇게 국가가 제공한 교과서를 학생들에게 전달하는 일이었다. 이때, 교사에게 국가교육과정은 곧 교과서였다. 그 결과, 우리나라는 2000년 이후, 3년마다 실시하는 PISA(Programme for International Student Assessment, 국제학업성취도평가)에서 높은 수준의 학업 성취를 거둘 수 있었다. 그러나 OECD가 최근 발표한 'PISA 2015 Results : Students' well-being'에서도 알 수 있듯, 우리나라 학생들의 삶의 만족도는 OECD 국가 28개국 중 27위, 비 OECD 국가를 포함한 48개국 중에서는 47위로 나타날 정도로, 학생들의 삶은 행복하지 않았다. 이러한 결과는 우리나라 교육계에 큰 충격을 가져다주었고, 강력한 국가교육과정 체제에 변화를 일으키기 시작했다.

6차 교육과정 이후로 교육과정 운영, 결정에 대한 권한을 지역, 학교에 본격적으로 이양하기 시작했고, 자연스럽게 단위 학교의 교육과정 편성·운영에 대한 자율성이 확대되었다. 이제 학교의 역할은 국가교육과정을 있는 그대로 학생들에게 전달하는 것이 아니라, 학교의 특성과 상황을 고려하여, 학생들에게 가르치는 것이다. 이렇게 교육과정 자율권과 결정권은 이후에도 지속적으로 확대되었고, 2015 개정 교육과정에서는 교육과정의 성격을 위와 같은 다섯 가지 항목을 제시하고 있다.

이제 국가교육과정에서는 더 이상 가르쳐야 할 내용을 구체적으로 제시하지 않는다. 이는 각 교과교육과정에서도 확인할 수

있다. 각 교과교육과정에는 더 이상 학년별 내용, 영역별 내용은 존재하지 않는다. 학생들이 도달해야 할 최소한의 기준, 즉 성취기준만이 존재할 뿐이다. 교사의 역할은 특정한 내용을 전달하고, 가르치는 것이 아니라, 교실에서 만나는 학생들의 특성, 상황에 맞는 수업을 만들어, 학생들이 성취기준에 도달할 수 있도록 돕는 것이다.

6차	2015 개정 교육과정
1. 성격	1. 성격
2. 목표	2. 목표
3. 내용	3. 내용체계 및 성취기준
4. 방법	4. 교수·학습 및 평가의 방향
5. 평가	

이는 기존의 학교 교육활동에서 특별한 의미와 즐거움을 찾을 수 없었던 학생들에게 의미 있는 변화를 불러일으켜줄 수 있는 부분이다. 가르쳐야 할 내용이 국가교육과정 차원에서 제시되던 시절에 교사는 주어진 내용 이외의 것은 수업 시간에 다루기가 쉽지 않았다. 학생의 특성, 환경과는 관계없이, 우리나라 모든 학생은 같은 내용을 배워야만 했던 것이다. 그러나 이러한 내용이 기준으로 변화한 오늘날 국가교육과정에 따르면, 학생들은 교실 속에서 자신들이 원하는 것을 배우고, 교사는 학생들의 특성과 환경을 고려하여 가르칠 수 있다. 학생들이 원하는 배움을 추구하는 과정 속에서 자연스럽게 성취기준에 도달할 수 있도록 이끌어주기만 하면 되기 때문이다.

교육과정 재구성, 프로젝트 학습, 주제 중심 수업 등은 더 이상 낯설지 않은 용어가 되었지만, 여전히 많은 교사와 학부모는 교과서도 반드시 가르쳐야 한다고 생각한다. 그것은 오랜 기간 국가교육과정은 곧 교과서라고 여겨지던 문화의 영향일 수도 있고, 국가에서 제시하는 내용을 반드시 가르쳐야 한다는 암묵적 인식의 영향일 수도 있다. 앞서 살펴본 바와 같이, 국가교육과정에는 학생들에게 가르쳐야 할 내용을 이전 국가교육과정처럼 구체적으로 제시하지 않는다. 우리나라 국가교육과정을 이수한 학생이라면 누구나 도달하기를 바라는 최소한의 기준으로써 성취기준을 제시할 뿐이다. 교사는 자신에게 주어진 교육과정 자율권을 발휘하여, 학생이 바라는 다양한 배움의 욕구를 충족시킬 수 있는 수업을 만들어 실행할 수 있어야 하는 것이다.

더불어, 국가교육과정은 국가 수준의 공통성과 지역, 학교, 개인 수준의 다양성을 동시에 추구하며, 지역, 교원, 학생, 학부모 등 교육공동체가 함께 실현해 나가는 교육과정임을 총론 차원에서 적시하고 있다. 더 이상 그대로 가르쳐야 하는 국가교육과정은 존재하지 않는다. 교사와 학생 그리고 때로는 교육청과 지역사회가 함께 만들어나가는 교육과정이 존재할 뿐이다.

학교운영위원회가 가야 할 길

하루는 옆 반 선생님이 다급하게 교실로 찾아 왔다. 다음 달에 학급 아이들을 데리고 가까운 곳에 체험학습을 하러 가는데 학교운영위원회 심의 안건으로 올려야 하는지를 궁금해했다. "그 활동이 정규교육과정으로 계획된 것이고 가정에서 활동비를 부담하지 않는다면 굳이 심의안으로 올리지 않아도 될 것 같아요."라고 답변을 주었지만 확신은 없었다. 나에게 명확하지 않은 답을 들은 그 선생님은 얼마 남지 않은 안건 상정 마감일 전에 얼른 결정해야 해서 다급히 다른 선생님에게 문의하러 갔다.

학교와 교육청, 지역사회, 교원·학생·학부모가 함께 실현해 가는 교육과정이다.

- 교육과정의 성격 중에서 -

이처럼 교육 주체들이 보다 민주적이고 합리적으로 교육과정을 실현하기 위해 단위 학교에서는 법령이나 지침, 혹은 학교 자체 판단에 의해 여러 가지 위원회를 조직하고 운영하고 있다. 그중에서도 초·중등교육법 제31조에 따라 학교 운영의 자율성을 높이고 지역의 실정과 특성에 맞게 다양하고 창의적인 교육을 할 수 있도록 지원해주는 학교운영위원회가 있다. 학교운영위원회는 학부모, 교사, 지역사회 전문가들이 학교 운영의 중요한 사항에 대해 공정한 절차에 따라 심의하는 단위학교의 교육자치기구이다.

동법 제32조에서는 학교운영위원회의 기능에 대해 학교헌장과 학칙의 제정 또는 개정, 학교의 예산안과 결산, 학교교육과정의 운영방법, 교과용 도서 및 교육 자료의 선정에 관한 사항 등을 심의 또는 자문하도록 정해져 있다. 대한민국 정부 각 부처의 주요 정책을 국무회의를 통해 엄격히 심의하여 대통령이 집행할 수 있게 하는 것처럼 단위학교에서도 학교교육과정과 관련된 안건들을 심의함으로써 학교교육과정 편성과 운영을 보다 민주적이고 합리적으로 할 수 있는 것이다. 국무회의처럼 학교운영위원회도 어엿한 단위 학교의 최고 심의기구인 것이다.

이처럼 학교운영위원회가 학교교육과정의 실현을 위해 필요한 기구이기도 하지만, 때로는 도리어 학교교육의 주체인 선생님들을 힘들게 하는 경우가 더러 있다. 먼저 학교운영위원회에 참여하여 안건을 설명하는 어려움을 이야기할 수 있다. 회의에 다녀온 선생님들은 그 자리가 마치 청문회에 나가 있는 것처럼 생각이 들게 하는 경우가 있다고 한다. 안건을 설명하기 위해 밖에서 대기하다가 시간에 맞춰 회의실에 들어가는 것 자체도 힘들며, 회의 분위기가 엄숙하여 어려운 자리로 느껴지기도 한다. 그리고 선생님들이 설명하는 안건에 대해 납득하기 어려운 내용이나 방식으로 위원들이 자문하거나 설명을 요구하는 경우가 종종 있다. 만약 학교운영위원회 회의가 들어가는 선생님들이 편하게 느낄 수 있는 분위기가 된다면 추진하고자 하는 업무에 대해 당당하게 심의를 받을 수 있고 때로는 위원들의 좋은 아이디어를 받고자 훨씬 더 적극적인 자세를 가질 수 있을 것이다.

이와 관련하여 2015 개정 교육과정 총론 해설 부록에서도 학교운영위원회에서 특별히 유의해야 할 점이 다음과 같이 제시되어 있다.

교육과정 편성과 운영은 교원의 전문적이고도 고유한 업무이기 때문에 교원의 전문성을 존중하고 이를 침해하는 사례가 있어서는 안 된다는 점이다. 그러므로 학교교육과정의 운영 방법에 대해 심의를 할 때는 학교장의 교육과정 운영 및 의사결정에 관한 자문 역할을 담당하여야 한다는 사항도 국가 수준의 기본 지침에 규정되어 있음을 숙지할 필요가 있다.

- 2015 개정 교육과정 총론 해설 부록 중 -

얼마 전 모 유치원의 학부모위원으로 있는 지인이 회의에 참석하는 선생님들의 고충을 알고 난 다음, 선생님들을 회의에 들어오게 하지 말아 달라고 원장선생님께 요청한 적이 있었다. 차라리 그 시간에 아이들을 지도하거나 수업 연구에 전념하게 해달라는 뜻이었다. 그에 대해 다른 운영위원회 구성원들도 기꺼이 동의함으로써 지인의 의견이 적극 반영되었다. 그 이후로 회의에서는 상정된 모든 안건들을 교원위원이 설명하고 심의를 받게 되었다는 이야기를 들었다. 이 또한 학교운영위원회에서 느끼는 선생님의 어려움을 해결하기 위한 적극적인 방법 중 하나가 될 수 있을 것이다.

한편 아직까지도 일부 지역에서 학교운영위원회 간사 업무를 교사가 맡아서 하고 있다는 점은 정말 안타까운 일이다. 해당 지역의 관련 조례에 간사 자격으로 교직원으로 명시되어 있다 보니 그 지역의 단위 학교에서는 교사가 학교운영위원회 업무를 맡아서 처리하는 경우가 많다고 한다.

시골학교에서 간사 업무를 맡았던 선생님의 이야기를 통해 업무처리에 관한 애로사항을 들어 본 적이 있었다. 먼저 운영위원회 회의 날짜가 정해지면 선생님은 운영위원회가 열리는 사실을 위원들과 교내 교직원들에게 알려야 한다. 심의받을 안건들을 선생님들로부터 수합하며 그 시기에 누락된 안건은 없는지 꼼꼼히 확인하고 제출을 계속해서 독려한다. 회의 중에는 발언권이 없어 긴 시간 동안 아무 말 없이 손이 바쁘게 회의록만을 작성한다. 회의가 끝나면 회의실 뒷정리를 하며 널브러져 있는 수많은 문서들을 파쇄한다. 그리고 심의 결과를 정리하여 결재를 득한 다음 학교홈페이지나 가정통신문을 통해 그 결과를 홍보하고 게시한다. 심지어는 정기적으로 참여해야 하는 간사 집합 연수까지 가야 한다.

선생님을 더욱 어렵게 하는 일은 바로 학기 초 학부모 위원을 구성하는 일이었다. 시 지역 학교들도 학부모 위원을 선정해야 하는 어려움이 있겠지만, 읍·면 지역 학교의 경우에는 부담이 더 크다. 시골에서는 농번기 때 학부모가 학교에 나온다는 것 자체가 매우 힘든 일이며, 또한 한부모 가정이나 조손 가정이 많기 때문에 학부모 위원으로 활동하려는 분을 구하기는 하늘의 별따기다. 결국 그 교사는 학교의 모든 학부모들에게 연락을 드려 학부모 위원으로 활동해 달라는 읍소를 하였다.

앞으로 출생 인구의 급감으로 인해 학생 수가 적어지는 학교가 많아질 것으로 예상이 되어 각 학교들의 운영위원회 구성과 위원들의 회의 참석 문제가 큰 어려움을 겪을 것으로 예상된다. 지역의 여건과 환경에 따라 운영위원의 구성원 수를 지금보다 더 줄이거나 운영위원별 구성 비율을 조절할 필요가 있으며, 때로는 학교 전체 교직원 회의로 학교운영위원회 회의를 대체하는 것도 좋은 방안이 될 것이다.

학교운영위원회 본연의 취지를 구현하기 위해서는 앞서 설명했던 것처럼 운영의 묘를 살릴 필요가 있다. 학교운영위원회에서 교사가 마음 편하게 교육과정 관련 안건을 설명할 수 있는 분위기와 환경이 형성되어야 하고, 각 학교의 특성에 맞도록 융통성 있게 운영되어야 할 것이다.

우리 시대의 홍익인간 1-1

 '아름다운 이 땅에 금수강산에 단군 할아버지가 터 잡으시고, 홍익인간 뜻으로 나라 세우니 대대손손 훌륭한 인물도 많아' 한국을 빛낸 100명의 위인들의 1절을 시작하는 노랫말이다. 첫 소절은 우리 역사의 뿌리를 설명하고 있으며 동시에 홍익인간이 우리나라의 건국이념이라는 것을 소개하고 있다. 단군신화에 대해서 제일 먼저 기록된 책은 일연의 『삼국유사』로 알려져 있다. 비록 초등학교 저학년 학생들이 읽는 전래동화 수준의 분량밖에 되지 않지만, 단순히 단군신화를 환웅과 웅녀 사이에 태어난 단군이 고조선을 건국한 이야기 정도로 이해해서는 곤란하다.

 "『고기(古記)』에 이르기를, 옛날에 환인의 서자인 환웅이 천하에 자주 뜻을 두어, 인간세상을 구하고자 하였다. 아버지가 아들의 뜻을 알고 삼위태백을 내려다보니 인간을 널리 이롭게 할 만한지라, 이에 천부인 세 개를 주며 가서 다스리게 하였다. …… 웅녀는 혼인할 사람이 없었으므로 매양 단수 아래서 잉태하기를 빌었다. 환웅이 이에 잠시 사람으로 변하여 그녀와 혼인하였다. 웅녀가 잉태하여 아들을 낳으니 단군왕검이라 하였다."

- 일연, 『삼국유사』 중 -

여기서 중요한 대목이 환웅이 하늘로부터 홍익인간을 위해서 내려왔다는 점이다. 홍익인간이란 무슨 뜻인가? '널리 인간을 이롭게 하라' 수준의 이해는 초등교육을 받은 우리나라 사람들에게는 상식에 불과하다. 하지만 널리 인간을 이롭게 한다는 것의 구체적인 의미를 묻는다면 이에 대해서 답변을 하는 것은 그리 간단하지 않다. 어떻게 하는 것이 널리 인간을 이롭게 하는 것일까? 단군신화는 홍익인간의 구체적인 의미와 내용을 직접적으로 풀어서 제시하고 있지 않지만 홍익인간이 함의하는 바를 이야기 곳곳에서 확인할 수 있다. 하늘을 상징하는 환웅(天)과 땅을 상징하는 웅녀(地), 그리고 그 사이에서 태어난 단군왕검(人)은 바로 천지인(天地人) 사상을 의미한다. 하느님의 아들인 환웅이 지상에 내려온 것은 신분상의 우위를 점하여 인간을 지배하기 위해서가 아니었다. 인간 세상을 널리 이롭게 하기 위해서였다. 심지어 환웅은 혼인할 사람이 없는 웅녀와 결혼을 한다. 환웅은 인간 세상에서 사람으로 변한 웅녀를 다른 인간들과 구별 짓고 차별화하는 것이 아니라 그녀를 포용했다. 여기서 우리는 홍익인간의 이념이 편협적인 인간중심주의나 이기주의에서 벗어나 다른 사람의 입장을 배려하며 함께 살아가는 공동체적 삶을 지향하고 있음을 엿볼 수 있다.

어떻게 해야 홍익인간의 이상 세계를 구현할 수 있을까? 바로 교육을 통해서다. 우리나라는 건국이념뿐만 아니라 교육이념도 홍익인간으로 설정하고 있다. 교육이념은 교육의 실행을 통해서 궁극적으로 도달해야 할 일종의 이상적인 관념이다. 다시 말해서 홍익인간은 학교에서 학생들을 가르칠 때 교사, 학생, 기타 관련된 사람 모두가 항상 염두에 두어야 할 최종적이며 궁극적인 교육의 목적인 셈이다. 우리나라의 교육이념은 해방 후 미군정기부터 논의되었으며 1948년 미군정이 폐지되고 대한민국 정부가 수립되어 교육법이 제정되면서 확립되었다. 그리고 그때부터 시작해서 현재 2015 개정 교육과정에 이르기까지 줄곧 우리의 교육이념은 홍익인간이었다. 교육과정 총론에서 교육과정이 추구하는 인간상 역시 홍익인간임을 천명하는 것으로 시작된다.

우리나라의 교육은 홍익인간의 이념 아래 모든 국민으로 하여금 인격을 도야하고, 자주적 생활 능력과 민주시민으로서 필요한 자질을 갖추게 함으로써 인간다운 삶을 영위하게 하고, 민주 국가의 발전과 인류 공영의 이상을 실현하는 데에 이바지하게 함을 목적으로 하고 있다.

- Ⅰ. 교육과정 구성의 방향 중에서 -

어떤 사람은 홍익인간이 고조선 시대에나 적합한 인간상이지 않느냐고 의문을 제기할 수 있다. 그러나 예나 지금이나 사람들이 상호 필요에 의해 공동체를 이루고 살아가는 것은 동일하다. 그리고 사람들은 저마다 자신의 욕구 충족을 위해 노력하고 때로는 타인과 경쟁한다. 물론 타인과 협력하기도 하지만 대부분 그 밑바탕에는 자신의 삶을 위한다는 것이 깔려 있다. 그런데 각자가 자신의 안위를 챙기며 살아가는 세계 내에서 우리는 다양한 사회문제에 직면하게 된다. 현대사회의 문제는 과거의 그것보다 훨씬 더 복잡하고 복합적인 양상을 띤다. 적어도 고조선 사회에 존재했던 도둑질 등 다른 사람에게 피해를 주는 일은 자신의 생물학적 죽음을 피하기 위한 방편인 경우가 대부분이었다. 이에 비해 오늘날 우리 사회에서 벌어지고 있는 문제들은 인간의 지나친 이기심과 물질주의에 기인하고 있다. 주변의 고통과 슬픔에 나 몰라라 하며 자신의 욕구 충족에만 매몰된 채 살아가는 괴물형 인간은 현대사회가 양산한 잘못된 인간의 모습이다. 이러한 현실을 부정하지 않는다면, 널리 인간세상을 이롭게 하는 사람은 오히려 오늘날 꼭 필요한 사람이다. 전 세계가 지구촌화된 현재 시점에서 더욱 그렇다. 왜냐하면 우리는 나와 내 가족을 넘어 지구 반대편에 있는 사람에게까지 관심을 가져야 하기 때문이다.

저 멀리 아프리카에서 굶주림에 시달리는 아이들의 모습과 다소 많은 음식쓰레기를 만들고 있는 한국 학교의 급식 모습이 교차된다. 안타까운 우리 현실을 확인하기 위해서 우리의 사유가 굳이 아프리카까지 가지 않아도 된다. 다문화가정을 비롯한 소수자에 대한 차별, 자유지상주의가 노정할 수밖에 없는 빈부격차와 사회 양극화, 그것을 당연시 하는 성과주의와 그 결과로 정해지는 계급은 한국 사회의 통합과 공동체의 안녕을 저해  하는 요소들이다. 급기야 이러한 제도 내에서 절망을 맛본 기성세대들은 자식에게까지 가난을 대물림하지 않기 위해서 학벌사회에 편승하여 자녀 교육에 엄청나게 투자한다. 그러나 그것은 철저하게 교육을 수단화하였고 학교교육의 본질을 왜곡하는 지경에 이르렀다.

이 시점에서 우리는 교육이 어떠한 역할을 해야 하는지 묻지 않을 수 없다. 그리고 교육이념으로서의 '홍익인간'은 과도한 욕구 충족에만 매몰된 채 타인의 입장을 헤아리지 못하거나 타인의 고통을 무시하는 세태 속에서 여전히 좋은 교육을 판단하는 준거가 될 수 있다.

학교는 학생 개개인이 지닌 책임의 범위를 전 세계로 무한 확장하여 적용시킬 수 있도록 가르쳐야 한다. 단순히 자신과 같은 인간만을 타자로 받아들이는 것이 아니라 세상에 존재하는 모든 존재자들을 향한 우주적 감성을 갖춘 학생으로 성장하도록 이끌어야 한다. 학교는 지금 홍익인간을 길러내고 있는가? 이것은 이 땅에서 교육을 실천하는 사람이라면 마땅히 스스로에게 던져야 할 근본 물음이 되어야 한다.

나를 공부하자 1-2

　과도한 입시 경쟁과 그것을 부추기고 있는 대학 서열화는 오랜 기간 우리 교육의 발전을 가로막고 있다. 어느 대학을 들어가느냐가 학창 시절을 성공적으로 보냈는지의 척도가 되어 버렸고, 어느 대학을 나왔느냐가 한 사람의 미래의 삶의 질을 결정할 것이라는 믿음은 불과 어제 오늘 사이에서 고착화된 일이 아니다. 그리고 실제로 대학 졸업장은 우리 사회의 곳곳에서 여전히 강력한 영향력을 행사한다. 취업을 할 때, 심지어는 사람과 사람이 좋아서 만나고 결혼할 때에도 때때로 등장한다. 그러나 그것이 개인의 역량을 담보하지 못한다. 사실 대학 졸업장을 절대시하는 비합리적인 제도도 문제지만, 그것으로 암암리에 사람 사이를 구분 짓는 우리의 관행적인 문화와 가치관은 인간관계를 비인격적으로 변모시키고 사회 통합을 저해한다. 이러한 사회 풍토 속에서 교육이 바람직한 방향으로 나아가기 어렵다. 왜냐하면 학벌 사회에서는 학생 개개인의 공부는 소위 잘 나간다는 대학에 진학하기 위해서 다른 친구들과의 경쟁에서 이기는 것이 관건이 되기 때문이다. 어떻게든 우리 사회가 교육의 본래성을 회복하고 학생들이 참된 공부를 실천하도록 이끌기 위해서는 입시 경쟁 중심의 교육에서 벗어나야 한다.

　이와 관련하여 자유학기제는 입시 중심 교육의 폐해를 줄이고 학생들이 진정으로 자신의 꿈을 찾고 끼를 발현할 수 있도록 학교교육을 개혁하자는 취지에서 도입된 대표적인 제도이다. 2013년 처음 시범적으로 도입하여 2016년부터 전국의 중학교에서 운영되고 있다. 운영 형태를 보면 대부분 오전에는 기존과 동일하게 일반 교과 수업이 이루어지고 오후에는 주로 진로탐색 활동, 주제선택 활동, 예술·체육활동, 동아리 활동 등의 활동이 진행된다. 책상 앞에 앉아서 공부하는 일상에서 벗어나 오후 시간에 학생들은 자신의 진로를 탐색하고 소질을 계발할 수 있는 기회를 가진다. 기존의 교과 중심의 교육과정 패러다임을 무너뜨리지 않으면서도 한편으로는 지식 암기 중심의 공부에서 과감하게 탈피하려는 시도 차원에서 보면 매우 혁신적이라고 평가할 만하다.

　사실 현행 대입 제도를 그대로 유지하면서 초·중등교육을 개혁하는 것은 그 자체로 한계가 있다. 대학교 진학을 목전에 둔 고등학생들에게 누군가가 꿈과 끼를 찾으라는 말을 한다면 세상 물정 모르는 사람의 공염불로 들릴지 모른다. 지식·경쟁 중심에서 벗어나 학생의 소질과 적성을 키울 수 있는 다양한 체험 활동을 중심으로 교육과정을 운영하는 것은 우리 사회의 교육제도 전체가 바뀌지 않는 한 한계가 있다. 이러한 점을 감안하여 교육부는 자유학기제를 중학교 과정 중, 한 학기 또는 두 학기 동안 운영하는 것으로 결정하여 시행하고 있다. 그래서인지 도입 초기의 시행착오에도 불구하고 현행 대입제도의 근간을 흔들지 않으면서 큰 사회적 파장 없이 무난하게 학교 현장에 안착된 듯하다.

'나를 공부하자.' 자유학기제의 슬로건이다. 교육부는 이 슬로건을 학생, 교사, 학부모의 입장에서 설명하고 있다. 구체적으로 학생은 자신이 꿈꾸는 행복한 미래를 위해 나를 공부하고, 교사는 더 잘 가르치는 교사가 되기 위해서 나를 공부하고, 학부모는 자기 아이의 건강한 성장을 돕기 위해 나를 공부하자는 의미이다. 자유학기제가 학교 현장에서 원래의 취지에 맞게 얼마나 잘 운영되고 있는지 모르지만 '나를 공부하자.'라는 슬로건만큼은 꽤 마음에 든다. 학벌 중시의 풍조와 대학 서열화는 해묵은 난제이지만, 그 안에서 어떻게든 조금이라도 공부의 의미를 원래대로 돌려놓으려는 시도는 매우 의미 있는 일이다. 공부의 목적이 우리가 살아가는 사회의 시스템에 얼마나 더 효율적으로 적응하느냐의 문제가 아니라 자신을 배우는 일이라는 사실을 깨닫게 하는 것은 학교가 가르쳐야 할 중요한 요소이다. 그리고 이것은 학생 교육활동의 성공을 이야기할 때 반드시 충족되어야 할 필요조건이기도 하다.

일반적으로 어린 시기의 아이들은 자신이 어떤 사람인지 모르는 채 무작정 제도교육으로 진입한다. 속도의 차이는 있지만 초등학교에 들어와서 비로소 학생들은 자신이 어떤 사람인지에 대해 알아가기 시작한다. 그리고 교실 공간에서 나와 다른 여러 친구들과 어울리며 세상에서 유일하고 고유한 존재로서의 자신을 지속적으로 확인하게 된다. 그러면서 자기 자신의 독특성에 대해서 안정감을 느끼고, 행동이나 사고, 느낌의 변화에도 불구하고 내가 누구인가를 일관되게 인식하게 된다. 흔히 이것을 자아정체성이라고 부른다. 에릭슨(E. Erikson)에 따르면 아동기의 학생들은 자신의 경험 속에서 일련의 동일시를 겪고, 자아 나름의 선택과 강조를 반복하는 과정에서 자아상(self-image)들을 점진적으로 통합해 냄으로써 자아정체성을 형성해낸다고 말한다. 자아정체성이 확립되었을 때 사람들은 비로소 한 인간으로서 자신을 위한 일이 무엇인지를 이해하게 되며 진정으로 행복한 삶을 추구할 수 있다.

그런데 우리나라의 아이들은 자아정체성이 확립되기도 전에 무작정 협소한 의미의 공부로 뛰어드는 경우가 대부분이다. 생각해 보면, 나의 학창 시절 공부는 누가 얼마나 자기 자신을 잘 잃어버리고 입시 공부에 매진하느냐의 싸움이었다. 그 싸움은 자신을 들여다보는 것과는 거리가 멀었다. 철저하게 타인과의 경쟁이었다. 다른 친구에 비해서 상대적으로 높은 평가 점수를 획득하면 만족하는 방식의 공부였다. 안타깝게도 나의 공부 방식은 오늘날의 한국사회 학생들에게서도 쉽게 찾아 볼 수 있다. 조금 극단적으로 표현하자면 오늘날 학생들이 입시 지옥이라는 망망대해에서 성공하는 방법은 자신을 잃어버리는 것이다. 어쩌면 우리는 학생들에게 나는 누구인지, 나에게 좋은 삶이란 무엇인지에 대한 고민과 성찰보다는 더 오래 책상 앞에 앉아서 책을 보는 인내 아닌 인내를 가르치고 있는지 모를 일이다.

어떻게 살아야 하는가의 문제는 한참 뒤의 문제로 보류한 채, 일단 우리 제도가 요구하는 학력 향상에 몰두하는 학생들을 길러내고 있다. 이것은 학생들의 잘못이라기보다는 우리 기성세대들에게 책임이 있다. 공교육을 받은 12년의 기간이 자신을 잃어버리는 시간으로 채워지는 것은 우리 세대에서 끝내야 한다. 지금의 교육은 학생들에게 도무지 자신에 대해서 생각해볼 틈을 주지 않는다. 공부라는 일상에서 벗어나 자신을 돌아보며, 나란 누구인지 질문하는 것은 어느새 우리 학생들에게 사치가 되어버렸다. 학교 공부를 학생 각자가 자신을 찾는 기나긴 여정으로 바라본다면 어떨까? 학교에 들어올 때부터 자신을 몰랐던 우리 아이들. 아이들에게 '나'를 찾도록 시간을 주자. 길고 긴 인생에서 학교 공부가 타인과의 경쟁을 배우는 곳이 아니라 자신을 찾아가는 과정이라는 사실을 일깨워주자. 적어도 학교는 학생들이 스스로 삶의 주인공이 되어 자신의 진로와 삶을 개척해나가는 사람이 되도록 이끌어야 한다. 그러기 위해서 어른들에게 필요한 것은 학생의 성장을 기다려주는 여유이다. 지금 이 순간 교육과정 총론에 제시되어 있는 추구하는 인간상 중에서 첫 번째 구절이 내 머릿속을 주마등처럼 스쳐지나간다.

전인적 성장을 바탕으로 자아정체성을 확립하고 자신의 진로와 삶을 개척하는 자주적인 사람

― Ⅰ. 교육과정 구성의 방향 중에서 ―

우리 교육은 정말 그런 사람을 기르고 있는 것일까?

엉뚱한 대답이 정답이 될 수는 없는가 1-3

 2016년 6월 스위스에서 열린 다보스 포럼(Davos Forum)에서 포럼의 의장이었던 클라우스 슈밥(K. Schwab)은 1, 2, 3차 산업혁명이 전 세계적 환경을 혁명적으로 바꿔 놓은 것처럼 '4차 산업혁명' 또한 전 세계 질서를 새롭게 만드는 동인이 될 것이라고 밝혔다. 4차 산업혁명의 변화에 대한 시작을 알리듯 다보스 포럼 이후 일상 속에서도 영화에서나 등장할 것 같았던 모습들이 하나 둘 우리들의 눈앞에 펼쳐지기 시작했다. 쉬는 날이면 공터에 나가 드론을 날리고 있는 사람들, 패스트푸드점에 등장한 키오스크(kiosk), 3D 프린터를 이용해 자동차 프레임을 만드는 모습을 통해 우리는 4차 산업혁명을 느낄 수 있다. 우리가 살아가는 세상은 조금씩 더 빠르게 속도를 내며 바뀌기 시작했고, 흘러가는 강물에 몸을 맡긴 종이배처럼 우리들은 변화의 시대 속에 헤엄치며 살고 있다.

4차 산업혁명 시대에는 무엇을, 어떻게 대처하며 살아가야 하는 것일까? 2016년 1월 세계경제포럼의 '직업의 미래(The future of jobs)' 보고서에 따르면, 현재 초등학교에 입학한 아이들의 65%가 앞으로는 존재하지 않을 전혀 새로운 형태의 일자리에 종사하게 된다고 한다. 그리고 후속 보고서들을 통해 미래 인재가 갖출 역량으로 복합 문제 해결 능력이나 비판적 사고 능력, 창의력, 협업 능력 등의 다양한 능력이 필요하고 그 중요성이 강조되고 있다. 그리고 이러한 능력을 기르는 데는 암기 위주의 가르침과 일제식 지필평가만으로는 어려움이 있다.

내가 어렸을 때만 하더라도 중요 시험 문제를 맞히기 위해 핵심 단어와 개념을 달달 암기하고 여러 문제집을 풀어가며 혹시라도 몇몇 문제가 비슷하게 나오지 않을까를 기대하며 공부했던 시기였다. 특히 수업 시간에 나는 선생님이 적어주신 필기 내용을 분필 색깔에 맞춰 정리하며 노트에 빨강, 파랑, 검정색으로 따라 그리듯이 똑같이 필기했었다. 그리고 선생님의 질문에 대한 답은 대체로 공부를 잘하는 친구들이 우선적으로 대답하고 그 친구들이 칭찬받았으며 혹여 내가 선생님의 질문에 엉뚱한 대답이라도 하는 날에는 수업 중이나 끝나고 꿀밤 한 대라도 쥐어 박혔던 것 같다. 그렇다 보니 말할 기회가 생겨도 우선 망설여지고, 혹시나 틀리면 어떻게 할까 하는 노파심에 손을 들기는 더욱더 어려웠던 적이 있었다.

그리고 시간이 흘러 지금은 내가 교사가 되어 학생들에게 조금이라도 열린 질문을 하면 이쪽저쪽에서 쏟아져 나오는 학생들의 다양한 답변에 정신없기 일쑤이다. 내가 학생이었을 당시만 하더라도 상상할 수 없었던 모습이다. 돌이켜보면 정답이 정해진 질문에 엉뚱한 답변을 한 나도 잘못이지만, 그렇게 '답.정.너.(답은 정해져 있고 너는 대답만 하면 돼)' 식의 질문을 할 수밖에 없던 당시 교육의 현

실이 지금으로써는 안타깝다. 그런데 학생들에게 그때나 지금이나 중요하게 '창의성'을 여겼다는 게 참 신기하다. 6차 교육과정 시기부터 창의적인 사람을 강조하기 시작했고, 20년이 넘게 흐른 지금도 미래 사회가 요구하는 핵심역량을 함양하여 바른 인성을 갖춘 창의융합형 인재를 양성하는 것이 중요하니 말이다.

기초 능력의 바탕 위에 다양한 발상과 도전으로 새로운 것을 창출하는 창의적인 사람

― Ⅰ. 교육과정 구성의 방향 중에서 ―

이렇듯 창의성은 사실 4차 산업혁명에 발맞춰 등장한 새로운 빅 이슈는 아니다. 창의성이란 '새롭고, 독창적이고, 유용한 것을 만들어 내는 능력' 또는 '전통적인 사고방식을 벗어나서 새로운 관계를 창출하거나, 비일상적인 아이디어를 산출하는 능력' 등으로 규정할 수 있다. 과거의 인지심리학자들로부터 창의성과 창의력에 대한 연구와 검사, 교육 프로그램들은 개발되었고, 지금도 일상적으로 자주 사용하는 말이다. 그럼에도 불구하고 창의적인 사람을 떠올려보라고 하면 일반적인 사람이 아닌 마크 주커버그나 스티브 잡스, 조앤 롤링처럼 무엇인가 특별한 일을 한 사람이 떠오른다. 또한 창의성과 깊게 연관되어 있는 것이 바로 '영재'인데, 영재를 판별하는 조건으로 창의성을 중요하게 여긴다. 이렇게 창의성은 특별한 사람, 영재, 일상적이지 않은 무엇인가를 갖춘 사람에게만 발현되는 것처럼 비춰지고 있는 것 같아 안타깝다.

대부분의 영재가 아닌 학생들에게는 창의성이 길러지기 어렵거나

없는 것으로 생각되는 것도 사실이다. 그러나 창의성을 조금 더 넓은 범주에서 생각하고 아주 작은 것까지도 '창의적인 결과'로 인식한다면 어떨까? 이미 일상 수업에서도 학생들의 창의성은 발현되고 있을지 모른다. 교사로서 이 창의성이 발현되는 순간을 결과만으로 판단하려 한다면 아마 학생들의 창의성이 모두 드러나긴 어려울 것이다.

토랜스(E. Paul Torrance)는 어린이에게 관심을 갖고, 더 질 높은 창의성으로 발휘하도록 촉진하는 데 주의를 기울여야 한다고 했다. 그리고 『토랜스의 창의성과 교육』에서 창의적 사고 개발을 위한 원리를 밝히고 있으며, 몇 가지 중요한 원리로써 학급에서 적용할 수 있는 원리를 소개한다.

- 정해진 방식을 강요하지 않도록 하라.
- 활동적인 시간뿐만 아니라 조용한 시간도 마련하라.
- 새로운 아이디어에 대한 포용력을 키워라.
- 피상적인 비판이 아닌 건설적인 비판을 하도록 하라.
- 다양한 분야의 지식을 습득하도록 격려하라.

– 『토랜스의 창의성과 교육』 중에서 –

이러한 원리를 바탕으로 우리의 일상적인 교실과 수업 상황에서도 창의적인 사람을 길러내기 위해서는 창의성의 바탕이 되는 폭넓은 기초 지식과 전문적인 지식을 가르쳐야 하고, 학생들이 확산적 사고 능력, 논리적이며 비판적인 능력 등을 갖추도록 지도해야 할 것이다. 또한 학생들이 새로운 상황을 두려워하지 않고 열린 마음으로 민감하게 대처하며, 도전 정신을 가지고 새로운 것을 창출할 수 있도록 지도해야 한다.

창의적인 사람으로 꼽히는 에디슨의 말로 창의성 교육의 방향을 이해할 수 있다. "천재는 1퍼센트의 영감과 99퍼센트의 노력으로 탄생한다."는 말처럼 천재를 창의성에 빗대어 설명하면 다음과 같을 것이다. 창의성은 1퍼센트의 영감만으로 이루어지지 않는다. 99퍼센트의 노력 역시 중요한 셈이다. 1퍼센트의 영감이 주어진 재능이나 우연적인 요소라면, 99퍼센트의 노력은 학교에서 교사와 학생이 수업을 통해 함께 만들어 가야 할 부분이다. 99퍼센트의 노력을 위해 학급에서는 학생들이 다양한 생각을 할 수 있도록 허용적인 학급 분위기를 조성하고, 확산적 답변이 나올 수 있는 질문과 과제를 제시하여 여러 아이디어가 나올 수 있도록 해야 한다. 열린 질문에 엉뚱한 대답들이 학생들로부터 나온다 할지라도 소중한 아이디어가 묻히거나 두 번 다시 대답을 하지 못하도록 입을 막게 되는 따가운 화살이 되지 않도록 해야 한다.

토랜스는 창의적 사고 개발을 위한 원리 중에서 교사에 대한 부분도 언급했다. 그것은 바로 '모험심이 있는 교사를 양성하라'는 것이다. 주어진 틀 안에서 변화하지 않고 시도하지 않는 교사는 창의적인 학생을 길러낼 수 없다. 학생들의 엉뚱한 대답이 정답이 되고 그 모습이 직접 실현되는 세상, 그런 세상 속에서 살아갈 아이들을 위해 우리 교사들도 변화해야 하지 않을까? 되새기게 된다.

사진보다는 마음에 담아요 [14]

"너 그 영화 봤어?", "아니, 아직. 왜?", "어서 가서 봐, 어제 이미 천만 관객을 돌파했대. 다섯 명 중에 한 명 꼴로 본 영화야. 문화인이라면 봐야 하지 않겠어?" 그 영화를 봐야지만 문화인이 된다는 친구의 생각에 동의할 수 없지만, 좋아하는 배우가 주연으로 출연하기도 하고 친구들 대부분이 다들 재밌게 봤다고 해서 시간을 내어 극장에 갔다. 이미 본 사람이 많았음에도 불구하고 앞쪽을 제외하고는 거의 모든 좌석이 꽉 찼다. 광고가 나오는 동안 극장 안은 생각보다 시끌벅적댔다. 광고를 눈 여겨 보는 편이 아니라 사람들의 대화 소리는 별로 거슬리지 않았다. 문제는 영화가 시작되고 나서 얼마 지나지 않아 발생했다.

뒤편 어딘가에 앉아 있는 사람의 속삭이는 목소리가 들렸다. 그 속삭임은 나를 영화에 집중하지 못하게 만들었다. 그 사람은 누군가와 통화를 하고 있었다. 내 귀는 스피커가 아니라 통화 소리의 거슬

림에서 쉽게 헤어 나오지 못했다. 다행히 통화가 길게 가지 않았다. 그러나 이 사람은 양반이었다. "여보세요?" 자신 있게 전화를 받는 사람이 등장했다. 관객 속에서 울린 휴대폰 벨소리와 전화를 받은 배우의 청량한 목소리는 분명 영화에 없는 시나리오다. 또 어떤 사람은 문자를 확인하고 답장을 보내기도 했다. 휴대폰의 화면 불빛이 내 시선에 들어올 때면 눈살을 찌푸리기 싫어도 찌푸릴 수밖에 없었다. 영화를 보러 온 것인지, 나를 시험하려는 일부 몰상식한 관객의 연극을 보러 온 것인지 정말 짜증났다.

내 친구의 기준에 비춰 생각해 보면 저 사람들도 지금 이 영화를 보고 나면 문화인이 된다. 그런데 공공장소에서 기본 에티켓도 지키지 않는 사람들이 문화인을 운운할 수 있는가? 휴대폰이 보편화되면서 극장에서 지켜야 할 에티켓으로 휴대폰 전원을 꺼두거나 무음으로 설정하는 것은 기본적인 일이다. 이와 관련하여 정말 다급한 일이 발생하는 경우도 있으니 이해해야 하는 것일까? 만약 휴대전화를 급하게 받을 정도의 예측된 일이 있는 상태라면 영화관을 방문하지 말았어야 한다. 왜냐하면 자신도 영화에 집중하지 못할 뿐더러 휴대폰을 켜놓게 되면 진동 소리조차 다른 사람의 영화 감상을 방해할 수 있기 때문이다. 그럼에도 불구하고 극장을 찾는다면 그것은 매우 이기적인 행동이라고 볼 수 있다. 이와 관련하여 교육과정상에서도 추구하는 인간상의 하나로 교양 있는 사람을 설정하여 정의하고 있다.

문화적 소양과 다원적 가치에 대한 이해를 바탕으로 인류 문화를 향유하고 발전시키는 교양 있는 사람

- Ⅰ. 교육과정 구성의 방향 중에서 -

사실 한 사람의 교양은 영화 자체를 단순히 봤느냐 안 봤느냐를 기준으로 판단할 수 있는 것이 아니다. 그것보다는 영화를 어떤 태도로 관람했고, 그 영화가 던지는 메시지를 어떻게 이해하고 있느냐의 문제와 관련된다. 그럼에도 문화인을 이야기할 때 단순히 영화를 봤는지의 여부로 관심의 초점이 옮겨지는 것은 바람직하지 않다. 어떤 사람은 영화를 본 후 그것을 봤다는 사실 자체를 알리기 위해서 영화관 앞에서 또는 영화포스터 옆에서 사진을 촬영하기도 한다. 그리고 자신이 영화를 봤다는 사실을 인증이라도 하듯 기꺼이 자신을 SNS에 노출시키는 사람들도 있다. 물론 대부분은 관람에 대한 기억, 그리고 이왕이면 함께 관람한 지인과의 추억을 남기기 위해 기념사진을 촬영하는 사람들일 것이다. 대규모 공연장에 포토존을 별도로 설치하는 것도 요즈음의 분위기를 보여준다. 실제로 포토존에서 촬영한 사진은 경우에 따라 SNS를 통해 불특정 다수에게 확산되고, 이것은 홍보의 효과도 볼 수 있다.

그러나 공연이든 문화재든 이것은 모두 관람객의 입장에서는 향유의 대상이다. 우리는 문화를 제대로 향유하고 있는가? 인증 사진 촬영은 부수적인 목적이고, 문화에 대한 향유나 발전이 관심의 본질이다. 여행 계획을 세우면서 당초 생각한 여행 기간에 비해 너무 많은 장소를 여행 코스로 설정하여 제대로 체험하지 못하고 지나치는 경우가 있다. 여행사를 통해 해외에 나가본 경험이 있는 사람이라면 쉽게 공감할 것이다. 다음 코스로의 숨가쁜 일정을 소화하기 위해서 사진만 찍고 버스를 타는 경우도 있다. 때로는 사진만이라도 찍고 가겠다며 가던 버스를 잠깐만 세워달라고 요청하는 경우도 있다. 이러한 사람이 집에 돌아가서 사진을 보며 문화재를 향유할 가능성은 매우 낮다.

문화에 대한 향유는 스마트폰에 담는 행위가 아니라 직접 마주한 문화와 직접적으로 교감하는 방식으로 이루어져야 한다. 이것은 국가교육과정의 심미적 감성 역량과도 연관된다. 문화에 대한 향유는 단순히 문화에 대한 즐김이 아니라 문화를 사랑하는 마음으로까지 확장되어야 한다. 중국의 만리장성, 일본의 국보 사찰 기둥에 한글로 쓰인 낙서가 있다고 한다. 이것은 결코 문화를 향유할 줄 아는 교양 있는 사람의 모습은 아니다. 또한 바로 앞에 엄연히 '촬영 금지'라고 적혀 있음에도 문구를 무시하고 카메라 셔터를 눌러대는 사람들, 들어가지 말라는 안내판에도 아랑곳하지 않고 들어가는 진상 관광객들까지……. 정말 창피하다.

최근 이탈리아의 한 유적지 문화재에 올라탔다가 망신을 당한 여배우가 있었다. 이게 바로 문화재를 대하는 한 사람의 교양 수준이다. 문화재를 꼭 그런 방식으로 향유해야 할까? 그 여배우는 이내 곧 관리 직원의 제재를 받아 내려왔지만 지나가던 많은 사람들의 따가운 시선을 한 몸에 받았다. 로마에서는 문화재를 함부로 대하는 진상 관광객을 대상으로 재방문을 차단하는 방안을 구상하기에 이르렀다. 우리나라 사람들의 문화재 관람 태도와 관련하여 눈살을 찌

푸리게 만드는 일은 외국에서만 있는 일이 아니다. 술에 취한 대학생들이 첨성대에 올라가 사진을 찍다가 경찰에 붙잡힌 일도 있었다. 더구나 첨성대의 경우에는 이미 약간 기울어진 상태이며, 지진으로 인하여 안전성에 대한 우려도 있는 상황이라고 한다.

교양은 문화를 제대로 향유할 때 쌓이는 것이다. 여기서 향유란 문화를 사랑하며 보존하려는 태도이다. 이것은 사진에 담을 수 있는 것이 아니다. 문화를 향유하는 사람의 마음에 담을 수 있는 성질의 무엇이다. 우리는 학생들에게 문화적 소양을 길러주어야 한다. 그리고 그것은 문화에 대해 단순히 지식적 측면을 넘어서 그것을 대하는 인간의 자세와 관련된다.

지난 가을 6학년 아이들을 인솔하여 떠났던 역사 테마 수학여행을 떠올려본다. 경주에서 만나게 되는 통일신라시대의 다양한 문화재들이 학생들의 눈에는 어떻게 비춰졌을까? 학생들은 수학여행에서 무엇을 배워야 할까? 삼삼오오 팀별로 다니며 문화재 옆에 서서 서로 사진을 찍어 주고, 사진 속 자신의 모습을 확인하고, 만약 사진이 잘 나오지 않았다면 다시 촬영하기를 반복한다. 여기서 향상되는 것은 교양이 아니라 사진 찍는 기술이다. 혹시 아이들에게 "남는 건 사진밖에 없어."라고 하며 사진 촬영에 신경 쓴 경험이 있다면, 이제 우리의 관심은 사진이 아니라 문화 자체로 옮겨져야 한다. 우리가 학생들에게 가르쳐야 하는 것은 사진 찍는 기술이 아니라 지금 자기 앞에 놓인 문화재에 대한 미적 체험이다. 학생들 각자가 나름의 시선으로 문화재를 해석하고 마음속에 담아오도록 이끄는 수학여행이라면 학생들을 교양 있는 사람에 한발 더 다가서도록 돕는 것이 아닐까?

교실 안에서 실천하는
세계 시민 교육 I-5

　교실에서 해마다 해오고 있는 희망의 편지쓰기 시간. 편지지와 함께 동봉된 DVD 동영상을 아이들에게 보여준다. 동영상 주인공은 머나먼 나라에서 어려운 환경 속에 살고 있는 또래 아이다. 기본적인 의식주 생활조차 매우 힘들어 보이며 공부하는 것이 과연 가능할까 의문이 들 정도이다. 그럼에도 불구하고 아이들은 먼 거리에 있는 학교를 어떻게든 다니려고 한다.

　동영상을 본 아이들은 '이 친구는 정말 힘들게 사는구나.'라고 느끼거나 자신의 생활과 비교하면서 '내가 행복한 환경에서 자라고 있고 편하게 공부하는구나.', '저렇게 어려운 환경에서도 공부하고 싶어 하다니 대단하다.' 등을 생각하게 된다. 반 아이들은 자연스럽게 또래 친구에게 연민을 느끼고 그 환경 속에서 얼마나 힘들게 살고 있는지를 공감하게 된다. 그리고 그 친구에게 응원과 격려의 메시지를 담은 편지를 쓰고 나서 그 친구를 도울 성금과 함께 편지 봉

투에 동봉하여 보낸다. 아이들은 영상 속 또래 친구를 도울 수 있다는 생각에 매우 뿌듯해한다. 그리고 시간이 지나 영상 속 친구가 보내온 감사 영상에 아이들은 반가워하고 자신들의 선행에 대해 보람을 느끼게 된다. 이렇게 아이들은 작은 교실 안에서도 아주 멀리 떨어져 있는 다른 나라 친구의 어려움을 공감하고 도와주는 교육활동을 할 수 있다. 단순해 보이지만 엄연히 세계 시민 교육이라 할 수 있다.

공동체 의식을 가지고 세계와 소통하는 민주 시민으로서 배려와 나눔을 실천하는 더불어 사는 사람

- Ⅰ. 교육과정 구성의 방향 중에서 -

2015 개정 교육과정 총론에서는 교육과정이 추구하는 인간상 중 하나로 공동체 의식을 가진 세계 시민으로서 함께 살아갈 수 있는 사람을 명시하고 있다. 따라서 학교 현장에서는 세계 시민 교육을 통해 아이들이 배려와 나눔을 실천하며 다른 사람들과 더불어 살 수 있는 사람으로 자랄 수 있도록 교육해야 한다. 예전에는 개별 국가 안에서 국민들이 갖추어야 할 올바른 시민성을 교육해왔지만, 지금은 개개인 모두가 세계 시민에 걸맞은 의식을 갖추고 더불어 살아가기 위해 행동할 수 있도록 교육해야 한다. 하지만 세계 시민 교육이라고 하면 막연하게만 느껴지고 교실에서 실천하기 어렵다고 생각하는 경향이 있다. 세계 시민 교육은 '나'가 아닌 '우리'로, '그들만의 문제'가 아닌 '우리의 문제'로 인식하고 더불어 살아가기 위한 공동체 의식을 함양하는 교육이다. 그런 면에서 볼 때 아래에 제시하는 세 가지 중 한 가지라도 교실 안에서 실천할 수 있다면 아이들에게 의미 있는 세계 시민 교육을 했다고 볼 수 있을 것이다.

첫째, '관심 갖기'다. 최근 세계의 다양한 뉴스를 실시간으로 확인할 수 있는 시대가 왔다. 홍콩 범죄인 인도법 반대 시위가 확산되는 모습을 SNS을 통해 시시각각 접할 수 있으며, 사우디아라비아의 보수적인 전통 관습을 변화시키며 비아랍권 가수로는 최초 공연을 한 방탄소년단의 열창을 생중계로 관람할 수 있게 되었다. 그러나 아무리 세계에 대한 무수히 많은 정보를 접하더라도 그 정보들에 관심을 두지 않게 되면 단지 귓등을 스쳐 지나가는 공허한 소리가 된다. 세상에 대한 적극적인 관심이야말로 세계 시민이 되기 위한 자질의 기본이 아닐까?

둘째, '공감하기'나. 아이들은 지구촌 소식을 통해 접하게 된 사람이나 집단의 감정에 공감할 수 있다. 안타까운 소식을 듣게 되면 그 문제의 심각성이나 해결의 필요성에 대해 공감하게 된다. 다른 민족이 당한 인권 탄압 소식에 함께 분노할 줄 알며, 엄청난 규모의 산불이나 지진 등 자연재해가 일어났을 경우 피해를 입은 지역 주민들의 사정을 안타까워하며 얼른 털어내고 다시 일어서기를 기원하는 감정을 느낀다. 반면 유쾌하거나 흥미로운 소식을 접하게 되면 함께 웃으며 기분 좋아질 수도 있다. 세계적인 축제인 브라질 리우 카니발이나 스페인의 토마토 축제 등의 뉴스를 보게 되면 직접 참여하지는 않았지만 축제 현장에 있는 사람들처럼 함께 즐거움을 느낄 수 있는 것이다.

셋째, '행동하기'다. 앞서 언급한 희망의 편지쓰기처럼 의지만 있다면 실천할 수 있는 방법이 여러 가지 있다. 자선단체를 통한 성금 보내기나 사랑의 저금통으로 모은 용돈 기부하기, 지구촌 온난화를 막기 위한 절전행사 참여하기 등도 세계 시민 교육의 한 가지 방법이 될 수 있다. 그리고 학교 수업에서 이루어지는 다문화교육에서도 다른 나라의 문화를 이해하고 존중하는 것을 직·간접적으로 배우기 때문에 그들과 더불어 살아가기 위한 적극적인 행동이라 볼 수 있다. 또한 SNS나 인터넷 게시글을 통해 예기치 못한 피해를 입은 당사자들에게 격려와 응원을 보내고 아픔과 고통을 함께 하는 메시지를 보낼 수 있
다. 이처럼 교실이라는 작은 공간에서도 의지를 갖는다면 얼마든지 세계 곳곳에 관심을 갖거나 그 지역 사람들과 소통하며 그들을 위해 행동할 수 있는 것이다.

  다음은 최근에 옆 반 선생님에게 들은 교실 속 이야기다. 우크라이나의 한 학생이 부모님의 사정으로 인해 갑자기 전학을 오게 되었다. 그 학생은 한국에 처음 오게 되어 당연히 한국어를 전혀 모르는 상태였다. 선생님은 영어조차 하지 못하는 우크라이나 학생과 의사소통을 하기 위해 구글 번역기와 보디랭귀지를 통해 하루하루 힘겹게 소통을 이어가며 지도하였다. 불행 중 다행인 것은 그동안 배려라고는 눈곱만큼도 보여주지 않았던 반 아이들이 그 이방인 학생의 적응을 위해 너도 나도 할 것 없이 배려하고 도와주고 있다는 점이다. 심지어는 전학생과 대화하고 소통하고 싶어 하여 우크라이나 뉴스에 관심을 갖는 모습을 보여주기까지 하였다. 한 명의 학생으로 인해 반 아이들이 보다 성숙한 행동과 의식을 갖추게 되었음을 느꼈다고 하였다. 종종 다문화 혹은 외국인 학생을 편견으로 대했던 우리의 부끄러웠던 모습이 아닌 멋진 세계 시민의 모습을 보여준 것이다.

  아이들의 인식과 활동의 범위를 세계로 확장하여 다른 나라와 다른 민족이 겪는 일도 결국은 우리의 일이라고 받아들이고 그들과 더불어 사는 태도를 갖추는 것이 중요하다. 지구 반대편의 또래 친구를 생각하며 희망의 편지를 썼던 아이들, 전학 온 우크라이나 친구의 적응을 위해 여러모로 도와줬던 아이들, 그리고 교실 안에서 세계인들과 함께 살아가기 위해 공부하고 있는 우리 아이들을 떠올리며 '지구가 만약 100인의 마을이라면'이라는 유튜브 동영상에서 나온 문구의 일부로 이야기를 마무리하고자 한다.

　　　아름다운 지구마을에 살고 계신 당신
　　　당신이 지금 갖고 있는 것에 감사하세요.
　　　그리고 삶의 맛을 깊이 음미하며 하루하루, 순간순간을
　　　소중히 여기며 살아가보세요.
　　　그리고 더 많은 것들을 마음을 다하여 사랑하세요.

역량, competency에서 capabilities로 I-6

　2009 개정 교육과정에서 처음으로 역량 개념이 언급된 이후 2015 개정 교육과정은 역량을 전면에 내세우면서 이른바 '역량 기반 교육과정'을 지향하고 있다. 사실 교육계에서 역량 개념이 주목을 받기 시작한 것은 OECD(경제개발협력기구)의 DeSeCo(Defining and Selecting key Competencies : 역량의 정의와 선택) 프로젝트에 의해서이다. 이것은 OECD가 개인의 성공적인 삶을 위해 필요한 핵심역량을 규명하고, 그러한 역량을 키워줄 수 있는 교육과 제도에 대한 연구 프로젝트이다. DeSeCo 프로젝트 이후 호주, 뉴질랜드, 캐나다 등 영미권의 여러 나라들이 핵심역량을 중심으로 초·중등 교육과정을 개편했다. 우리나라 역시 이러한 추세에 발맞춰 2015 개정 교육과정에서 학생의 실제적 삶 속에서 무언가를 할 줄 아는 실질적인 능력을 기를 수 있도록 하는 방향에서 역량 중심의 접근을 시도하고 있다.

2015 개정 교육과정 총론 해설서에서는 핵심역량을 학교 학습을 통해서 기르고자 하는 미래사회에 요구되는 능력이라고 간략히 정의하고 있다. 4차 산업혁명이 촉발한 과학기술의 발전에 따라 미래사회는 지금보다 훨씬 더 복잡해지고 다원화될 것이다. 이에 따라 교육이 학생들에게 지식을 단순히 소유하도록 하는 것에서 벗어나 지식을 활용하고 문제 해결에 적용하는 능력을 길러주고자 하는 움직임은 바람직하다. 그런데 실제 삶에서 적용 가능한 역량이란 구체적으로 무엇을 의미하는가? 학교는 학생들에게 어떠한 역량을 길러주어야 하는가? 학생들에게 실제적 지식을 가르쳐야 한다는 취지에는 동의하더라도 그것의 실체가 무엇인지에 대해서는 교사마다 생각이 다를 수 있다. 이와 관련하여 2015 개정 교육과정에서는 추구하는 인간상을 구현하기 위한 핵심역량으로 자기관리 역량, 지식정보처리 역량, 창의적 사고 역량, 심미적 감성 역량, 의사소통 역량, 공동체 역량을 제시하고 있다.

이 교육과정이 추구하는 인간상을 구현하기 위해 교과 교육을 포함한 학교 교육 전 과정을 통해 중점적으로 기르고자 하는 핵심역량은 다음과 같다.

가. 자아정체성과 자신감을 가지고 자신의 삶과 진로에 필요한 기초 능력과 자질을 갖추어 자기주도적으로 살아갈 수 있는 자기관리 역량
나. 문제를 합리적으로 해결하기 위하여 다양한 영역의 지식과 정보를 처리하고 활용할 수 있는 지식정보처리 역량
다. 폭넓은 기초 지식을 바탕으로 다양한 전문 분야의 지식, 기술, 경험을 융합적으로 활용하여 새로운 것을 창출하는 창의적 사고 역량
라. 인간에 대한 공감적 이해와 문화적 감수성을 바탕으로 삶의 의미와 가치를 발견하고 향유하는 심미적 감성 역량
마. 다양한 상황에서 자신의 생각과 감정을 효과적으로 표현하고 다른 사람의 의견을 경청하며 존중하는 의사소통 역량

― Ⅰ. 교육과정 구성의 방향 중에서 ―

한편, 역량 개념을 야심차게 도입하면서 추구하는 인간상과 핵심역량 사이의 관계가 애매한 상황에 놓이게 된 측면도 없지 않다. 물론 이 둘 사이가 일대일 대응관계로 규정되지는 않지만, 예를 들어, 추구하는 인간상에 제시된 '창의적인 사람'과 핵심역량의 하나인 '창의적 사고 역량'은 분명 개념적 유사성을 갖고 있다. 그럼에도 불구하고 한편으로는 추구하는 인간상의 재진술처럼 여겨지는 역량 개념을 굳이 왜 끌어들였는지 의문을 가질 수 있다. 교육과정 총론에서는 핵심역량을 추구하는 인간상이 갖추어야 할 능력으로서, 교과와 창의적 체험활동을 포함한 학교에서 이루어지는 모든 교육활동을 통해 길러지는 것으로 기술하고 있다. 하지만 기존의 교육과정에서도 지금과 동일한 인간상이 있었고 그러한 인간을 기르기 위해서 교육이 학교 현장에서 실천되어왔다는 점을 감안하면 핵심역량 개념은 인간상이 갖추어야 할 능력의 구체적 기술 그 이상은 아닐 것이다.

그보다 우리는 역량의 도입 취지를 교육의 본질을 묻는 차원에서 바라볼 필요가 있다. 서두에서 언급한 DeSeCo 프로젝트에서는 역량을 인간의 전체적인 삶의 질 향상을 위해 필요한 것으로 규정하고 있다. 삶의 질은 매우 추상적인 개념이다. 지식을 많이 갖고 있다고 삶의 질이 높은 것도 아니고, 돈을 많이 번다고 해서 높은 것도 아니다. 삶의 질은 어느 한 요소로 판단할 수 있는 것이 아니라 한 개인의 총체적인 삶의 모습 차원에서 접근해야 한다. 교육과정 총론 해설서에서는 6개의 핵심역량을 선정할 때 미래사회에서 시민으로서 혹은 직업인으로서 성공적인 삶을 사는 데 필요한 능력인가를 고려했다고 밝히고 있다. 그러나 개인의 총체적 삶의 질을 핵심역량 6개로 판단하기에는 무리가 있다. 더욱이 성공적인 삶이 개인적 차원의 삶이라면 더욱 문제가 있다. 학교의 역할은 단순히 학생 개개인이 자아실현과 부귀영화를 위해 핵심역량을 기르도록 지원하는 것에만 있지 않다.

안타깝게도 우리 현실은 아직 사회의 발전과 국민 삶의 질 향상을 규정하는 척도로 너무 쉽게 GDP 성장률이나 경상수지와 같은 개념을 사용한다. 그런데 이러한 수치들은 개인들이 얼마나 행복한지에 대해서는 전혀 말해 주지 못한다. 오히려 삶의 질을 특정의 경제적 수치로 환원시킴으로써 한 사람 한 사람의 삶의 질을 들여다보지 못하게 만든다. GDP 안에는 사회 곳곳에서 절대적 빈곤에 시달리는 사람들은 드러나지 않는다. 단지 한 국가의 연간 경제적 성장만을 보여주는 지표일 뿐이다. 국민은 GDP 성장을 위해 존재하는 것이 아니다. 개개인의 행복을 위해 살아가는 것이다. 역량 역시도 자신의 행복을 위한 역량일 때 가치가 있다. 학교는 학생들이 삶의 질을 향상시킬 수 있는 데 기여할 수 있는 역량을 길러주어야 한다. GDP 성장을 위한 인간이 먼저가 아니고 스스로 행복한 삶을 살도록 역량을 길러주는 것이 먼저가 되어야 한다. 극단적으로 표현하면 GDP가 떨어져도 국민의 삶의 질은 향상될 수 있다. 반대로 어떤 나라의 GDP가 다른 나라들에 비해 월등히 높은 상승을 보이더라도 그 국민들의 삶의 만족도는 이전보다 못할 수도 있는 것이다.

개인의 역량은 미래에 자신의 작업장에서 자신에게 주어진 역할을 얼마만큼 잘 수행할 수 있는지의 직무 능력과만 관련된 것이 아니다. 자신이 맡은 일을 효과적으로 달성한 사람에게 무조건적으로 좋은 역할을 갖추었다고 말할 수 없다. 이러한 관점은 인간을 일종의 공장과 같은 사회 안에서 하나의 기계 부품으로 전락시킬 위험이 따른다. 또한 학교교육을 통해서 개인이 아무리 많은 역량을 함양한다고 해도 그러한 역량이 건전한 방향으로 발휘될 수 있는 사회 풍토가 형성되지 않는 한 학교교육은 본래의 역량을 있는 그대로 학생들에게 길러줄 수 없다. 결국 역량은 개인의 영역을 넘어서 사회적 역량 차원으로 확장되어야 한다.

이 시점에서 우리는 핵심역량의 선정에 있어서 핵심 준거가 무엇이었는지에 대해서 비판적인 검토가 필요하다. 우리나라는 역량을 주로 영단어 competency 개념으로 사용한다. 그러나 흔히 competency는 경쟁력으로 번역되어 쓰인다. 직역하면 이것은 다른 사람과의 경쟁에서 비교우위에 있는 것을 의미한다. 다른 사람보다 강한 힘을 가질 때에만 성공적인 삶이 가능한가? 보이든, 보이지 않든지 간에 그 경쟁에서 밀린, 경쟁력이 약한 사람은 사회 안에서 낙오자가 된 삶을 살아야 하는 것인가? 이것은 한국사회의 교육 분위기를 단적으로 보여주는 언어 사용의 예라고 하겠다.

미국의 법학자이며 철학자인 누스바움(M. Nussbaum)은 역량 개념으로서 competency가 아닌 capabilities를 제안한다. 그녀는 우리에게 역량을 경쟁력 차원에서 접근하는 것으로부터 벗어나기를 촉구한다. 그러면서 역량이 인간에게 필요한 지식, 기능, 태도 및 가치 등을 포괄하는 총체적인 개념으로서 복수형이어야 한다고 말한다. 그녀에게 있어서 역량이란 곧 선택할 기회를 의미한다. 역량은 일종의 자유, 즉 선택 가능한 기능의 조합을 달성하는 자유이다. 그렇다. 삶의 질은 개인이 삶에서 얼마나 많은 자유를 누리고 있느냐와 관련된다. 이와 관련하여 현재 우리나라의 개별적 시민들은 얼마나 많은 자유를 누리며 살아가고 있는가? 우리는 학생들에게 타인과 경쟁하여 이길 수 있도록 돕기 위해서 교육을 하는 게 아니다. 타인과 함께 자신의 삶에서 자유를 향유할 수 있도록 가르쳐야 한다. 여기에 역량의 참의미가 있다.

핵심역량을 어떻게 평가하는가 I-7

2015 개정 교육과정에서는 바른 인성을 갖춘 창의 융합형 인재를 양성하기 위해 위와 같이 여섯 가지 핵심역량을 제시하였다. 학교 교육 전반에서 이 핵심역량이 길러질 수 있도록 교육과정을 설계하고 운영해야 한다.

― 교육과정 구성의 방향 총론 해설서 중에서 ―

매 학기가 시작하면서 항상 첫 주는 한 학기 동안 운영될 교육과정의 주제와 활동을 아이들과 함께 만드는 시간을 갖는다. 그때 아이들에게 제시하는 것이 해당 학기의 관련 성취기준과 2015 개정 교육과정의 인간상과 역량 부분이다. 그러던 중 올해 아이들과 함께 교육과정을 만드는 과정에서 한 아이에게 재미있는 질문을 받게 되었다.

"선생님 성취기준은 무엇을 배우는지에 대해서 정확하게 나와 있어서 어떤 내용을 어떻게 배우고 싶은지 생각나는데 역량은 말도 어렵고 달성되는지를 어떻게 알기도 어려워요."

이 말을 듣고 문득 한 가지 의문점이 떠올랐다. 2015 개정 교육과정은 핵심역량을 강조하는 역량 중심 교육과정인데 교육과정을 만들어 운영하고 평가하는 주체인 교사는 과연 그동안 핵심역량을 제대로 평가해 왔는지, 또 역량은 평가될 수 있는 개념인지에 대한 질문이었다.

역량을 어떻게 평가하는지에 대해서는 많은 전문가들이 다양한 견해를 드러내고 있지만 크게 역량은 수행을 통해 평가해야 한다는 견해, 습득된 지식도 평가해야 한다는 견해가 공존하고 있다. 최근의 연구결과를 살펴보면 미국의 대표적인 역량 연구단체인 P21은 다른 나라와 달리 역량 프레임을 학습의 결과와 이를 지원하는 시스템으로 표현하고 있다. 이들은 학습의 결과를 '3Rs를 포함하는 핵심교과 지식, 4Cs를 중심으로 하는 스킬(역량), 삶과 직업세계에 필요한 스킬(역량), 정보·미디어·기술(technology)에 관한 스킬(역량)'로 설정하고 이를 병렬적으로 제시하고 있다. 따라서 미국의 역량 평가에는 전통적인 지식의 평가가 당연히 포함된다. 미국은 역량 함양을 위해서는 기본적인 지식의 습득이 가장 중요하다는 점을 명확히 하고 있다. 일본도 기초적인 지식과 기능의 확실한 습득을 강조하는 것은 미국과 비슷한 접근이라고 할 수 있다.

아직 우리나라에서는 역량의 평가 가능성에 부정적인 입장을 취하고 있는 의견은 거의 없다. 하지만 정의적인 요소들을 생각해 본다면 이런 경우들은 수업 중에 보이지 않게 발현되는 경우가 많이 있기 때문에 객관적으로 평가하는 데 한계가 있다. 역량을 평가할 때 역량을 어떻게 정의하고 어떤 역량을 염두에 두느냐에 따라 역량은 측정 가능하기도 하고 불가능하기도 한다. 역량을 어떤 것을 얼마만큼 할 수 있다는 기능주의적 관점에서 살펴본다면 중국어 1급,

2급, 일본어 1급, 2급처럼 당연히 측정할 수 있는 개념이다. 하지만 핵심역량을 각각 하나의 객체가 아닌 분리할 수 없는 복합적인 능력과 자질로 볼 때는 측정이 난해할 수 있다는 주장이 가능하다.

그럼 교실 현장에서의 역량 평가는 어떤 모습일까? 교실에서의 학생평가는 학기 초 평가 계획을 수립하고, 이에 따라 평가를 시행한 후 채점을 하고 채점 결과를 통해서 학생의 수준을 판단하며, 그 결과를 피드백하는 과정을 거친다. 이러한 학생평가의 절차는 역량 평가에도 그대로 적용된다. 다만, 역량의 특성을 고려하여 기존의 평가 절차나 방향은 다소 수정될 것이다. 맥락성, 총체성, 수행성이라는 역량의 속성을 고려하면 교실 수준에서의 역량의 평가는 지필 평가보다는 수행 평가가, 양적 평가보다는 질적 평가가 더 적합하다. 또한 학생의 역량 신장을 염두에 둔 평가를 하기 위해서는 학습의 과정으로 평가가 이루어질 필요가 있다. 이런 평가를 통해 교사는 학생들의 수행을 관찰하고 기록하면서 학생들의 역량 성장을 모니터링하고, 피드백을 할 수 있다. 수행의 과정과 결과에 대한 질적 기록은 학생들의 강·약점 및 오 개념을 파악하는 것을 쉽게 할 뿐만 아니라 이를 토대로 학생과 학부모들과의 의사소통을 가능하게 한다.

이와 같은 평가 방향의 설정과 더불어 핵심역량을 평가하기 위한 평가 단계에 대해서도 고민해 보아야 한다. 이를 위해서는 핵심역량의 속성에 대한 고민이 필요하다. 역량은 그 특성상 교육의 결과로 학습자의 수행을 강조하기 때문이다. 이 때문에 역량을 평가하기 위해서는 교육의 결과로 나타나게 되는 학습자의 수행으로부터 교수 학습 과정을 설계하는 백워드 설계(Backward design) 방식을 취하는 것이 하나의 방법이 될 수 있다. 백워드 설계의 대표적 주창자인 Wiggins와 McTighe는 학교 수준에서의 백워드 설계는 바라는 결

과(Desired results)를 기술하는 1단계, 평가 결과를 통해서 증거를 결정하는 2단계, 학습경험과 교수활동을 계획하는 3단계로 이루어진다고 설명한다. 백워드 설계는 평가를 출발점으로 하여 교수·학습을 설계하는 방식으로, 수행의 결과에 해당하는 역량을 중심으로 교수·학습을 설계한다. 또 핵심역량과 관련된 학생의 행동이나 수행을 진술하고, 이를 이끌어내는 과제와 상황을 결정하는 방식으로 평가를 계획하여 핵심역량의 평가에 적합하며, 요즈음 현장에서 많이 말하는 교-수-평-기 일체화(교육과정-수업-평가-기록)에도 알맞다.

좀 더 자세히 교실 수준에서 핵심역량을 평가하는 과정을 살펴보면 먼저 교사가 교육과정 성취기준을 분석하여 관련된 핵심역량을 찾아낸다. 그리고 수업을 통해서 학생이 핵심역량을 갖추었을 때 나타나는 특성을 진술하는데, 이 단계에서 핵심역량과 교육과정 성취기준을 접목하는 것이 필요하다. 다음으로 수행평가 및 교실 활동에서의 과제를 어떤 내용으로 어떻게 구성할지에 대해 산출물, 채점 기준, 학생들이 활용할 수 있는 교육정보, 참고문헌 등을 자세하게 항목화한다. 항목화한 내용을 토대로 실제로 수행평가 및 교실 활동 과제를 수행하고, 학생의 산출물과 반응을 수집한다. 마지막 단계로 학생들의 수행 결과를 토대로 학생들이 수업에서 배운 핵심역량을 갖추었을 때 기대되는 특성을 나타내는지 판단하며, 분석 결과를 학생에게 피드백하여 학생의 핵심역량 신장을 위해 과제를 새롭게 제시하거나 평가를 다시 한다.

그간 핵심역량과 관련된 많은 논의가 있었지만, 교실 수준에서 이것을 어떻게 평가해야 할 것인가에 대해서는 아직도 많은 연구가 필요한 실정이다. 특히, 2015 개정 교육과정이 순차적으로 적용되었으므로, 교육과정의 성과를 점검하기 위해서는 교실 수준에서 핵심역량을 어떻게 평가해야 할 것인지에 대한 후속연구가 다양하게 마련될 필요가 있으며, 이를 지원하기 위한 정책 방향은 어떠해야 하는지에 대해서도 논의가 활성화될 필요가 있다.

교실 수업에서의 학생평가가 핵심역량의 신장을 위한 것으로 의미 있게 변화되기 위해서는 현장 적합성이 높은 평가 방안을 마련하고 다양한 평가 자료를 개발하고 보급하는 것이 선결되어야 한다. 하지만 이러한 평가 방안을 교실 수업의 상황에 맞게 적절하게 적용할 수 있는 교사의 역량이 갖춰지지 않으면 핵심역량을 제대로 평가하는 것은 불가능하다. 그러나 다른 한편으로 교사들은 핵심역량 평가의 실행에서 어려움을 겪고 있는 것 역시 사실이다. 따라서 다양한 예시 자료의 개발과 보급뿐만 아니라 교사의 역량을 강화할 수 있도록 지원하는 것이 필요하다.

평가 결과의 기록과 관련된 개선도 뒷받침되어야 한다. 핵심역량 신장을 위해서는 학교생활기록부 등을 통해 학생의 핵심역량 발달 과정을 확인할 수 있도록 후속 조치가 마련될 필요가 있다. 예를 들어, 학교생활기록부 기재요령을 수정하여 핵심역량을 누적 기록할 수 있는 근거를 마련하고, 학생들의 핵심역량 발달 상황을 기록하는 누적 기록지를 만드는 것 등이 필요하다. 물론, 이는 교사의 업무 부담이나 평가 결과 누적 기록에 대한 학생과 학부모의 부담 등이 예상되므로 충분한 연구를 통해 사회적 파장이 크지 않으면서도 교육적으로 의미 있는 방안이 마련될 필요가 있다.

역량에 대한 평가는 평가 가능성, 타당성, 신뢰성, 실현가능성 등의 어려움은 있지만 역량 교육의 책무성 관리를 위해, 수행 과정에 필요한 피드백을 주기 위해, 또 역량 교육의 효과를 평가하기 위해 반드시 필요하다. 결국 아이들의 핵심역량을 길러주는 주체는 교사이다. 따라서 핵심역량을 평가할 수 있는지에 대한 질문의 답은 교사의 전문성과 직접적으로 관련된다. 교사의 전문성은 바로 교사교육과정의 문제로 귀결된다. 교사는 아이들과 함께 만든 교사교육과정을 계획하고 운영하며 평가한다. 이러한 3단계의 과정을 걸치면서 아이들의 핵심역량이 길러졌는지를 교사교육과정 안에서 판단하게 된다. 따라서 역량의 평가에 대한 질문의 답은 결국 교사교육과정 안에서 해결해야 한다고 생각한다. 교사교육과정이야말로 학생들의 제반 환경을 가장 잘 담아내고 있고, 학생 중심의 교사교육과정을 통해 학생의 역량을 평가하고 성장을 도울 수 있을 것이라고 생각하기 때문이다.

과정 중심 평가는
어디에서 출발했는가 I-8

    우리나라에서 평가는 언제나 뜨거운 관심을 받는다. 교육계에 종사하는 교사, 학생뿐만 아니라, 교육과 직접적인 관련성이 없는 사람들도 평가에 유독 많은 관심을 보인다. 여전히 많은 어른들은 학생들이 학교생활은 재미있는지, 공부하면서 힘든 것은 없는지는 대부분 궁금해하지 않는다. 그들이 궁금해하는 것은 반에서, 혹은 전교에서는 몇 등이나 하는지, 점수는 어느 정도 되며, 그 점수면 어느 고등학교에, 혹은 어느 대학교에 갈 수 있는지와 같은 것들이다. 심지어 많은 학부모들조차도 자신의 자녀들이 오늘은 무엇을 배웠는지보다 이번 시험(평가)에서는 몇 점을 받았는지를 더 궁금해한다. 이렇게 과정이 어찌되었던 결과만 중요시하는 사회적 분위기는 학생들이 이제는 평가라는 소리만 들어도 스트레스 받고, 우울해지게 만드는 결과를 만들어냈다. 그렇다면 평가는 원래 나쁜 것이었을까?

학습의 과정을 중시하는 평가를 강화하여 학생이 자신의 학습을 성찰하도록 하고, 평가 결과를 활용하여 교수·학습의 질을 개선한다.

- Ⅰ. 교육과정 구성의 방향 중에서 -

    교사의 역할은 학생을 가르치는 일이다. 가르침을 위해서는 학생의 현재 배움 상태를 진단하고, 학생의 배움이 형성되는 과정을 파악하고, 학생의 배움이 목표한 바에 다다랐는지 살펴보는 단계가 필요하다. 새 학년이 되면 학생들의 현재 배움 상태를 진단하기 위해 우리는 진단평가를 실시하고 있으며 학생을 가르치는 과정에서 학생이 잘 따라오고는 있는지, 어려움을 겪는 아이는 없는지 관찰을 포함한 다양한 방법들을 활용하며 형성평가를 실시한다. 그리고 가르침의 과정이 끝났을 때, 학생들의 배움이 원하는 목표에 다다랐는지 단원평가를 비롯한 다양한 방법들을 활용하여 학습 결과를 평가한다. 이처럼 평가를 한다는 것은 학생들의 보다 원활한 배움을 돕기 위해 반드시 필요한 과정이다. 다시 말해, 평가 자체가 나쁜 것은 아니란 것이다. 오히려 학생의 배움을 촉진시킬 수 있는 유용한 교육 방법 중 하나이다.

    그런데 어느 순간부터 평가의 다양한 목적은 희미해진 채, 그저 학생의 수준을 구분하거나, 학생을 선발하기 위한 수단으로만 사용되기 시작했다. 학교 교육을 받은 지 제법 오랜 세월이 흐른 학부모들부터 오늘날 학교 교육을 받고 있는 지금의 학생들까지 평가받기를 좋아하는 사람들은 찾기 힘들 것이다. 평가는 나에게 도움이 되는 것이라기보다는 대개 나를 힘들고 지치게 만드는 것이라 생각하기 때문이다. 평가는 교육을 위한 효과적인 방법 중 하나임에도 불구하고, 이렇게 평가에 대한 부정적 인식이 커지는 것은 분명 문제가 있다는 생각에 공감하는 사람들이 많아졌다. 그러한 영향으로 평가의 방향이 조금씩 바뀌기 시작했고, 2015 개정 교육과정에서는 평가를 위와 같이 제시하고 있다.

이처럼 이제는 학습의 결과뿐만 아니라 학습의 과정도 중시하는 평가를 실시할 것임을 교육과정 총론 차원에서 적시하고 있다. 다시 말해 선발, 자격 등을 목적으로 하는 결과 중심의 평가가 아니라, 학습의 성찰과 교수·학습 질 개선을 위해 결과와 과정을 모두 중시하는 평가를 실시하겠다는 것이다.

그동안 교실에서 실시했던 평가들을 되돌아보면, 나이스에 입력하거나 가정에 통지되는 것이 평가를 실시하는 가장 주된 목적이었다. 평가를 실시하는 목적이 학생을 위한 것이라는 것은 누구나 알고 있었겠지만, 정작 실제로 이루어지는 평가의 목적에 학생은 소외되어왔다. 그래도 그러한 문제를 모두 교사의 탓으로만 돌릴 수는 없는 노릇이다. 한 반에 스무 명도 넘는 학생들이 있는 교실에서 스무 명의 평가 결과를 모두 하나씩 살펴보며, 각각에 필요한 피드백을 적시에 제공하고, 의미 있는 성찰이 일어날 수 있도록 돕는다는 것이 생각처럼 쉽지만은 않다. 학급당 학생 수 및 전반적인 학습량 감축, 수업에 몰입할 수 있는 환경 조성 등이 반드시 병행되어야 교육과정이 추구하고자 하는 평가가 보다 원활히 이루어질 수 있을 것이다. 그러나 분명한 것은 바로 이러한 평가를 실제로 실시한 교사만이 이러한 어려움을 느낄 수 있고, 이러한 문제점들을 제기할 수 있다는 것이다. 실제로 교실에서 학습에 어려움을 겪는 학생을 지도해 본 경험이 있는 교사라면, 그 학생 하나만 지도하기에도 한 시간이 부족하다는 것을 느껴보았을 것이다. 교육과정 총론에서 제시하는 평가 문구 하나만으로도 교사가 해야 할 일은 학생의 배움에 집중하고, 수업의 질 개선을 위해 노력해야 하는 것임을 충분히 알 수 있다. 교사가 이렇게 자신에게 주어진 본연의 소임을 다할 때, 위에서 언급했던 학급당 학생 수, 학습량, 행정업무 감축 등과 같은 문제들도 보다 진정성 있게 와 닿을 수 있을 것이며, 이러한 진정성이 의미 있는 변화를 이끌어낼 수 있을 것이다.

   이처럼 평가의 방향과 목적이 변화하고 있다. 이러한 변화는 평가가 더 이상 학생에게 스트레스를 주기 위한 존재가 아니다. 평가는 학생들의 배움과 성장을 위해 존재한다는 점에서 의미가 있고, 교사 본연의 목적이 무엇인지에 대해 다시 생각할 수 있는 계기를 마련해 주었다는 점에서 교사에게도 큰 의미를 갖는다.

교사로 산다는 것 I-9

초등학교 교육은 학생의 일상생활과 학습에 필요한 기본 습관 및 기초 능력을 기르고 바른 인성을 함양하는 데에 중점을 둔다.

- Ⅰ. 교육과정 구성의 방향 중에서 -

매일 아침 교실 문을 열고 들어서면 왁자지껄 아이들의 대화 소리가 교사를 맞이해준다. 여느 날과 다를 것이 없는 하루를 준비하던 아침이었다. 갑자기 한 학생이 다가와, 진지한 표정을 지으며 자신이 요즘 고민이 있다고 말한다. 그래서 무슨 고민이냐고 묻자, 좋아하는 사람이 생겼는데 이 마음을 어떻게 표현해야 할지 모르겠다는 내용이었다. 평소와는 다르게 유독 진지한 모습을 보이는 그 학생의 모습에 웃음이 절로 나오긴 했지만 웃음을 꾹 참고 진지하게 상담해주었다. 마침 다가오는 국어 시간에 마음을 표현하는 글쓰기를 하는 시간이 있으니, 그 시간을 활용해서 좋아하는 그 사람에게 마음을 표현하는 글을 써보기로 했다. 그 수업을 마치자, 그 학생은 자신이 쓴 글을 갖고 나에게 찾아왔다. 글 속에는 좋아하는 사람에 대한 학생의 마음이 정말 진솔하게 담겨 있었다. 그래서 그 글을 다음 날 좋아하는 그 학생에게 전해주기로 약속하며, 상담이 종료되었다. 이날 나는 그 학생에게 상담원이자, 연애 컨설턴트였다.

국립국어원 표준국어대사전에 따르면, 교사란 '주로 초등학교, 중학교, 고등학교에서, 일정한 자격을 가지고 학생을 가르치는 사람'으로 정의되어 있다. 일상 속에서도 많은 사람들은 교사의 모습을 수업 시간에 학생들을 가르치는 사람으로 생각한다. 그러나 교사는 교실 속에서 가르치는 사람으로서의 모습 외에도 다양한 모습을 갖고 살아간다. 서로 다투고 진위를 가리기 위해 찾아오는 학생들에게는 판사가 되기도 하며, 학생들과 즐거운 놀이를 함께 할 때는 진행자가 되기도 하고, 체험학습을 가는 날에는 학생들의 보호자가 되기도 한다. 교사는 이처럼 다양한 모습을 갖고 살아가지만, 그러한 모습들 사이에는 공통점이 있다. 하나는 그러한 모습들이 학생들과 함께 살아가는 과정 속에서 갖게 되는 점이라는 것이고, 다른 하나는 교사가 그런 모습들을 갖게 되는 이유는 교육 때문이라는 것이다. 즉, 교사는 학생들의 교육을 위해 일상적 상황을 교육적 상황으로 만드는 과정 속에서 다양한 모습을 갖게 되는 것이다.

이처럼 교사가 다양한 모습을 보이는 이유 역시, 결국에는 학생들의 교육을 위함이다. 일부 사람들은 교사가 학생들의 고민을 상담해주고, 학생들 사이의 관계 문제 해결에 도움을 주기도 하며, 학생들과 함께 놀아주는 것이 과연 교육과 무슨 관련이 있는지 의문을 제기할 수 있을 것이다. 그것은 그러한 상황을 일상에서 흔히 접할 수 있는 일상적 상황으로 바라보기 때문이다. 학교라는 공간은 교육을 목적으로 인위적으로 만들어진 장소이다. 학교에서는 정해진 수업

시간에 특정한 내용을 가르치는 과정 속에서 의도적인 교육활동이 일어나기도 하지만, 정해지지 않은 시간에 예상치 못한 상황 속에서도 의도치 않았던 교육활동이 일어나기도 한다. 이러한 두 종류의 교육활동 중 전자를 명시적 교육과정이라 하고, 후자를 잠재적 교육과정이라 부르기도 한다. 분명한 것은 의도했든 그렇지 않든 그것은 학생의 교육에 영향을 미친다는 사실이고, 두 가지 모두 학교에서 이루어지는 교육활동으로 보아야 한다는 것이다. 그리고 이러한 교육활동 모두가 결국에는 국가교육과정에서 추구하고자 하는 교육 목적과 교육 목표를 달성하기 위한 방법이기 때문에, 이 역시 교육과정 활동이 될 수 있다.

그럼에도 불구하고, 여전히 많은 사람들은 정해진 수업 시간에, 주어진 내용을 가르치는 것만이 교육활동이라고 생각하며, 교사의 교육과정 활동 범위를 협소하게 바라보는 시각을 갖고 살아가고 있다.

학교는 국가교육과정을 바탕으로, 학교의 특성, 환경 등 학교 실정을 고려하여 학교교육과정을 편성하여 운영하는 곳이다. 이러한 학교교육과정 안에는 학교 교육에서 추구하고자 하는 목표부터 목표에 도달하기 위한 과정은 물론, 연간 운영 시수, 시간표에 이르기까지 학교에서 이루어지는 전반적인 교육활동이 담겨 있다. 그리고 학교에서 이루어지는 모든 교육활동은 이렇게 학교에서 만들어진 학교교육과정의 범위 내에서 실행된다. 다시 말해, 교사가 학교에서 행하는 교육과정 활동은 작게는 학교교육과정의 범위 안에서, 크게는 국가교육과정의 범위 안에서 이루어지는 활동이다. 교사가 학생들 간의 일어난 다툼을 해결해주는 과정 속에서 가끔은 판사가 되어 살아가는 것도 결국에는 학생들이 삶을 살아가는 데 필요한 기본적인 능력을 길러주기 위함이며, 때로는 학생들에게 기쁨과 웃음을 선물해주기 위해 개그맨이 되어 살아가는 것도 역시, 배움의 즐거움을 느낄 수 있도록 만들어주기 위함이다.

학교에서 이루어지는 교사의 전반적인 교육활동은 교육과정을 운영하기 위한 활동에 포함될 수 있는 것이다. 이처럼 교육과정은 다양한 모습으로 살아가는 교사들의 교육활동에 정당성을 부여해 줄 수 있는 법적 지지대가 될 수 있다. 학교는 교육과정을 운영해야 하기에 교사는 교육과성을 가르쳐야 하고, 교사는 교육과정을 가르치기 위해, 때로는 학생들이 원하는 모습으로 살아갈 수 있어야 한다.

지금 이 순간에도 수많은 교사들은 각자의 교실 안에서 다양한 모습으로 살아가고 있을 것이다. 그리고 여전히 많은 사람들은 무엇인가를 가르치는 것처럼 보이지 않는 교사의 모습에 의구심을 느낄 것이다. 이제는 그들에게 말할 수 있어야 한다. 지금 그 교사는 교실 속 상황에 가장 적합한 모습으로 교육과정을 가르치며 살아가고 있는 것이라고.

II.
Understanding
교육과정 이해하기

학교 급별 교육과정 편성·운영의 기준

Ⅱ. 학교 급별 교육과정 편성·운영의 기준

1. 기본 사항

가. 초등학교 1학년부터 중학교 3학년까지의 공통 교육과정과 고등학교 1학년부터 3학년까지의 선택 중심 교육과정으로 편성·운영한다. Ⅱ-1
나. 학년 간 상호 연계와 협력을 통해 학교교육과정을 유연하게 편성·운영할 수 있도록 학년군을 설정한다. Ⅱ-2
다. 공통 교육과정의 교과는 교육 목적상의 근접성, 학문 탐구 대상 또는 방법상의 인접성, 생활양식에서의 연관성 등을 고려하여 교과군으로 재분류한다.
라. 선택 중심 교육과정에서는 학생들의 기초 영역 학습을 강화하고 진로 및 적성에 맞는 학습이 가능하도록 4개의 교과 영역으로 구분하고 교과(군)별 필수 이수 단위를 제시한다. 특성화 고등학교와 산업수요 맞춤형 고등학교는 보통 교과의 4개 교과 영역과 전문 교과로 구분하고 필수 이수 단위를 제시한다.
마. 고등학교 교과는 보통 교과와 전문 교과로 구분하며, 학생들의 기초 소양 함양과 기본 학력을 보장하기 위하여 보통 교과에 공통 과목을 개설하여 모든 학생이 이수하도록 한다.
바. 학습 부담을 적정화하고 의미 있는 학습 활동이 이루어질 수 있도록 학기당 이수 교과목 수를 조정하여 집중이수를 실시할 수 있다.
사. 창의적 체험활동은 학생의 소질과 잠재력을 계발하고 공동체 의식을 기르는 데에 중점을 둔다. Ⅱ-3
아. 범교과 학습 주제는 교과와 창의적 체험활동 등 교육 활동 전반에 걸쳐 통합적으로 다루도록 하고, 지역사회 및 가정과 연계하여 지도한다. Ⅱ-3 Ⅱ-4

> 안전·건강 교육, 인성 교육, 진로 교육, 민주 시민 교육, 인권 교육, 다문화 교육, 통일 교육, 독도 교육, 경제·금융 교육, 환경·지속가능발전 교육

자. 학교는 필요에 따라 계기 교육을 실시할 수 있으며, 이 경우 계기 교육 지침에 따른다. Ⅱ-5

2. 초등학교

가. 편제와 시간 배당 기준

1) 편제

가) 초등학교교육과정은 교과(군)와 창의적 체험활동으로 편성한다. Ⅱ-8

나) 교과(군)는 국어, 사회/도덕, 수학, 과학/실과, 체육, 예술(음악/미술), 영어로 한다. 다만, 1, 2학년의 교과는 국어, 수학, 바른 생활, 슬기로운 생활, 즐거운 생활로 한다.

다) 창의적 체험활동은 자율 활동, 동아리 활동, 봉사 활동, 진로 활동으로 한다. 다만, 1, 2학년은 체험 활동 중심의 '안전한 생활'을 포함하여 편성·운영한다. Ⅱ-3 Ⅱ-9

2) 시간 배당 기준 Ⅱ-6

구분		학년군		
		1~2학년	3~4학년	5~6학년
교과(군)	국어	국어 448	408	408
	사회/도덕	수학 256	272	272
	수학		272	272
	과학/실과	바른 생활 128	204	340
	체육	슬기로운 생활 192	204	204
	예술(음악/미술)	즐거운 생활 384	272	272
	영어		136	204
	소계	1,408	1,768	1,972
창의적 체험활동		336 안전한 생활(64)	204	204
학년군별 총 수업 시간 수		1,744	1,972	2,176

① 이 표에서 1시간 수업은 40분을 원칙으로 하되, 기후 및 계절, 학생의 발달 정도, 학습 내용의 성격, 학교 실정 등을 고려하여 탄력적으로 편성·운영할 수 있다.
② 학년군 및 교과(군)별 시간 배당은 연간 34주를 기준으로 한 2년간의 기준 수업 시수를 나타낸 것이다. Ⅱ-7
③ 학년군별 총 수업 시간 수는 최소 수업 시수를 나타낸 것이다. Ⅱ-7
④ 실과의 수업 시간은 5~6학년 과학/실과의 수업 시수에만 포함된 것이다.

나. 교육과정 편성·운영 기준
   1) 학교는 모든 교육 활동을 통해 학생의 기본 생활 습관, 기초 학습 능력, 바른 인성을 함양할 수 있도록 교육과정을 편성·운영한다.
   2) 학교는 학년군별로 이수해야 할 교과를 학년별, 학기별로 편성하여 학생과 학부모에게 안내한다.
   3) 학교는 각 교과의 기초적, 기본적 요소들이 체계적으로 학습되도록 교육과정을 편성·운영한다. 특히 국어 사용 능력과 수리 능력의 기초가 부족한 학생들을 대상으로 기초 학습 능력 향상을 위한 별도의 프로그램을 편성·운영할 수 있다. Ⅱ-10 Ⅱ-11
   4) 학교는 학교의 특성, 학생·교사·학부모의 요구 및 필요에 따라 교과(군)별 20% 범위 내에서 시수를 증감하여 편성·운영할 수 있다. 단, 체육, 예술(음악/미술) 교과는 기준 수업 시수를 감축하여 편성·운영할 수 없다.
   5) 학교는 교육의 효과를 높이기 위하여 필요한 경우 학년별, 학기별로 교과 집중 이수를 실시할 수 있다.
   6) 전입 학생이 특정 교과를 이수하지 못할 경우, 교육청과 학교에서는 보충 학습 과정 등을 통해 학습 결손이 발생하지 않도록 한다. Ⅱ-12
   7) 학년을 달리하는 학생을 대상으로 복식 학급을 편성·운영하는 경우에는 교육 내용의 학년별 순서를 조정하거나 공통 주제를 중심으로 교재를 재구성하여 활용할 수 있다.
   8) 학교는 창의적 체험활동의 영역을 학생들의 발달 수준, 학교의 여건 등을 고려하여 학년(군)별로 선택적으로 편성·운영할 수 있다.
   9) 학교는 1학년 학생들의 입학 초기 적응 교육을 위해 창의적 체험활동의 시간을 활용하여 자율적으로 입학 초기 적응 프로그램 등을 편성·운영할 수 있다. Ⅱ-3
   10) 정보통신활용 교육, 보건 교육, 한자 교육 등은 관련 교과(군)와 창의적 체험활동 시간을 활용하여 체계적인 지도가 이루어질 수 있도록 한다. Ⅱ-3 Ⅱ-4

3. 중학교

가. 편제와 시간 배당 기준

1) 편제

   가) 중학교교육과정은 교과(군)와 창의적 체험활동으로 편성한다. II-8

   나) 교과(군)는 국어, 사회(역사 포함)/도덕, 수학, 과학/기술·가정/정보, 체육, 예술(음악/미술), 영어, 선택으로 한다.

   다) 선택 교과는 한문, 환경, 생활 외국어(독일어, 프랑스어, 스페인어, 중국어, 일본어, 러시아어, 아랍어, 베트남어), 보건, 진로와 직업 등의 과목으로 한다.

   라) 창의적 체험활동은 자율 활동, 동아리 활동, 봉사 활동, 진로 활동으로 한다. II-9

2) 시간 배당 기준

구분		1~3학년
교과(군)	국어	442
	사회(역사 포함)/도덕	510
	수학	374
	과학/기술·가정/정보	680
	체육	272
	예술(음악/미술)	272
	영어	340
	선택	170
	소계	3,060
창의적 체험활동		306
총 수업 시간 수		3,366

① 이 표에서 1시간 수업은 45분을 원칙으로 하되, 기후 및 계절, 학생의 발달 정도, 학습 내용의 성격, 학교 실정 등을 고려하여 탄력적으로 편성·운영할 수 있다.
② 학년군 및 교과(군)별 시간 배당은 연간 34주를 기준으로 한 3년간의 기준 수업 시수를 나타낸 것이다.
③ 총 수업 시간 수는 3년간의 최소 수업 시수를 나타낸 것이다.
④ 정보 과목은 34시간을 기준으로 편성·운영한다.

나. 교육과정 편성 · 운영 기준
  1) 학교는 3년간 이수해야 할 교과목을 학년별, 학기별로 편성하여 학생과 학부모에게 안내한다.
  2) 교과(군)의 이수 시기와 그에 따른 수업 시수는 학교가 자율적으로 결정할 수 있다.
  3) 학교는 학교의 특성, 학생 · 교사 · 학부모의 요구 및 필요에 따라 자율적으로 교과(군)별 20% 범위 내에서 시수를 증감하여 편성 · 운영할 수 있다. 단, 체육, 예술(음악/미술) 교과는 기준 수업 시수를 감축하여 편성 · 운영할 수 없다.
  4) 학교는 학습 부담을 적정화하고 의미 있는 학습 활동이 이루어질 수 있도록 학기당 이수 교과목 수를 8개 이내로 편성한다. 단, 체육, 예술(음악/미술) 교과는 이수 교과목 수 제한에서 제외하여 편성할 수 있다.
  5) 전입 학생이 특정 교과목을 이수하지 못할 경우, 교육청과 학교에서는 보충 학습 과정 등을 통해 학습 결손이 발생하지 않도록 한다.
  6) 학교가 선택 과목을 개설할 경우, 2개 이상의 과목을 개설함으로써 학생의 선택권이 보장되도록 한다.
  7) 학교는 필요한 경우 새로운 선택 과목을 개설할 수 있다. 이 경우 시 · 도 교육청이 정하는 지침에 따라 사전에 필요한 절차를 거쳐야 한다.
  8) 학교는 창의적 체험활동의 영역을 학생들의 발달 수준, 학교의 여건 등을 고려하여 자율적으로 편성 · 운영한다. 창의적 체험활동은 학교스포츠클럽 활동 및 자유학기에 이루어지는 다양한 활동들과 연계하여 운영할 수 있다.
  9) 학교는 학생들이 자신의 적성과 미래에 대해 탐색하고, 학습의 즐거움을 경험하여 스스로 공부하는 자기주도적 학습 능력과 태도를 기를 수 있도록 자유학기를 운영한다.
    가) 중학교 과정 중 한 학기는 자유학기로 운영한다.
    나) 자유학기에는 해당 학기의 교과 및 창의적 체험활동을 자유학기의 취지에 부합하도록 편성 · 운영한다.
    다) 자유학기에는 지역사회와 연계하여 진로 탐색 활동, 주제 선택 활동, 동아리 활동, 예술 · 체육 활동 등 다양한 체험 중심의 자유학기 활동을 운영한다.

라) 자유학기에는 협동 학습, 토의·토론 학습, 프로젝트 학습 등 학생 참여형 수업을 강화한다.
마) 자유학기에는 중간·기말고사 등 일제식 지필평가는 실시하지 않으며, 학생의 학습과 성장을 지원하는 과정 중심의 평가를 실시한다.
바) 자유학기에는 학교 내외의 다양한 자원을 활용하여 진로 탐색 및 설계를 지원한다.
사) 학교는 자유학기의 운영 취지가 타 학기·학년에도 연계될 수 있도록 노력한다.

10) 학교는 학생들의 심신을 건강하게 발달시키고 정서를 함양하기 위해 '학교스포츠클럽 활동'을 편성·운영한다.
가) 학교스포츠클럽 활동은 창의적 체험활동의 동아리 활동으로 편성한다.
나) 학교스포츠클럽 활동은 학년별 연간 34~68시간(총 136시간) 운영하며, 매 학기 편성하도록 한다. 학교 여건에 따라 연간 68시간 운영하는 학년에서는 34시간 범위 내에서 학교스포츠클럽 활동을 체육으로 대체할 수 있다.
다) 학교스포츠클럽 활동의 시간은 교과(군)별 시수의 20% 범위 내에서 감축하거나, 창의적 체험활동 시수를 순증하여 확보한다. 다만, 여건이 어려운 학교의 경우 68시간 범위 내에서 기존 창의적 체험활동 시간을 활용하여 확보할 수 있다.
라) 학교스포츠클럽 활동의 종목과 내용은 학생들의 희망을 반영하여 학교가 정하되, 다양한 종목을 개설함으로써 학생들의 선택권이 보장되도록 한다.

4. 고등학교

가. 편제와 단위 배당 기준

1) 편제

가) 고등학교 교육과정은 교과(군)와 창의적 체험활동으로 편성한다.

〔II-8〕

나) 교과는 보통 교과와 전문 교과로 한다.

(1) 보통 교과

㉮ 보통 교과의 영역은 기초, 탐구, 체육·예술, 생활·교양으로 구성하며, 교과(군)는 국어, 수학, 영어, 한국사, 사회(역사/도덕 포함), 과학, 체육, 예술, 기술·가정/제2외국어/한문/교양으로 한다.

㉯ 보통 교과는 공통 과목과 선택 과목으로 구분한다. 공통 과목은 국어, 수학, 영어, 한국사, 통합사회, 통합과학(과학탐구실험 포함)으로 하며, 선택 과목은 일반 선택 과목과 진로 선택 과목으로 구분한다.

(2) 전문 교과

㉮ 전문 교과는 전문 교과 I과 전문 교과 II로 구분한다.

㉯ 전문 교과 I은 과학, 체육, 예술, 외국어, 국제 계열에 관한 과목으로 한다.

㉰ 전문 교과 II는 국가직무능력표준에 따라 경영·금융, 보건·복지, 디자인·문화콘텐츠, 미용·관광·레저, 음식 조리, 건설, 기계, 재료, 화학 공업, 섬유·의류, 전기·전자, 정보·통신, 식품 가공, 인쇄·출판·공예, 환경·안전, 농림·수산해양, 선박 운항 등에 관한 과목으로 한다. 전문 교과 II의 과목은 전문 공통 과목, 기초 과목, 실무 과목으로 구분한다.

다) 창의적 체험활동은 자율 활동, 동아리 활동, 봉사 활동, 진로 활동으로 한다. 〔II-9〕

2) 단위 배당 기준
   가) 일반 고등학교(자율 고등학교 포함)와 특수 목적 고등학교(산업수요 맞춤형 고등학교 제외)

교과 영역		교과(군)	공통 과목(단위)	필수 이수 단위	자율 편성 단위
교과(군)	기초	국어	국어(8)	10	학생의 적성과 진로를 고려하여 편성
		수학	수학(8)	10	
		영어	영어(8)	10	
		한국사	한국사(6)	6	
	탐구	사회 (역사/도덕 포함)	통합사회(8)	10	
		과학	통합과학(8) 과학탐구실험(2)	12	
	체육·예술	체육		10	
		예술		10	
	생활·교양	기술·가정/ 제2외국어/ 한문/교양		16	
소계				94	86
창의적 체험활동				24(408시간)	
총 이수 단위				204	

① 1단위는 50분을 기준으로 하여 17회를 이수하는 수업량이다.
② 1시간의 수업은 50분을 원칙으로 하되, 기후 및 계절, 학생의 발달 정도, 학습 내용의 성격, 학교 실정 등을 고려하여 탄력적으로 편성·운영할 수 있다.
③ 공통 과목은 2단위 범위 내에서 감하여 편성·운영할 수 있다. 단, 한국사는 6단위 이상 이수하되 2개 학기 이상 편성하도록 한다.
④ 과학탐구실험은 이수 단위 증감 없이 편성·운영하는 것을 원칙으로 하되, 과학 계열, 체육 계열, 예술 계열 고등학교의 경우 학교 실정에 따라 탄력적으로 운영할 수 있다.
⑤ 필수 이수 단위의 단위 수는 해당 교과(군)의 '최소 이수 단위'로 공통 과목 단위 수를 포함한다. 특수 목적 고등학교와 자율형 사립 고등학교의 경우 예술 교과(군)는 5단위 이상, 생활·교양 영역은 12단위 이상 이수할 것을 권장한다.
⑥ 기초 교과 영역 이수 단위 총합은 교과 총 이수 단위의 50%를 초과하지 않도록 한다.
⑦ 창의적 체험활동의 단위는 최소 이수 단위이며 ( ) 안의 숫자는 이수 단위를 이수 시간 수로 환산한 것이다.
⑧ 총 이수 단위 수는 고등학교 3년간 이수해야 할 '최소 이수 단위'를 의미한다.

나) 특성화 고등학교와 산업수요 맞춤형 고등학교

교과(군)		교과 영역	교과(군)	공통 과목(단위)	필수 이수 단위	자율 편성 단위
교과(군)	보통 교과	기초	국어	국어(8)	24	학생의 적성·진로와 산업계 수요를 고려하여 편성
			수학	수학(8)		
			영어	영어(8)		
			한국사	한국사(6)	6	
		탐구	사회(역사/도덕 포함)	통합사회(8)	12	
			과학	통합과학(8)		
		체육·예술	체육		8	
			예술		6	
		생활·교양	기술·가정/ 제2외국어/ 한문/교양		10	
	전문 교과Ⅱ		소계		66	28
			17개 교과(군) 등		86	
창의적 체험활동					24(408시간)	
총 이수 단위					204	

① 1단위는 50분을 기준으로 하여 17회를 이수하는 수업량이다.
② 1시간의 수업은 50분을 원칙으로 하되, 기후 및 계절, 학생의 발달 정도, 학습 내용의 성격 등과 학교 실정 등을 고려하여 탄력적으로 편성·운영할 수 있다.
③ 공통 과목은 2단위 범위 내에서 감하여 편성·운영할 수 있다. 단, 한국사는 6단위 이상 이수하되 2개 학기 이상 편성하도록 한다.
④ 필수 이수 단위의 단위 수는 해당 교과(군)의 '최소 이수 단위'를 의미한다.
⑤ 창의적 체험활동의 단위는 최소 이수 단위이며 (   ) 안의 숫자는 이수 단위를 이수 시간 수로 환산한 것이다.
⑥ 총 이수 단위 수는 고등학교 3년간 이수해야 할 '최소 이수 단위'를 의미한다.

3) 보통 교과

교과 영역	교과(군)	공통 과목	선택 과목	
			일반 선택	진로 선택
기초	국어	국어	화법과 작문, 독서, 언어와 매체, 문학	실용 국어, 심화 국어, 고전 읽기
	수학	수학	수학Ⅰ, 수학Ⅱ, 미적분, 확률과 통계	실용 수학, 기하, 경제 수학, 수학과제 탐구
	영어	영어	영어 회화, 영어Ⅰ, 영어 독해와 작문, 영어Ⅱ	실용 영어, 영어권 문화, 진로 영어, 영미 문학 읽기
	한국사	한국사		
탐구	사회(역사/ 도덕 포함)	통합사회	한국지리, 세계지리, 세계사, 동아시아사, 경제, 정치와 법, 사회·문화, 생활과 윤리, 윤리와 사상	여행지리, 사회문제 탐구, 고전과 윤리
	과학	통합과학 과학탐구 실험	물리학Ⅰ, 화학Ⅰ, 생명과학Ⅰ, 지구과학Ⅰ	물리학Ⅱ, 화학Ⅱ, 생명과학Ⅱ, 지구과학Ⅱ, 과학사, 생활과 과학, 융합과학
체육 · 예술	체육		체육, 운동과 건강	스포츠 생활, 체육 탐구
	예술		음악, 미술, 연극	음악 연주, 음악 감상과 비평, 미술 창작, 미술 감상과 비평
생활 · 교양	기술·가정		기술·가정, 정보	농업 생명 과학, 공학 일반, 창의 경영, 해양 문화와 기술, 가정과학, 지식 재산 일반
	제2외국어		독일어Ⅰ, 프랑스어Ⅰ, 스페인어Ⅰ, 중국어Ⅰ, 일본어Ⅰ, 러시아어Ⅰ, 아랍어Ⅰ, 베트남어Ⅰ	독일어Ⅱ, 프랑스어Ⅱ, 스페인어Ⅱ, 중국어Ⅱ, 일본어Ⅱ, 러시아어Ⅱ, 아랍어Ⅱ, 베트남어Ⅱ
	한문		한문Ⅰ	한문Ⅱ
	교양		철학, 논리학, 심리학, 교육학, 종교학, 진로와 직업, 보건, 환경, 실용 경제, 논술	

① 선택 과목의 기본 단위 수는 5단위이다.
② 교양 교과목을 제외한 일반 선택 과목은 2단위 범위 내에서 증감하여 편성·운영할 수 있다.
③ 교양 교과목과 진로 선택 과목은 3단위 범위 내에서 증감하여 편성·운영할 수 있다.
④ 체육 교과는 매 학기 편성하도록 한다. 단, 특성화 고등학교와 산업수요 맞춤형 고등학교의 경우, 현장 실습이 있는 학년에는 탄력적으로 운영할 수 있다.

4) 전문 교과
  가) 전문 교과 I

교과(군)	과목			
과학 계열	심화 수학 I 고급 물리학 물리학 실험 정보과학	심화 수학 II 고급 화학 화학 실험 융합과학 탐구	고급 수학 I 고급 생명과학 생명과학 실험 과학과제 연구	고급 수학 II 고급 지구과학 지구과학 실험 생태와 환경
체육 계열	스포츠 개론 체조 운동 체육 전공 실기 기초 스포츠 경기 체력	체육과 진로 탐구 수상 운동 체육 전공 실기 심화 스포츠 경기 실습	체육 지도법 개인·대인 운동 체육 전공 실기 응용 스포츠 경기 분석	육상 운동 단체 운동
예술 계열	음악 이론 합창 미술 이론 인체 조형 무용의 이해 무용 음악 실습 문예 창작 입문 고전문학 감상 극 창작 연극의 이해 연극 감상과 비평 영화 제작 실습 사진의 이해 사진 표현 기법	음악사 합주 미술사 매체 미술 무용과 몸 안무 문학 개론 현대문학 감상 연기 영화의 이해 영화 감상과 비평 기초 촬영 영상 제작의 이해	시창·청음 공연 실습 드로잉 미술 전공 실기 무용 기초 실기 무용과 매체 문장론 시 창작 무대기술 영화기술 암실 실기 사진 영상 편집	음악 전공 실기 평면 조형 무용 전공 실기 무용 감상과 비평 문학과 매체 소설 창작 연극 제작 실습 시나리오 중급 촬영 사진 감상과 비평
외국어 계열	심화 영어 회화 I 심화 영어 독해 I 전공 기초 독일어 독일어 독해와 작문 II 전공 기초 프랑스어 프랑스어 독해와 작문 II 전공 기초 스페인어 스페인어 독해와 작문 II 전공 기초 중국어 중국어 독해와 작문 II 전공 기초 일본어 일본어 독해와 작문 II 전공 기초 러시아어 러시아어 독해와 작문 II 전공 기초 아랍어 아랍어 독해와 작문 II 전공 기초 베트남어 베트남어 독해와 작문 II	심화 영어 회화 II 심화 영어 독해 II 독일어 회화 I 독일어권 문화 프랑스어 회화 I 스페인어 회화 I 중국어 회화 I 중국 문화 일본어 회화 I 일본 문화 러시아어 회화 I 아랍어 회화 I 아랍 문화 베트남어 회화 I 베트남 문화	심화 영어 I 심화 영어 작문 I 독일어 회화 II 프랑스어 회화 II 프랑스어권 문화 스페인어 회화 II 스페인어권 문화 중국어 회화 II 일본어 회화 II 러시아어 회화 II 러시아 문화 아랍어 회화 II 베트남어 회화 II 	심화 영어 II 심화 영어 작문 II 독일어 독해와 작문 I 프랑스어 독해와 작문 I 스페인어 독해와 작문 I 중국어 독해와 작문 I 일본어 독해와 작문 I 러시아어 독해와 작문 I 아랍어 독해와 작문 I 베트남어 독해와 작문 I
국제 계열	국제 정치 한국 사회의 이해 현대 세계의 변화	국제 경제 비교 문화 사회 탐구 방법	국제법 세계 문제와 미래 사회 사회과제 연구	지역 이해 국제 관계와 국제기구

① 전문 교과 I 과목의 이수 단위는 시·도 교육감이 정한다.
② 국제 계열 고등학교에서 이수하는 외국어 과목은 외국어 계열 과목에서 선택하여 이수한다.

나) 전문 교과 Ⅱ

교과(군)	전문 공통 과목	과목군		기준 학과
		기초 과목	실무 과목	
경영 · 금융		상업 경제 기업과 경영 사무 관리 회계 원리 회계 정보 처리 시스템 기업 자원 통합 관리 세무 일반 유통 일반 국제 상무 비즈니스 영어 금융 일반 보험 일반 마케팅과 광고 창업 일반 커뮤니케이션 전자 상거래 일반	총무 비서 사무 행정 회계 실무 구매 조달 공정 관리 공급망 관리 수출입 관리 금융 상품 세일즈 증권 거래 업무 보험 모집 고객 관리 매장 판매 노무 관리 인사	예산 · 자금 세무 실무 자재 관리 품질 관리 물류 관리 창구 사무 카드 영업 무역 금융 업무 손해 사정 전자 상거래 실무 방문 판매	경영 · 사무과 재무 · 회계과 유통과 금융과 판매과
보건 · 복지	성공 적인 직업 생활	인간 발달 보육 원리와 보육 교사 보육 과정 아동 생활 지도 아동 복지 보육 실습 생활 서비스 산업의 이해 복지 서비스의 기초 사회 복지 시설의 이해 공중 보건 간호의 기초 보건 간호 기초 간호 임상 실무	영 · 유아 놀이 지도 영 · 유아 교수 방법 영 · 유아 건강 · 안전 · 영양 지도 대인 복지 서비스 사회 복지 시설 실무		보육과 사회복지과 보건간호과
디자인 · 문화 콘텐츠		디자인 제도 디자인 일반 조형 색채 관리 컴퓨터 그래픽 미디어 콘텐츠 일반 문화 콘텐츠 산업 일반 영상 제작 기초	시각 디자인 실내 디자인 영화 콘텐츠 제작 광고 콘텐츠 제작 애니메이션 콘텐츠 제작 만화 콘텐츠 제작 캐릭터 제작 스마트 문화 앱 콘텐츠 제작	제품 디자인 방송 콘텐츠 제작 음악 콘텐츠 제작 게임 콘텐츠 제작	디자인과 문화콘텐츠과

교과(군)	과목군			기준 학과
	전문 공통 과목	기초 과목	실무 과목	
미용·관광·레저		미용의 기초 미용 안전·보건 관광 일반 관광 사업 관광 서비스 관광 영어 관광 일본어 관광 중국어	헤어 미용 메이크업 피부 미용 네일 미용 여행 서비스 실무 호텔 객실 서비스 실무 호텔 식음료 서비스 실무 카지노·유원 시설 서비스 실무	미용과 관광·레저과
음식 조리		식품과 영양 급식 관리	한국 조리 서양 조리 중식 조리 일식 조리 소믈리에 바리스타 바텐더	조리· 식음료과
건설		공업 일반 기초 제도 토목 일반 토목 도면 해석과 제도 토목 기초 실습 건축 일반 건축 도면 해석과 제도 건축 기초 실습 조경	토공·포장 시공 공간 정보 구축 지적 건축 도장 시공 건축 목공 시공 단열·수장 시공 창호 시공 건축 마감 시공 철근 콘크리트 시공 조경 관리 조경 시공 조경 설계 측량	토목과 건축시공과 조경과
기계	성공적인 직업생활	기계 제도 기계 기초 공작 전자 기계 이론 기계 일반 자동차 일반 냉동 공조 일반 유체 기계 자동차 기관 자동차 섀시 자동차 전기·전자 제어 선체 도면 독도와 제도 선박 이론 선박 구조 선박 건조 항공기 일반 항공기 실무 기초	기계요소 설계 기계 제어 설계 선반 가공 밀링 가공 연삭 가공 컴퓨터 활용 생산 측정 성형 가공 방전 가공 레이저 가공 워터제트 가공 플라스마 가공 사출 금형 설계 사출 금형 제작 사출 금형 품질 관리 사출 금형 조립 프레스 금형 설계 프레스 금형 제작 프레스 금형 품질 관리 프레스 금형 조립 기계 수동 조립 운반 하역 기계 설치·정비 건설 광산 기계 설치·정비 섬유 기계 설치·정비 공작 기계 설치·정비 고무 플라스틱 기계 설치·정비 농업용 기계 설치·정비 승강기 설치·정비 냉동 공조 설계 냉동 공조 설치 냉동 공조 유지·보수 관리	기계과 냉동공조과 자동차과 조선과 항공과

기계	성공적인 직업생활		자동차 전기·전자 장치 정비 자동차 엔진 정비 / 자동차 섀시 정비 자동차 차체 정비 / 자동차 도장 자동차 정비 검사 / 선체 가공 선체 조립 / 선박 도장 선체 품질 관리 / 기장 생산 전장 생산 / 선장 생산 선실 의장 생산 / 선체 생산 설계 항공기 기체 제작 항공기 엔진·프로펠러 제작 항공기 전기·전자 장비 제작 항공기 기체 정비 항공기 가스 터빈 엔진 정비 항공기 왕복 엔진 정비 항공기 프로펠러 정비 항공기 계통 정비 항공기 전기·전자 장비 정비 헬리콥터 정비 / 항공기 정비 관리	
재료	성공적인 직업생활	재료 시험 세라믹 재료 세라믹 원리·공정 재료 일반 산업 설비	주조 / 제선 제강 / 금속 열처리 금속 재료 가공 금속 재료 신뢰성 시험 압연 / 비철 금속 제련 도금·도장 / 전기·전자 재료 광학 재료 / 내열 구조 재료 생체 세라믹 재료 / 유리·법랑 내화물 / 연삭재 도자기 / 시멘트 탄소 제품 / 판금 제관 배관 / 피복 아크 용접 가스 텅스텐 아크 용접 이산화탄소·가스 메탈 아크 용접 서브머지드 아크 용접 로봇 용접	금속재료과 세라믹과 산업설비과
화학 공업		공업 화학 제조 화학 단위 조작	화학 분석 / 화학 물질 관리 공정 제어 / 석유 화학제품 고분자 제품 제조 / 무기 공업 화학 정밀 화학제품 제조 / 바이오 화학제품 제조 플라스틱 성형과 가공 생산 품질 관리와 설비 관리	화학공업과
섬유· 의류		섬유 재료 섬유 공정 염색·가공 기초 의류 재료 관리 패션 디자인의 기초 의복 구성의 기초 패션 마케팅	방적 / 방사·사가공 제포 / 염색·가공 텍스타일 디자인 / 구매 생산 관리 생산 현장 관리 / 패션 디자인의 실제 패턴 메이킹 / 비주얼 머천다이징 서양 의복 구성과 생산 니트 의류 생산 가죽·모피 디자인과 생산 패션 소품 디자인과 생산 한국 의복 구성과 생산 패션 상품 유통 관리	섬유과 의류과

교과(군)	전문 공통 과목	과목군		기준 학과
		기초 과목	실무 과목	
전기 · 전자	성공적인 직업생활	전기 회로 전기 기기 전기 설비 자동화 설비 전기 · 전자 기초 전자 회로 전기 · 전자 측정 디지털 논리 회로	수력 발전 설비 운용 화력 발전 설비 운용 원자력 발전 설비 운용 송변전 배전 설비 운용 전기 기기 제작 내선 공사 외선 공사 자동 제어 기기 제작 자동 제어 시스템 운용 전기 철도 시공 운용 철도 신호 제어 시공 운용 전자 부품 생산 전자 부품 개발 전자 기기 소프트웨어 개발 전자 기기 개발 정보 통신 기기 개발 정보 통신 기기 소프트웨어 개발 반도체 개발 반도체 제조 반도체 재료 제조 디스플레이 생산 디스플레이 장비 부품 개발 로봇 하드웨어 개발 로봇 소프트웨어 개발	전기과 전자과
정보 · 통신		통신 일반 통신 시스템 정보 통신 방송 일반 정보 처리와 관리 컴퓨터 구조 프로그래밍 자료 구조 컴퓨터 시스템 일반 컴퓨터 네트워크	무선 통신 구축 · 운용 유선 통신 구축 · 운용 초고속망 서비스 관리 운용 방송 제작 시스템 운용 네트워크 프로그래밍 시스템 운영 및 네트워크 운영 컴퓨터 보안 시스템 프로그래밍 소프트웨어 구조 응용 프로그래밍 데이터베이스 프로그래밍	방송 · 통신과 정보컴퓨터과
식품 가공		식품 과학 식품 위생 식품 가공 기술 식품 분석	곡물 가공　　식품 품질 관리 수산 식품 가공　면류 식품 가공 두류 식품 가공　축산 식품 가공 건강기능 식품 가공　제빵 유제품 가공　음료 · 주류 가공 김치 · 반찬 가공　제과	식품가공과

인쇄·출판·공예		인쇄 일반 디지털 이미지 재현 출판 일반 공예 일반 공예 재료와 도구	프리프레스 특수 인쇄 출판 편집 도자기 공예 석공예 보석 감정	평판 인쇄 후가공 금속 공예 목공예 섬유 공예 보석 디자인	인쇄·출판과 공예과
환경·안전		환경 화학·기초 인간과 환경 산업 안전 보건·기초	환경 보건 관리 환경 생태 관리 환경 측정 관리 전기 안전 관리 화공 안전 관리	환경 공정 관리 생활 환경 관리 기계 안전 관리 건설 안전 관리 비파괴 검사	환경보건과 산업안전과
농림·수산 해양	성공적인 직업생활	농업 이해 농업 기초 기술 농업 경영 재배 농촌과 농지 개발 농산물 유통 농산물 유통 관리 농산물 거래 관광 농업 환경 보전 친환경 농업 생명 공학 기술 농업 정보 관리 농산 식품 가공 원예 생산 자재 조경 식물 관리 화훼 장식 기초 산림 휴양 산림 자원 임산 가공 동물 자원 반려동물 관리 실험 동물과 기타 가축 농업 기계 농업 기계 공작 농업 기계 운전·작업 농업과 물 농업 토목 제도·설계 농업 토목 시공·측량 해양의 이해 수산·해운 산업 기초 해양 생산 일반 해양 정보 관리 해양 오염·방제 전자 통신 기초 전자 통신 운용 수산 일반 수산 생물 수산 양식 일반 수산 경영 수산물 유통 양식 생물 질병 해양 환경과 자원 해양 레저 관광 요트 조종 잠수 기술	수도작 재배 종자 생산 농촌 체험 상품 개발 채소 재배 화훼 재배 임업 종묘 산림 이용 임산물 생산 펄프 제조 가금 사육 한우 사육 말 사육 사료 생산 연안 어업 원양 어업 염 생산 어업 환경 개선 내수면 양식 수산 생물 질병 관리 어촌 체험 상품 개발 전특작 재배 농업 환경 개선 농촌 체험 시설 운영 과수 재배 화훼 장식 산림 조성 산림 보호 버섯 재배 목재 가공 젖소 사육 돼지 사육 종축 동물 약품 제조 근해 어업 내수면 어업 어업 자원 관리 해면 양식 수산 종묘 생산 어촌 체험 시설 운영 수상 레저 기구 조종	농업과 원예과 산림자원과 동물자원과 농업기계과 농업토목과 해양생산과 수산양식과 해양레저과

교과(군)	과목군			기준 학과
	전문 공통 과목	기초 과목	실무 과목	
선박 운항	성공적인 직업생활	항해 기초 해사 일반 해사 법규 선박 운용 선화 운송 항만 물류 일반 해사 영어 항해사 직무 해운 일반 열기관 선박 보조 기계 선박 전기·전자 기관 실무 기초 기관 직무 일반	항해 선박 기관 운전 선박 통신 선박 갑판 관리	항해과 기관과

① 전문 교과Ⅱ 과목의 이수 단위는 시·도 교육감이 정한다.
② 전문 공통 과목, 기초 과목, 실무 과목은 모든 교과(군)에서 선택할 수 있다.

나. 교육과정 편성·운영 기준

1) **공통 사항**

   가) 고등학교교육과정의 총 이수 단위는 204단위이며 교과(군) 180단위, 창의적 체험활동 24단위(408시간)로 나누어 편성한다.

   나) 학교는 3년간 이수해야 할 과목을 학년별, 학기별로 편성하여 학생과 학부모에게 안내하도록 한다.

   다) 학교는 학습 부담을 적정화하고 의미 있는 학습 활동이 이루어질 수 있도록 학기당 이수 과목 수를 8개 이내로 편성한다. 단, 과학탐구실험, 체육·예술·교양 교과목, 진로 선택 과목, 실기·실습 과목은 이수 과목 수 제한에서 제외하여 편성·운영할 수 있다.

   라) 과목의 이수 시기와 단위는 학교에서 자율적으로 편성·운영할 수 있다. 단, 공통 과목은 해당 교과(군)의 선택 과목 이수 전에 편성·운영하는 것을 원칙으로 한다.

   마) 선택 과목 중에서 위계성을 갖는 과목의 경우, 계열적 학습이 가능하도록 편성한다. 단, 학교의 실정 및 학생의 요구, 과목의 성격에 따라 탄력적으로 편성·운영할 수 있다.

바) 학교는 일정 규모 이상의 학생이 이 교육과정에 제시된 선택 과목의 개설을 요청할 경우 해당 과목을 개설해야 한다. 이 경우 시·도 교육청이 정하는 지침에 따른다.

사) 학교에서 개설하지 않은 선택 과목 이수를 희망하는 학생이 있을 경우 그 과목을 개설한 다른 학교에서의 이수를 인정한다.

아) 학교는 필요에 따라 이 교육과정에 제시되어 있는 과목 외에 새로운 과목을 개설할 수 있다. 이 경우 시·도 교육청이 정하는 지침에 따라 사전에 필요한 절차를 거쳐야 한다.

자) 학교 및 학생의 필요에 따라 지역사회의 학습장에서 이루어진 학습을 이수 과목으로 인정할 수 있다. 이 경우 시·도 교육청이 정하는 지침에 따른다.

차) 학교는 필요에 따라 대학과목 선이수제의 과목을 개설할 수 있고, 국제적으로 공인된 교육과정이나 과목을 개설할 수 있다. 이 경우 시·도 교육청이 정하는 지침에 따른다.

카) 학교는 필요에 따라 교과의 총 이수 단위를 증배 운영할 수 있다. 단, 특수 목적 고등학교와 특성화 고등학교는 전문 교과의 과목에 한하여 증배 운영할 수 있다.

타) 학교는 창의적 체험활동의 영역을 학생들의 발달 수준, 학교의 여건 등을 고려하여 자율적으로 편성·운영하고, 학생의 진로와 연계하여 다양한 활동이 이루어질 수 있도록 한다.

파) 학교는 학생이 자신의 진로에 적합한 과목을 체계적으로 이수할 수 있도록 진로지도와 연계하여 선택 과목 이수에 대한 정보를 적극적으로 안내한다.

2) 일반 고등학교(자율 고등학교 포함)

가) 교과(군)의 총 이수 단위 180단위 중 필수 이수 단위는 94단위 이상으로 한다.

나) 학교는 교육과정을 보통 교과 중심으로 편성하되, 필요에 따라 전문 교과의 과목을 개설할 수 있다.

다) 학교는 학생이 이수하기를 희망하는 일반 선택 과목을 개설하도록 노력해야 하며, 모든 학생이 보통 교과의 진로 선택 과목에서 3개 과목 이상을 이수할 수 있도록 한다.

라) 학교가 제2외국어 과목을 개설할 경우, 2개 이상의 과목을 동시에 개설하도록 노력해야 한다.
마) 특정 교과를 중심으로 중점 학교를 운영할 수 있으며, 이 경우 자율 편성 단위의 50% 이상을 해당 교과목으로 편성할 수 있다.
바) 체육, 음악, 미술 등의 과정을 개설하는 학교의 경우, 필요에 따라 지역 내 중점 학교 및 지역사회 학습장 등을 활용할 수 있다.
사) 학교는 직업에 관한 과정을 운영할 수 있으며, 이 경우 시·도 교육청이 정하는 지침에 따른다.

3) 특수 목적 고등학교(산업수요 맞춤형 고등학교 제외) II-13
  가) 특수 목적 고등학교는 교과(군)의 총 이수 단위 180단위 중 보통 교과는 85단위 이상 편성하며, 전공 관련 전문 교과 I 을 72단위 이상 편성한다.
  나) 보통 교과의 선택 과목은 이와 내용이 유사하거나 관련되는 전문 교과 I 의 과목으로 대체하여 편성·운영할 수 있다.
  다) 외국어 계열 고등학교에서는 전문 교과 I 의 총 이수 단위의 60% 이상을 전공 외국어로 하고, 전공 외국어를 포함한 2개 외국어로 전문 교과 I 의 과목을 편성해야 한다.
  라) 국제 계열 고등학교는 전문 교과 I 의 국제 계열 과목과 외국어 계열 과목을 72단위 이상 이수하되, 국제 계열 과목을 50% 이상 편성한다.
  마) 이 교육과정에 명시되지 않은 계열의 교육과정은 유사 계열의 교육과정에 준한다. 부득이 새로운 계열의 설치 및 그에 따른 교육과정을 편성할 경우와 학교의 실정에 따라 새로운 과목을 편성하여 운영하고자 할 경우에는 시·도 교육청이 정하는 지침에 따라 사전에 필요한 절차를 거쳐야 한다.

4) 특성화 고등학교와 산업수요 맞춤형 고등학교
  가) 학교는 산업수요와 직업의 변화를 고려하여 학과를 개설하고, 학과별 인력 양성 유형, 학생의 취업 역량과 경력 개발 등을 고려하여 교육과정을 편성·운영한다.
    ① 학교는 교과(군)의 총 이수 단위 180단위 중 보통 교과를 66단위 이상, 전문 교과 II 를 86단위 이상 편성한다.

② 학교는 두 개 이상의 교과(군)의 과목을 선택하여 전문 교과Ⅱ를 편성·운영할 수 있다.
③ 실무 과목을 편성할 경우, 해당 과목의 내용 영역(능력단위)을 기준으로 학년별, 학기별 운영 계획을 수립해야 한다.
④ 실무 과목은 국가직무능력표준의 성취기준에 적합하게 교수·학습이 이루어지도록 한다.

나) 학과는 필요한 경우 세부 전공 또는 자격 취득 과정을 개설할 수 있으며, 세부 전공 또는 자격 취득 과정별로 전문 교과를 편성할 수 있다.
다) 전문 교과Ⅱ의 기초가 되는 과목을 선택하여 이수할 경우, 이를 관련되는 보통 교과의 선택 과목 이수로 간주할 수 있다.
라) 내용이 유사하거나 관련되는 보통 교과의 선택 과목과 전문 교과Ⅰ의 과목을 전문 교과Ⅱ의 과목으로 교체하여 편성·운영할 수 있다.
마) 보통 교과의 진로 선택 과목 중 실용 국어, 실용 수학, 실용 영어는 해당 교과(군)의 공통 과목 이수 전에 편성·운영할 수 있다.
바) 학교는 산업계의 수요 등을 고려하여 전문 교과Ⅱ의 교과 내용에 주제나 내용 요소를 추가하여 구성할 수 있다. 단, 실무 과목의 경우에는 국가직무능력표준에 기반해야 하며 필요에 따라 내용 영역(능력단위) 중 일부를 선택하여 운영할 수 있다.
사) 다양한 직업적 체험과 현장 적응력 제고 등을 위해 학교에서 배운 지식과 기술을 경험하고 적용하는 현장 실습을 교육과정에 포함하여 운영해야 한다.
① 현장 실습은 교육과정과 관련된 직무를 경험할 수 있도록 운영하며, 학교와 산업계가 프로그램을 공동으로 개발하고 실습의 과정과 결과를 평가하도록 한다.
② 현장 실습은 지역사회 유관 기관들과 연계하여 다양한 형태로 운영할 수 있으며, 이와 관련된 구체적인 사항은 시·도 교육청이 정한 지침에 따른다.

아) 학교는 실습 관련 과목을 지도할 경우 사전에 수업 내용과 관련된 산업안전보건 등에 대한 교육을 실시해야 하고, 안전 장구 착용 등 안전 조치를 취한다.

자) 창의적 체험활동은 학생의 진로 및 경력 개발, 인성 계발, 취업 역량 제고 등을 목적으로 프로그램을 운영할 수 있다.
차) 이 교육과정에 명시되지 않은 교과(군)의 교육과정은 유사한 교과(군)의 교육과정에 준한다. 부득이 새로운 교과(군)의 설치 및 그에 따른 교육과정을 편성·운영하고자 할 경우, 시·도 교육청이 정하는 지침에 따라 사전에 필요한 절차를 거쳐야 한다.
카) 학교가 필요에 따라 이 교육과정에 명시되지 않은 새로운 실무 과목을 개설하여 운영할 경우 국가직무능력표준에 기반해야 하며, 시·도교육청이 정하는 지침에 따라 사전에 필요한 절차를 거쳐야 한다.
타) 산업수요 맞춤형 고등학교는 산업계의 수요와 직접 연계된 맞춤형 교육과정을 운영하며, 산업계의 수요를 교육에 반영하기 위하여 필요한 경우 이 교육과정과 다르게 자율적으로 교육과정을 편성·운영할 수 있다.
파) 특성화 고등학교와 산업수요 맞춤형 고등학교 외의 학교에서 직업교육 관련 학과를 설치·운영할 경우, 특성화 고등학교와 산업수요 맞춤형 고등학교의 편성·운영 기준에 따른다.

5. 특수한 학교에서의 교육과정 편성·운영

가. 초·중·고등학교에 준하는 학교의 교육과정은 이 교육과정에 따라서 편성·운영한다.
나. 국가가 설립 운영하는 학교의 교육과정은 해당 시·도 교육청의 편성·운영 지침을 참고하여 학교장이 편성한다.
다. 공민학교, 고등공민학교, 고등기술학교, 근로 청소년을 위한 특별 학급 및 산업체 부설 학교, 기타 특수한 학교는 이 교육과정을 바탕으로 학교의 실정과 학생의 특성에 알맞은 학교교육과정을 편성하고, 시·도 교육감의 승인을 얻어 운영한다.
라. 야간 수업을 하는 학교의 교육과정은 이 교육과정을 따르되, 다만 1시간의 수업을 40분으로 단축하여 운영할 수 있다.
마. 방송통신중학교 및 방송통신고등학교는 이 교육과정에 제시된 중학교 및 고등학교교육과정을 따르되, 시·도 교육감의 승인을 얻어 이 교육과정의 편제와 시간·단위 배당 기준을 다음과 같이 조정하여 운영할 수 있다.

1) 편제와 시간·단위 배당 기준은 중학교 및 고등학교교육과정에 준하되, 중학교는 2,652시간 이상, 고등학교는 162단위 이상 이수하도록 한다.
2) 학교 출석 수업 일수는 연간 20일 이상으로 한다.
바. 특성화 학교, 자율 학교, 재외한국학교 등 법령에 따라 교육과정 편성·운영의 자율성이 부여되는 학교의 경우에는 학교의 설립 목적 및 특성에 따른 교육이 가능하도록 교육과정 편성·운영의 자율권을 부여하고, 이와 관련한 구체적인 사항은 시·도 교육청(재외한국학교의 경우 교육부)의 지침에 따른다.
사. 교육과정의 연구 등을 위해 새로운 방식으로 교육과정을 편성·운영하고자 하는 학교는 교육부 장관의 승인을 받아 이 교육과정의 기준과는 다르게 학교교육과정을 편성·운영할 수 있다.

학습자 주도적 맞춤 학습
(Personalized Learning) II-1

　학교 교육에 대해 '과거의 학교에서 현재의 선생님이 미래의 학생을 가르친다.'라는 말이 있다. 이 말은 관점에 따라 서로 다른 해석을 통한 비판, 옹호 등이 가능하지만 '미래 교육'이라는 관점을 통해 보자면 현재의 학교 시스템으로는 미래의 학생을 가르치기에 어렵다는 현실을 보여준다. 현재 많은 연구들은 학생들이 미래에는 어떤 삶을 살아갈지 보여주고 있지만 실제 학교와 교실 속의 모습은 크게 변하지 않는 상황이다. 가령, 미래 교육에 대한 대표적인 연구로 OECD에서 진행한 DeSeCo(Definition and Selection of Competencies)가 있다. 이 프로젝트는 학생들에게 '역량' 중심의 교육의 필요성을 제시한다. 이를 바탕으로 우리나라에서도 2015 개정 교육과정에서 역량 기반의 교육을 실현하고자 하고 있지만 실제 교실 속의 모습은 과거와 큰 차이가 없다. 뿐만 아니라 혁신학교 운동을 통해서도 미래 교육을 찾아나서고 있지만 이렇다 할 '미래 학교'의 모델로서 제시된 것이 없다. 어쩌면 학교 교육의 본성이 기존의 것을 유지한 상태에서 변화를 추구하는 성향이 있는 점도 있겠지만 이제는 학교 교육의 근본적인 시스템을 다른 관점으로 바라보며 현재 우리나라 교육에 긍정적인 변화를 가져올 수 있는 아이디어를 찾아볼 필요가 있다. 필자는 학습자 주도적 맞춤 학습을 의미하는 PL(Pesonalized Learning)을 통해 학교 교육을 바라보고자 한다.

미국 연방 교육부에서는 PL을 다음과 같이 설명한다.

학습자마다 서로 다른 학습의 요구, 선호, 관심사로 인해 나타나는 각자의 진도에 맞춰서 하는 수업으로, 학습 목표, 내용뿐만 아니라 방법, 진도까지 가능한 모든 것들을 충분히 개별화한 학습 환경을 필요로 한다.

즉, PL은 학습자가 주도적으로 학습을 이끌어나가는 것으로 학생에게 맞춤형 학습을 제공하는 교육이라 말할 수 있다. 2000년대 들어서면서 미국에서는 학습자 주도적 맞춤 학습(Personalized Learning)에 대한 실험과 연구가 본격적으로 시작되었다. 학습자 주도적 맞춤 학습에 대한 연구는 학교 교육에 대한 미래 학교의 모델과 학생들이 살아가고 있는 혹은 살아갈 환경 속에서 학생 맞춤형 교육을 준비하는 것과 일맥상통한다.

요즘 학생들은 테크놀로지 기반의 온라인으로 연결된 환경 속에서 살아가고 있다. 테크놀로지는 앞으로 학생들이 살아갈 환경과 학생이 받는 학교 교육에 대한 영향력을 계속해서 확대해나갈 것이다. 기술이 확대되어 교육 환경에 영향을 미친다고 말하기 전에 온라인으로 연결되어 살아가고 있는 학생의 현재 삶을 교육이 뒷받침하는 데 한계가 있었고, 결국 기술이 교육에 영향을 미친다고 보는 것이 더 합리적이라 생각할 수 있다.

그렇다면 PL에 기반한 학교 시스템에서 학생들은 어떻게 살아가고 있을까? 대표적으로 미국의 'School of one'이라는 프로그램에 기반한 학교의 예를 들 수 있다. 'School of one' 프로그램은 성취 기준에 기반하고, 학생 개개인의 평가 정보에 따라 학생이 직접 학습 계획을 설계하고 조정해가며 학습할 수 있도록 도와준다. 학생들은 프로그램을 통해 자신이 배울 것을 정한다. 예를 들어, 오늘은 수학 수업에서 분수의 나눗셈을 배울 것이라고 학생이 스스로 정한다. 이후, 학생이 배우고 싶은 방법을 정한다. 컴퓨터와 함께 할 수도 있고 분수의 나눗셈을 공부하고 싶은 학생들과 팀을 이뤄 프로젝트를 할 수도 있으며 교사와 할 수도 있다. 학습자가 장소도 정하여 원하는 공간에서 학습도 할 수 있다. 이렇게 오늘 학습한 것을 원하는 방식으로 배운 후 자신이 학습한 과정과 결과를 프로그램에 입력한다. 입력된 정보를 바탕으로 교사와 다음 단계로 넘어갈지 혹은 계속해서 부족한 부분을 학습할지 정하는 것이다. 이렇게 학생들은 학생 스스로 교육과정을 만들어가며 학습을 해 나가는 것이다.

학습자 맞춤형 주도 학습에 기반한 학교의 교사와 학부모도 기존과 다른 접근을 가능하게 한다. 교사는 학생 개개인 별로 피드백을 통해 학생의 학습 상황을 보다 면밀히 살펴볼 수 있고 교사의 적절한 판단 아래 학생에게 적절한 교육과정을 제공해줄 수 있다. 학부모 입장에서는 자녀의 학습 상황에 대한 구체적인 과정을 실시간으로 확인할 수 있는 장점이 있으며 자녀를 보다 객관적으로 자세하게 이해할 수 있다.

PL은 테크놀로지 기반으로 기술의 발달과 함께 발전되는 특성을 갖고 있어 미래 학교 교육을 준비할 때에 매우 중요한 교육 시스템의 일부이다. 우리나라에서도 PL을 기반으로한 미래 교육에 대한 연구가 진행 중이며 그 시스템의 일환으로 ICT교육 서비스가 2020년부터 본격적으로 학교에 제공될 예정이다.

초등학교 1학년부터 중학교 3학년까지의 공통 교육과정과 고등학교 1학년부터 3학년까지의 선택 중심 교육과정으로 편성·운영한다.

― Ⅱ. 학교 급별 교육과정 편성·운영의 기준 중에서 ―

지금까지 학교 교육의 근본적인 시스템을 PL의 관점으로 바라보았다. 이제는 현재 우리나라 교육에 긍정적인 변화를 가져올 수 있는 아이디어를 찾아보고자 한다. PL의 본질은 결국 학생이다. 그동안의 교육은 국가, 지역, 학교 수준으로 교육이 좁혀지고 있다. PL은 결국 교육은 학교 수준에서 교실 수준으로, 교실 수준에서 학생 수준으로 방향을 설정해야 함을 보여준다. 그동안의 교육 시스템은 국가가 상위에 있는 개념으로 Top-Down 방식의 형태를 취해왔다. 하지만 교실 수준과 학생 수준의 교육이 되기 위해서는 오히려 국가, 지역, 학교 교육은 교실과 학생 교육을 지원해주는 시스템으로의 전환이 필요하다. 전환을 위해서는 전환 동력이 있어야 하는데 이 동력은 결국 '교사교육과정'이다.

이제는 지금까지 교사가 직접 교육과정을 만들고 실행해왔던 '교사교육과정'에 대한 존재를 인정하고 교사교육과정에 대한 실체를 밝혀가며 교사가 교육과정을 만들고 실행할 수 있도록 지원해주어야 한다. 결국 학생에 대한 교육은 교사가 하는 일이다. 누군가 만들어 준 교육과정이 참고가 될 수 있지만 전부가 되어서는 안 된다. 지금부터라도 교사교육과정을 미래 교육의 출발점으로 삼아야 한다. 교사교육과정은 교사 한 명, 한 명이 콘텐츠가 되고 다양한 콘텐츠 속에서 학생들은 배워나가는 환경을 만들어준다. 교사교육과정이 우리 교육의 근본적인 밑바탕이 되었을 때, 그다음 단계인 학생 맞춤형 주도 학습인 진정한 학생 개별화 교육과정으로 발전될 수 있을 것이다.

교육은 학생의 미래를 준비하도록 도와주는 책무성을 갖고 있지만 그 책무성을 학생에게 강요로 전가하면 그 순간 교육의 힘은 사라지게 된다. 학생이 배우고 싶은 것을 원하는 방식으로 학생 자신의 속도에 맞게 진행하며 서로 가는 길은 다르더라도 같은 목표를 향해가는 교육의 방향을 잃지 않아야 한다.

보고 또 보고 II-2

　초임 시절 5학년 아이들을 담임 맡은 적이 있었는데, 몇몇 아이들을 6학년으로 데리고 올라가 가르친 적이 있었다. 1년을 또 보게 되는 그 아이들이 담임 선생님을 싫증내지 않도록 내 나름대로 작년과는 다른 새로운 모습으로 보이며 열심히 가르쳐야겠다고 열의를 가졌었다.

　하지만 새 학기가 시작된 지 얼마 지나지 않아 그 비장했던 각오는 바로 무너지게 되었다. 초등학교 교육의 특성상 담임교사는 거의 하루 종일, 일 년 내내 아이들과 함께 생활하다 보니 담임교사로서의 나를 2년째 보고 있는 아이들은 나에 대해 너무나도 잘 알고 있었다. 6학년 아이들이라 나름 엄하게 가르쳐야 한다는 생각에 카리스마와 신비주의로 중무장하려고 했던 것이 나의 새 학기 계획이었다. 하지만 전혀 그렇지 않았던 5학년 때 담임교사의 모습을 보아온 아이들의 태도로 인해 그 계획은 여지없이 수포로 돌아갔다. 아이들은 6학년이 되어서도 나의 변화된 태도에 아랑곳하지 않고 수시로 내 주위에 다가와 살갑게 굴었기 때문에 어떻게 보면 결과가 이미 정해진 계획이었다.

  2년 동안 연이어 담임을 맡아 가르쳤던 그 아이들을 떠올려보면 최근 몇 년 동안 교육정책으로 계속해서 회자되고 있는 담임 연임제에 대해 생각하게 된다. 담임 연임제는 학년군을 기반으로 한 운영 방법으로, 2015 개정 교육과정 총론에서는 학년군의 운영 취지를 다음과 같이 설명하고 있다.

학년 간 상호 연계와 협력을 통해 학교교육과정을 유연하게 편성 · 운영할 수 있도록 학년군을 설정한다.

- Ⅱ. 학교 급별 교육과정 편성 · 운영의 기준 중에서 -

  이러한 학년군의 개념을 적극 구현하고 아이들을 책임 있게 교육하기 위해 한 학년의 담임교사가 그다음 해까지 연속하여 담임을 맡아 가르치는 것이 바로 담임 연임제다.

  담임 연임제는 담임교사가 개별 학생에 대한 이해를 바탕으로 아이들마다의 학습 수준과 성장 발달을 효과적으로 지원하는 데 도움을 준다. 담임을 연이어 맡게 되면 학년 초마다 담임교사와 아이들 간에 서로 알아가야 하는 불필요한 시간과 노력이 줄어들 수 있고 학부모와의 관계를 새롭게 정립하는 데 쏟아야 할 에너지를 소비할 필요 또한 없어지게 된다. 기존의 3월은 긴장과 낯섦의 한 달이었는데, 담임 연임제를 통해 안정되고 자연스러운 학급 분위기로 이어질 수 있어 수업에 몰입하는 3월이 가능하게 된다. 그리고 담임교사의 지도 기간을 연장함으로써 가르치는 학생들을 긴 호흡을 가지고 바라보며 깊이 있는 성장을 도모할 수 있다는 장점이 있을 수 있다.

담임 연임제의 취지를 살리고자 교육 현장에서 담임 연임제를 실시하려는 교육계의 노력은 이전부터 계속해서 있어왔다. 1997년 서울시 교육청은 담임기간 2년을 기본으로 하고 연임이 가능하도록 하는 학급 담임 연장제를 우수사례로 소개하였으며, 2015년 강원도교육청에서는 도내 초등학교에 담임 연임제를 적극 시행하도록 권고하였다. 그리고 2017년 경기도교육청은 1~2학년 '전문담임교사제' 운영을 제시하며 갓 입학한 1학년들의 학교생활 적응과 기초 학력 증진 및 인성 함양을 도모하고자 하였다. 게다가 잇따라 발생하는 가정 아동학대의 사건 해법으로 담임교사가 아동을 2~3년간 맡아 세심하고 지속적으로 관찰하는 방안을 검토하기도 하였다.

그런데 과연 담임 연임제가 모든 학교 환경에서, 각 교실 상황에서 무난하게 정착될 수 있는 제도일까? 안타깝게도 교육현장에서의 담임 연임제에 대한 긍정적 인식은 그리 크지는 않아 보인다. 강원도 내 51개 초등학교에 근무하는 교사 698명을 대상으로 설문조사를 실시한 결과, 83.9%에 해당하는 교사들이 담임 연임제를 희망하지 않은 것으로 나타났다. 왜 현장의 교사들은 담임 연임제를 대체로 반대하는 의사를 가질까?

담임 연임제를 경험했던 동료 선생님의 이야기를 들은 적이 있었다.

선생님이 근무했던 학교는 담임 연임제 정책연구학교로 한 해 동안 가르쳤던 1학년 아이들을 선택의 여지없이 그대로 데리고 올라가 2학년 담임을 하게 되었다. 1학년 학급 아이들도 무작위로 반편성이 되었는데 2학년 때도 같은 아이들을 그대로 가르치게 되어 걱정을 달고 살았다. 이미 한 해 동안 아이들 간의 갈등이 곪아 터질 대로 터져 있었다. 예상대로 새 학기 첫날 교실 안의 아이들은 호기심의 시선이 아닌 익숙하면서도 매서운 눈빛을 교환하고 있었다. 첫날부터 심상치 않았던 교실 분위기는 아니나 다를까 작년과 마찬가지로 2학년 때에도 일 년 내내 지속되었고 선생님은 매번 갈등을 봉합하는 일이 일상사가 되었다.

　비록 한 가지 사례였지만 담임 연임제가 일반적으로 널리 실시되기에는 무리가 있다는 것을 조금이나마 동료 선생님의 경험을 통해 알 수 있다. 담임교사 입장에서는 연임하여 같은 아이들을 가르치는 일이 때로는 담임교사와 학생들 간의 관계로 인해 매우 힘들어할 수 있다. 그 관계는 학생들의 가치관 형성이나 학습 및 생활 태도에도 분명 영향을 미칠 수도 있다. 심지어는 담임교사와 특정 학생 혹은 학생 집단과 갈등이 발생하게 되며 그 긴장 관계가 계속 유지될 경우에는 학급의 모든 이들에게 고역인 시간일 수 있다. 물론 갖고 있는 교육철학이나 관심 있는 교육 분야 및 지도 양식이 각각 다른 담임교사를 해마다 새로이 만남으로써 학생들은 다양한 학습 경험을 제공받을 수도 있고 여러 방면으로 성장할 수 있는 기회를 가질 수도 있다.

　교사와 학생들 간의 관계 문제는 차치하더라도 아이들 간의 관계로도 학부모들이 충분히 반대할 수 있는 제도이다. 작년 그대로의 학생들로 학급이 진급하니 다른 학급의 학생들과의 교류가 적을 수 있다. 또한 교우관계가 매우 좋지 않거나 문제 행동을 보이는 학생이 있을 경우 '말썽쟁이 아이'라는 낙인 효과로 인해 자녀와 그 친구와의 갈등을 회피하고자 학부모들이 먼저 담임 연임제를 거부할 수 있다.

담임 연임제가 아무리 좋은 취지의 제도일지라도 당사자들의 호응이 없다면 빛 좋은 개살구가 될 수 있다. 제도 본연의 의미와 가치를 잘 구현하고 성공적으로 수행하기 위해서는 무엇보다도 담임교사와 아이들, 학부모와의 상호 관계가 긍정적이어야 하며 공감대가 형성되어야 하는 전제가 있어야 한다. 즉, 신뢰라는 밑바탕이 제도를 성공시킬 수 있는 단초가 될 수 있다. 그리고 반드시 교육 현장에서의 다양한 목소리를 귀 기울여 듣고 그에 맞게 추진할 필요가 있다.

창의적 체험활동은
누구를 위한 것인가 II-3

　교사는 아이들과 함께 1년에 190일 이상 함께 살아간다. 학생들은 초등학교라는 배움의 터에 들어오게 되면서 엄마, 아빠와 마주치는 시간보다 선생님이나 친구와 함께 하는 시간이 더욱 많아진다. 교사도 마찬가지로 교사가 된 순간부터 1년 중 나로서 살아가는 시간보다 아이들의 선생님으로서 살아가는 시간이 많아진다. 그래서인지 학생들과 '교육'이라는 울타리로 함께 있지만 때로는 그에 앞서 학생들과 함께 '살아가는 것'의 의미가 마음에 와 닿는다.

　교사로서 아이들을 마주하는 시간들은 힘들기도 하지만 매우 가치 있는 일이다. 세상에 이렇게 때 묻지 않은 아이들과 그것도 1년에 190일 이상 함께하는 직업이 어디에 있을까. 어른들을 가르치는 유일한 존재가 아이들이라는 네덜란드의 교육학자인 랑에펠트의 말은 매 순간 공감된다. 나와 함께 하는 아이들을 위해 의미가 있거나 가치 있는 일을 함께 해보고 싶다. 아이들이 마냥 실컷 놀 수 있도록 해주고 싶기도 하고, 아이들이 해보고 싶은 것들은 다 경험해볼 수 있도록 도와주고 싶다. 아이마다 가꾸어가는 삶이 행복으로 가득할 수 있도록 하는 교사의 마음은 아마 이 세상 모든 교사들의 마음일 것이다.

- 창의적 체험활동은 학생의 소질과 잠재력을 계발하고 공동체 의식을 기르는 데에 중점을 둔다.
- 범교과 학습 주제는 교과와 창의적 체험활동 등 교육활동 전반에 걸쳐 통합적으로 다루도록 하고 지역사회 및 가정과 연계하여 지도한다.
- 창의적 체험활동은 자율 활동, 동아리 활동, 봉사 활동, 진로 활동으로 한다. 다만, 1, 2학년은 체험 활동 중심의 '안전한 생활'을 포함하여 편성·운영한다.
- 학교는 1학년 학생들의 입학 초기 적응 교육을 위해 창의적 체험활동의 시간을 활용하여 자율적으로 입학 초기 적응 프로그램 등을 편성·운영할 수 있다.
- 정보 통신 활용 교육, 보건 교육, 한자 교육 등은 관련 교과와 창의적 체험활동 시간을 활용하여 체계적인 지도가 이루어질 수 있도록 한다.

- Ⅱ. 학교 급별 교육과정 편성·운영의 기준 중에서 -

창의적 체험활동은 학생의 소질과 잠재력을 계발하고 공동체 의식을 기르는 데 중점을 둔 활동이다. 세부적으로는 자율 활동, 동아리 활동, 봉사 활동, 진로 활동으로 구분되는데 교과 교육 활동을 제외한 기타 교육 활동이 창의적 체험활동에 속한다. 즉, 초등학교교육과정은 교과와 창의적 체험활동으로 편성된다. 문맥상으로 해석했을 때, 창의적 체험활동은 교사가 교과만으로 가르치기 힘들었던 것들, 교과를 벗어나 학생과 함께 해보고 싶은 활동들, 학생들이 도전해보거나 해보고자 하는 것들 등을 정규 수업 속에서 실현 가능하도록 하게 하는 공식적인 수업 시간으로써의 의미가 있다.

하지만 창의적 체험활동이 갖는 성격과 취지와는 달리 실제 현장 속에서 창의적 체험활동은 교사들에게 또 하나의 부담으로 작용한다. 교사의 교육활동에는 교과뿐만 아니라 법률에 따른 특별 교육이 있다. 가령, 인성교육진흥법, 진로교육법, 통일교육지원법, 다문화가족지원법 등 수많은 법률들이 규정하고 있는 교육시간을 교사는 해야만 하는 시간으로 인식하였고, 결국 이 시간들은 창의적 체험활동에서 할애되고 있는 것이다. 물론, 교과와 연계하는 방안도 가능하지만 매 학기 초 특별 교육을 어떤 교과의 특정 주제에 연결할지 고민하는 것이 현실이다.

각 법률들이 말하고자 하는 교육 또한 학생들이 앞으로 살아가기에 꼭 필요한 교육이다. 하지만 그러한 교육을 교사의 의무적인 교육시간으로 정해 놓아 실제 창의적 체험활동의 본래 의도가 학생에게 돌아가지 못하고 있다. 그렇다면 창의적 체험활동은 왜 생겨났을까?

국가교육과정의 발자취를 돌아보면 그 이유를 찾을 수 있다. 창의적 체험활동의 본래 이름은 6차 교육과정 때 설정된 '학교 재량시간'이다. 6차 교육과정은 5차 교육과정과 달리 학습자 중심의 교육과정으로의 변화를 가져오고자 하였고 국가가 통제하던 교육과정 편성·운영의 권한이 각 지역 및 학교로 전환된 시기이다. 이 시기에 맞추어 학교에서 학습자에게 맞는 교육과정을 제공하기 위한 '학교 재량시간' 영역이 신설된 것이다. 학교 재량시간은 7차 때부터 '재량활동'으로 본격적으로 확대되었고 2009 개정 교육과정에서는 2007 개정 교육과정에서의 창의적 재량활동과 특별활동을 합하여 창의적 체험활동으로 이어지게 되었다. 즉, 창의적 체험활동은 국가교육과정에서 학습자를 위한 교육과정을 제공하기 위해 생겨난 것이다.

다르게 생각해보면 창의적 체험활동은 교사와 학생의 보이지 않는 교육활동에 힘을 실어주었다. 교사는 학생들과 공식적인 수업 시간이 아니더라도 혹은 규정 수업 시간 속에서 수업과 관련된 주제와 다르더라도 교육활동을 하고 있다. 가령, '안전'과 관련하여 학생들과 함께 '놀이 기구를 바르게 이용하는 방법을 알아봅시다.'라는 주제로 정규 수업 시간이 아니더라도 학생과 교사가 만나는 일상적인 삶에서 '놀이 기구'를 안전하게 타는 방법을 가르치기도 하고 학생들이 다치지 않도록 안전지킴이의 역할까지 한다. 즉, 교사가 학생과 하는 모든 행위들은 그 나름의 교육적 의미를 갖고 있다.

하지만 최근 들어 창의적 체험활동은 교사의 교육적 행위에 의미를 부여하는 대신 법률로 규정한 각종 교육들로 가득차고 있다. 마치 '안전'교육을 의무 교육 시간으로 배정하지 않으면 교사들이 '안전'교육을 하지 않는다고 생각하는 것처럼 말이다. 결국 그 피해는 학생들에게 돌아가고 있다. 어느 순간 학교는 학생들이 배우는 공간이라는 느낌보다 배움을 강요당하는 공간이라고 느껴지는 것처럼 말이다.

창의적 체험활동은 본래 학생들을 위한 것이다. 학생을 중심으로 하는 교육을 실현하기 위해서는 그 무엇보다도 교사의 자율성과 책무성이 필요하다. 각종 법률로 교사와 학교의 교육활동을 규정하기보다 교사의 교육활동의 자율성을 보장하는 등의 지원이 필요하다. 지금 이 순간에도 교사들은 쉼 없이 교육활동을 하고 있다. 학생들과 대화하는 한 마디, 학생들과 함께 하는 활동 모두가 학생을 위한 교사의 교육활동이다. 창의적 체험활동은 교사가 학생들과 함께 하고 싶거나 학생들이 배우고 싶거나 하고 싶은 것 등을 담은 교육과정을 제공해줄 수 있는 교육과정상의 시스템이다. 본래 창의적 체험활동이 갖는 의미를 학생들에게 돌려줄 수 있도록 우리는 지엽적인 교육정책의 수정보다는 교육의 본질로 더 들어가야 한다.

범교과 수업 시수,
신경 쓸게 너무나 많다! II-4

　교육대학교를 졸업하고 난 뒤 나의 신규 발령일은 그 해 3월 1일이었다. 당시에는 교육대학에서 배운 내용과 임용고시를 준비하면서 공부한 내용을 바탕으로 열의에 차 어떻게 수업을 할까 하루하루 고민하던 그런 시기였다. 첫 발령 학교는 한 학년당 7학급으로 제법 규모도 있고 학년 부장을 중심으로 체계도 갖춰져 있어 신규 교사가 수업을 하면서 모르거나 도움이 필요한 순간마다 선배 선생님들의 경험과 노하우를 전수 받으며 배워갔다. 6월쯤 학년 부장 선생님께서 통일 교육 주간이니만큼 학급별 통일 글쓰기 백일장을 실시하고 우수 작품 2편씩 추려 5학년 전체 수상작을 선정하자고 하셨다. 부장님께 어떻게 통일 교육을 지도할지 여쭈었더니, 다른 것보다 통일 교육을 했다는 것을 주간학습에 잘 기록하고 시수를 빠뜨리지 않도록 주간 행사는 꼭 달력에 표시해 두라고 하셨다. 당시 그 말이 전부인 줄 알고 학생들에게는 숙제로 통일 글쓰기 주제 생각해오기를 제시하면서 '통일 교육을 어떻게 얼마나 해야 하는 건가?', '이게 맞는 것인가?' 하는 고민을 완벽하게 해결하지 못했었다. 경력이 조금씩 쌓여 1급 정교사 자격을 갖고 학생들을 가르치는 지금도 범교과 학습주제를 교육과정에 얼마나 반영할지를 관련 근거(법과 지침)에 따라 1년 중 어디에 얼마나 넣을지를 가장 많이 고민하기만 할 뿐, '그래서 이러한 교육을 어떻게 해야 하는 것인가?'를 깊이 있게 고민하지 못했다.

- 범교과 학습 주제는 교과와 창의적 체험활동 등 교육 활동 전반에 걸쳐 통합적으로 다루도록 하고, 지역사회 및 가정과 연계하여 지도한다.

  안전·건강 교육, 인성 교육, 진로 교육, 민주 시민 교육, 인권 교육, 다문화 교육, 통일 교육, 독도 교육, 경제·금융 교육, 환경·지속가능발전 교육

- 정보통신활용 교육, 보건 교육, 한자 교육 등은 관련 교과(군)와 창의적 체험활동 시간을 활용하여 체계적인 지도가 이루어질 수 있도록 한다.

― Ⅱ. 학교 급별 교육과정 편성·운영의 기준 중에서 ―

2015 개정 교육과정 총론에서는 범교과 학습 주제 10가지와 초등학교 급의 특성을 고려하여 지도의 중요성이 부각된 정보통신활용 교육, 보건 교육, 한자 교육 등을 관련 교과(군)와 창의적 체험활동 시간을 활용하여 통합적, 체계적으로 지도하도록 제시하고 있다. 그러나 범교과 주제마다 관련 근거로 제시되어 있는 많은 법과 지침 등에 따라 교사들은 1년 동안 빠뜨리지 않아야 될 수업 시수만 신경 쓰고 있다. 이렇게 교사는 법령에 따라 교육해야 함에도 수업 시수에만 몰두하다보니 빠뜨리는 내용은 없는지 법과 지침이 두려운 현실에 직면한다.

범교과 학습 주제별 교육과정 반영 시수는 시·도 교육청의 지침

에 따라 다소 차이가 있을 수 있지만 대략 다음과 같다. 학교안전사고 예방 및 보상에 관한 법률에 따라 안전교육은 51시간으로 공통적인 수업 시수이고, 성 교육 15시간(성폭력예방교육 3시간 포함), 보건교육 17시간, 식품안전 및 영양·식생활교육 2시간, 진로교육 3~4시간, 장애이해교육 2회, 생명존중(자살예방) 4시간, 다문화 교육 2시간, 통일교육 10시간 이상, 독도교육 10시간 이상 권장……말하기에도 버겁다. 이런 수업 시수를 다 합하면 한 개 학년의 창의적 체험활동 시수보다 많고 심지어 안전교육의 경우에는 교과 활동과 연계하여 운영하되 안전 교육 지도 내용이 최소 10분 이상일 경우 1차시로 인정한다는 규정까지 있어 더욱 교사들의 머릿속을 복잡하게 하고 있다. 이렇게 교육과정 반영 시수는 다음과 같은 법률에 따라 강제되고 있는데, 아동복지법 시행령, 학교폭력 예방법, 성폭력방지법, 학교보건법, 어린이 식생활안전관리 특별법, 식생활교육지원법, 인성교육진흥법, 진로교육법, 가정폭력방지 및 피해자 보호 등에 관한 법률 및 시행령, 장애인 등에 대한 특수교육법, 장애인복지법 및 시행령, 자살예방 및 생명존중문화 조성을 위한 법률, 다문화가족지원법, 통일교육 지원법, 경제교육활성화방안 등 많은 법률을 통해 학교 안에서 교육해야 할 내용과 시간(횟수)을 명시하고 있다.

이렇게 없어지는 법은 거의 없고 새롭게 만들어지는 법률과 시행령, 그리고 시·도 교육청의 조례까지 추가하여 생각할 경우 대다수의 교사는 교육 내용과 방법에 대하여 고민하기보다 법령에서 제시한 시수를 빠뜨리지 않았는지

확인하도록 만들고 있는 것이다.

  범교과 학습 주제와 시수 요구가 교육부 고시 성격의 국가 교육과정보다 상위에 있는 법령이나 국가의 정책 차원에서 제시되어 있다는 점에서 교육과정의 정상적 운영에 부정적인 영향을 미칠 수 있는 것이 사실이다. 국가교육과정과는 별도로 법령과 국가의 정책적 요구에 의해 범교과 학습이 학교교육과정 운영에 직접적으로 영향을 미치고 있는 현재의 구조를 개선해야 하지 않을까?

  법령을 정비할 때마다 각 법령별로 반영해야 할 시수를 추가적으로 나열하기보다 교육부 차원에서 법령에 따라 곧바로 시행하기 전 범교과 학습 주제와 시수(횟수)를 조정할 수 있는 권한을 가진 위원회를 설치하여 조정하는 것이 필요하다. 그리고 교육부나 교육청의 점검식 시수 편성과 운영 보고에서 벗어나 해외의 사례를 바탕으로 특별 계기 교육이나 안전 교육처럼 시기에 따라 체득해야 할 내용만 제시하는 것은 어떨까? 학생들의 발달에 맞게 교육내용을 편성하여 현재와 같이 일률적으로 시수를 적용하지 않도록 한다면 단위 학교와 교사가 교육과정을 통합적으로 재구성하여 운영함으로써 삶과 밀접하게 연관된 유의미하고 실제적인 학습, 교과 통합적인 학습으로 범교과 학습이 실현될 수 있을 것이다.

  범교과 학습과 정보통신활용 교육, 보건 교육, 한자 교육을 교과(군)와 창의적 체험활동 시간을 활용하여 1차시 40분 수업 중 일부만 사용하여 실시하는 것으로 계속 교육하고 인정받아야 한다면 초등학교 교사는 범교과 학습 주제에 따라 어떻게 수업할지 깊이 있게 고민하게 될까? 오히려 수업 시간에 다루었다는 사실만 기록으로 남겨두고 넘어가지 않을까?

계기 교육은 어떻게 해야 할까 II-5

학교는 필요에 따라 계기 교육을 실시할 수 있으며, 이 경우 계기 교육 지침에 따른다.

– Ⅱ. 학교 급별 교육과정 편성·운영의 기준 중에서 –

계기 교육. 학교에서는 익숙한 용어다. 여름철 태풍 피해를 예방하고자 학교로 발송된 공문 중에서 '태풍 대비 안전관리 철저 및 계기 교육 실시 요청'이라는 제목의 공문을 본 적이 있다. 우리는 알게 모르게 계기 교육을 많이 실시하고 있지만, 그 의미와 계기 교육 지침에 대해서 얼마나 알고 있을까?

2015 개정 교육과정 총론 해설서에서는 계기 교육을 다음과 같이 정의하고 있다. '시기별, 계절별로 교육적으로 의미가 있는 주제나 변화하는 사회 현안에 대하여 학생들의 올바른 이해를 돕기 위하여 실시하는 교육.' 다시 말하면, 계기 교육은 학생들의 삶과 연관되어

있는 교육적 의미가 있는 주제나 사회 현안을 올바르게 이해할 수 있도록 하는 교육이다.

주로 교사들이 실시하는 계기 교육 주제에는 어떤 것들이 있을까? 2019학년도에 교육청으로부터 학교로 계기 교육 실태 조사 및 교육 요청이 들어온 주제는 다음과 같다. 미세먼지, 3·1 운동, 4·19 혁명, 5·18 광주민주화운동, 한일 갈등의 평화적 해결 모색을 위한 계기 교육 등이 있다. 사실 그 외에도 우리는 시기에 따라 다양한 계기교육을 한다. 예를 들어, 4·16 세월호, 서해 수호의 날, 개천절, 한글날과 관련된 교육활동들이 해당된다. 주로 국경일, 기념일과 관련하여 실시하기도 하고, 절기에 따라 실시하는 경우도 있다(추석, 입추, 동지 등). 어찌 보면 학생들의 삶과도 밀접한 관련이 있기 때문에 계기 교육이라는 이름보다 실제 교육 현장에서는 수업 속에 녹아 들어가 있는 교육활동이 있을 것이다.

다만, 이러한 계기 교육은 꼭 필요함에도 교육의 중립성을 염두에 두어야 하기 때문에 조심스럽게 느껴지기도 한다. 교육 현장이 정치적으로 이용되면 안 되는 것처럼 계기 교육이 자칫 잘못하면 이념을 주입하는 오류를 범할 수 있기 때문이다.

교육은 교육 본래의 목적에 따라 그 기능을 다하도록 운영되어야 하며, 어떠한 정치적, 파당적 또는 개인적 편견의 전파를 위한 방편으로 이용되어서는 안 된다.

- 교육기본법 제6조 중에서 -

이러한 교육의 중립성에 위배되지 않도록 2015 개정 교육과정 총론 해설서에서는 교과 협의회와 학교교육과정 위원회를 통해 내용의 적정성을 검토하여 학교장의 사전 승인을 받아 실시한다고 안내되어 있다. 또한 시·도 교육청에서 제시하는 계기 교육 지침에 따라야 한다고 명시되어 있다.

 그러나 혹시 시·도 교육청에서 고시한 계기 교육 지침을 본 적이 있는가? 아마 경력에 따라 다소 차이는 있겠지만, 계기 교육 지침을 기억하는 교사도 있고 그렇지 않은 교사도 있을 것이다. 그 이유는 2016년 3월 교육부가 마련했던 계기 교육 지침을 2018년 2월 전국 시·도교육감협의회를 통해 폐지하기로 결정한 이후 대부분 사라졌기 때문이다. 교육청이나 공문으로도 계기 교육 지침은 현재 별도로 안내되고 있지 않다.

 2016년 3월 교육부는 일부 교직단체가 계기 교육을 하면서 가치 판단이 미성숙한 학생들에게 편향된 시각을 심어줄 수 있는 우려가 있다며 지침을 마련하였으나, 2018년 2월 전국 시·도교육감협의회에서는 학교 민주주의 실현과 교육과정 운영의 자율성을 보장하기 위하여 통제적인 성격이 강했던 지침을 폐지하고, 학교장에게 재량권으로 위임한다고 밝혔다. 이는 교육부-교육감협의회를 통해 교육자치 정책 로드맵을 현실화하는 차원에서 이루어졌으며, 학교장에게 재량권을 위임함으로써 단위 학교 차원에서 판단 후 실시할 수 있도록 한 것이다.

 이에 따라 각 시·도 교육청에서는 국가·사회적 차원에서 지도의 방향을 신중히 검토한 다음 학교장의 책임 아래에 실시할 수 있도록 하고 있다. 이와 관련하여 학교는 어떻게 실제 운영하고 있을까? 요즘은 교육과정 재구성으로 수업을 하거나 교과서가 아닌 다른 교육 자료를 통해 수업을 하는 경우가 많아 학년 초 교육과정 계획을 수립한 것과 별도로 실제 운영을 어떻게 하고 있는지 일일이 파악하는 것은 현실적으로 무리가 있다. 원칙대로라면 학교장의 책임 아래 실시하는 것이기 때문에 학교장 결재를 통해 계기 교육을 어떻게 실시할 것인지에 대해서 충분히 검토하고 그 효과성에 대해서 생각해 볼 필요가 있는 것이다. 그렇기 때문에 더욱더 교육의 중립성을 강조하는 사람들은 이 문제를 충분히 논의하기를 바라는지도 모르겠다. 이전에 계기 교육 지침이 있었던 것과 마찬가지로 어쩌면 우리 교사들의 자질을 의심하고 통제하려 하는 것은 아니었을까? 그러나 제도적으로도 학교교육과정 위원회가 그 역할을 충분히 한다면 이 문제는 사실 논쟁거리가 아닐 것이다. 실질적으로 학교교육과정 위원회가 존재하면서 독단적으로 이루어지기 쉬운 계기 교육과 관련한 사항도 충분히 올바른 방향으로 나아갈 수 있기 때문이다.

이렇게 학교의 자율성과 재량권이 계기 교육에서 부여된 만큼 학교에서는 시기별, 계절별로 교육적 의미가 있는 주제나 변화하는 사회 현안에 대하여 교육의 중립성과 교육과정의 정상화를 확보할 수 있는 범위에서 학생들의 올바른 이해를 돕기 위하여 계기 교육을 실시할 수 있다. 학생들의 올바른 교육을 위해 다소 절차상 번거롭더라도 학교교육과정 위원회를 통해 심의하고 학교장의 책임 아래 실시할 수 있도록 사전 승인 절차는 필요할 것이라 생각한다. 구더기 무서워 장 못 담글까. 다소 방해되는 것이 있더라도 마땅히 해야 할 일은 하여야 하는 것처럼 계기 교육에서도 절차의 문제를 넘어서 학생들을 위해 꼭 해야 할 교육을 놓치지 않길 바란다.

수업은 꼭 1차시에
40분만 해야 하는가 II-6

학교종이 땡땡땡 어서 모이자, 선생님이 우리를 기다리신다. 김메리 작사, 작곡의 학교종이란 노래는 대부분의 사람이 알 정도로 우리에게 익숙한 동요이다. 요즘 학교에는 조회대나 현관 옆에 종이 없어지고, 방송 시스템을 도입하여 수업 시작과 종료를 알려 주고 있다. 어떤 학교에서는 유명 아이돌의 노래나 교가를 편집하여 시종을 알려주기도 하지만, 보편적으로 학교는 이미 등록된 알람을 통해 운영된다. 학교 내 모든 학급의 시정표가 동일하다면 이렇게 방송을 통하여 시종을 알려줄 수 있지만, 학년별 또는 학급별로 시종 시간이 다르다면 어떨까? 학급마다 다른 시종 시간을 운영하게 되면 학생들이나 교사들에게 혼란이 따르지 않을까?

시간 배당 기준

구분		1~2학년	3~4학년	5~6학년
교과(군)	국어	국어 448	408	408
	사회/도덕		272	272
	수학	수학 256	272	272
	과학/실과	바른 생활 128	204	340
	체육	슬기로운 생활 192	204	204
	예술(음악/미술)	즐거운 생활 384	272	272
	영어		136	204
	소계	1,408	1,768	1,972
창의적 체험활동		336 안전한 생활(64)	204	204
학년군별 총 수업 시간 수		1,744	1,972	2,176

① 이 표에서 1시간 수업은 40분을 원칙으로 하되, 기후 및 계절, 학생의 발달 정도, 학습 내용의 성격, 학교 실정 등을 고려하여 탄력적으로 편성·운영할 수 있다.

- Ⅱ. 학교 급별 교육과정 편성·운영의 기준 중에서 -

통일된 시간 일정표가 존재하며 타종을 하는 학교에서 근무하면서 블록타임수업을 실제 운영하는 데 어려움을 겪은 경험이 있다. 학교 차원에서는 40분 단위로 종이 울리고 옆 교실은 40분에 1차시씩 수업을 진행하면서 쉬는 시간이 되면 학생들은 복도로 우르르 쏟아져 나오고 화장실에 친구들과 삼삼오오 다녀온다. 그런데 우리 반 학생들은 블록타임수업 때문에 자리에 앉아 있다가 주변 환경이 소란스러워지면 학생들은 자연스레 복도를 쳐다보고, 때마침 복도 창문을 통해 옆 반 아이가 쳐다보고 있는 것을 보기라도 하면 그 학생은 엉덩이를 들어 일어나고 싶은 본능에 휩싸이게 된다. 그런 학생들을 보고 있으면 순간 수업을 멈추고 우리 반도 쉬는 시간을 갖도록 해야 하나? 고민에 고민을 거듭하며 갈등하곤 한다. 이렇게 종이 치면 자연스럽게 쉬는 시간, 수업 시간이 구분되는 환경에서는 이상적인 블록타임수업이 이뤄지기는 어려웠던 것 같다. 타종을 하지 않으면 오히려 블록타임수업을 운영하기 수월한데 지금 근무하는 학교에서는 중간 놀이 시간과 점심시간 후 5교시 수업 5분 전에 종이 치기 때문에 자연스럽게 블록타임수업으로 연속 차시 수업을 진행하고 있다. 학생들은 자연스럽게 몰입했다가 교사가 지정해 준 시간에 맞춰 쉬는 시간을 갖고 다음 수업을 시작하곤 한다. 종소리가 필요할 때도 있지만 그렇지 않은 순간도 있는 것이다. 종소리가 없으면 불안해하는 선생님도 계신데, 바로 학생들이 수업에 늦으면 어떻게 할까 하는 걱정과 고민 때문이다. 이 문제를 해결하기 위해서는 사실 학생과 교사가 시계를 보고 시간 약속을 지키도록 하는 노력이 필요하다. 그렇지만 시간 운영의 자율성이 있을 때 순간순간 상황에 따라 수업이 좀 더 원활하게 진행할 수 있다는 점에서 블록타임수업은 필요하다고 생각한다.

    내가 느끼는 블록타임수업의 장점은 학생들의 집중도를 살려 도달하고자 하는 목표까지 수업을 진행할 수 있다는 것이다. 뿐만 아니라 학생들이 산출물을 만드는 수업(대표적으로 미술, 실과, 국어 등)인 경우 수업 중간을 끊기보다는 연속된 흐름으로 이어지는 게 더 효율적이다. 특히 5~6교시 수업을 연속 차시로 운영하는 경우, 학생들에게 집중해서 수업에 참여하면 10분 일찍 끝난다는 말로 수업을 쉬지 않고 운영했던 경험도 있다. 조삼모사(朝三暮四) 같지만 학생들에게 끝나는 시간 '10분 일찍'은 그 무엇과도 바꿀 수 없는 소중한 시간이었던 것으로 기억한다. 나른한 오후 수업에서 집중할 수 있는 나름의 외재적 동기였다고 할까? 사실 그뿐만 아니라 교사의 상황이나 학교의 여건에 따라 어쩔 수 없이 10분 일찍 끝내야 하는 상황이었던 경험도 있다. 예를 들어, 학교 사정상 교육과정 워크숍을 조금 일찍 가야 했던 적이나 협의회를 조금 일찍 시작해야 했던 적도 있었다. 어쩔 수 없었던 블록타임수업은 때로는 학생과 교사 모두에게 탄력적으로 운영할 수 있는 기회를 제공했던 것도 같다.

블록타임수업이 일상적으로 적용되고 있는 경기도의 한 학교는 실제 학교 전체가 아침활동, 1블록, 중간휴식, 2블록, 점심시간, 3블록, 방과후활동으로 하루 시간 운영이 이루어지고 있다. 이 학교는 블록타임수업을 운영할 수 있도록 주간 시간표를 보통 동일 교과를 연속하여 배치하며 운영하며, 다양한 시도를 통하여 기존 교육과정 운영의 틀을 깨고 학생들의 성장과 배움을 위해 노력하고 있다고 한다. 이처럼 블록타임수업을 제대로 적용하기 위해서는 사실 한 학급, 한 학년의 차원을 넘어서 학교 전체의 노력이 있을 때 그 효과를 발휘할 수 있을지 모른다. 앞서 이야기한 바와 같이 종이 치면 자연스레 복도가 시끌시끌해지는 환경을 가졌다면 교사는 쉽게 적용할 수 없기 때문이다. 학교가 크면 클수록 쉬는 시간의 복도의 모습을 떠올리면 학교 타종의 영향력은 높기 때문에 블록타임수업을 학급차원에서 쉽사리 적용할 수 없을 것이다.

초등학교 수업은 반드시 40분이어야 하는가? 꼭 그렇지는 않다. 상황에 따라 블록타임수업으로 진행되기도 하고 더 짧게 진행할 수도 있다. 그러나 무엇보다 중요한 것은 학생들의 입장에서 수업 활동이 이루어지고 시간이 편성되어야 한다는 점이다. 2015 개정 교육과정 총론 해설서에서는 다음과 같이 안내하고 있다. '학생이 학습을 설계하고 주도적으로 참여하는 수업을 강화하기 위해 블록타임(80분, 120분)을 구성하여 운영할 수 있다.' 즉, 학생 참여와 주도성에 초점을 두고 수업을 진행하는 방법으로 블록타임수업을 제시하고 있는 것이다.

  담임 위주 수업을 지향하고 있는 초등학교에서는 다른 학교급보다는 분명 자율성을 갖고 수업 시간을 조정할 수 있다는 장점이 있다. 자율성에 따르는 책임을 생각해 볼 때 블록타임수업뿐만 아니라 하루의 시간을 활용하는 차원에서 교사들은 오늘 하루를 돌아보고 학생들의 입장에서 수업이 운영될 수 있도록 노력해야 할 것이다.

이것은 시수 편제인가, 시수 강제인가 II-7

추운 겨울이 다가오면 아이들은 늘 기대하는 것이 있다. 이상하게 어른들보다 아이들일수록 '이것'을 더 좋아하고, 아이들은 '이것'이 있기 때문에 겨울을 좋아한다. 아이들이 좋아하는 '이것'은 바로 '눈'이다. 하늘에서 내리는 눈을 보며 아이들은 늘 설렌다. 특히 교실 안에서 창 밖의 눈 내리는 모습을 보면 하던 공부는 잊은 채 그새 눈과 관련된 상상에 빠지곤 한다. 아마 대부분의 교사들은 위와 같은 상황을 경험해 보았을 것이다. 그러다 꼭 아이들 중 몇 명은 "선생님! 밖에 나가요."라고 교사에게 말한다. 교사는 고민에 빠진다. 고민하는 선생님의 모습을 보며 학생들은 이때다 싶어 집중 포격을 가한다. "선생님, 한 번 만요.", "선생님, 친구들하고 눈싸움 해보고 싶어요.", "선생님, 제발요." 온갖 떼씀과 애교와 투정은 교사의 선택에 영향을 준다. 교사는 그런 학생들에게 "그래, 그럼 딱 한 시간만 이다."라는 의사를 전하고 교사의 허락을 받은 학생들은 소리를 지르기도 하고 기쁨의 춤을 추기도 하고 각자 자신만의 표현으로 옷도 챙기지 않은 채 밖에 나갈 준비를 한다. 교사는 손이 얼어도 그만, 추워도 그만, 눈과 함께 운동장을 뛰어 다니는 아이들의 모습을 보며 학생과 살아가는 느낌을 받는다.

위 사례는 실제 교실 속 교사와 학생의 삶을 보여준다. 그렇다면 학생과 함께 밖에 나가 눈과 관련된 활동을 하는 것은 수업일까? 수업이라면 어떤 과목의 수업일까? 수업이 아니라면 교사는 교육과정을 파행 운영한 것일까? 지금부터 위의 질문과 관련하여 학생과 교사의 교육활동을 시수 편제의 관점에서 살펴보고자 한다.

- 학년군 및 교과(군)별 시간 배당은 연간 34주를 기준으로 한 2년간의 기준 수업시수를 나타낸 것이다.
- 학년군별 총 수업 시간 수는 최소 수업 시수를 나타낸 것이다.

- Ⅱ. 학교 급별 교육과정 편성 · 운영의 기준 중에서 -

매 학기 시작 전, 전국에 있는 대부분의 교사들은 학년 혹은 학급 교육과정을 제출한다. 교사는 교육과정에 한 학기 혹은 두 학기의 시수 편제와 교과 시수를 어떻게 구현할지에 대해서 구체적인 진도표도 함께 작성한다. 문제는 이 시수 편제와 진도표가 실제 교실 속의 삶과 동떨어져 있다는 것이다. 교사들은 배정된 시수를 고려하지만 정확히 시수를 일치하여 수업하지 않는다. 왜냐하면 교사와 학생의 교육활동은 철저히 계산된 계획 활동이 아니라 삶이기 때문이다.

교사의 교육 안에는 계획된 활동도 있지만 그렇지 못한 활동도 있다. 교사는 상황에 따라 계획한 수업을 더 하거나, 덜 할 수 있으며, 학생의 부족한 부분을 더 채워 주기도 하고, 하고 싶어 하는 것을 수업으로 만들기도 한다. 갑작스런 학교 행사가 생겨날 수도 있고 마냥 친구들과 이야기를 하고 싶을 때도 있다. 교사와 학생의 교육활동은 그 자체로 삶이기 때문에 더더욱 미리 계획할 수가 없다.

이렇게 시수 편제와 교사의 교육활동과의 간격은 점점 멀어지고 있다. 하지만 이 간격을 기계적으로 연결한 시스템이 등장하였다. 대부분의 학교에서는 외부 업체의 프로그램을 이용하여 진도표를 작성하는데 학사 일정 등을 고려하여 프로그램이 자동적으로 교과서의 진도표를 작성해준다. 1년 동안의 교사의 교육활동이 클릭 몇 번으로 완성되는 것이다. 또한 이 프로그램은 이용료가 적게는 9만원에서 최대 59만원을 지출해야 사용 가능하다. 교사가 직접 작성해야 할 진도표를 특정 회사의 컴퓨터가 작성해주는 모습은 참으로 안타깝다. 더 안타까운 사실은 대부분 학급의 진도표가 비슷하다는 점이다. 특정 프로그램을 동시에 사용한 이유도 있겠지만 평소 사용하는 형식을 좀처럼 벗어나지 못하고 있다.

진도표를 작성하지 않는 교사의 잘못일까? 전혀 그렇지 않다. 교사는 진도표를 프로그램으로 작성했더라도 실제 교육활동은 진도표대로 하지 않는다. 이것은 시스템의 문제이다. 이 시스템의 본질은 시수 편제에서부터 시작이 된다. 그렇다면 어떻게 교사의 교육활동이 실제 진도표에 반영되고 국가에서 배당한 시수를 실제 교육과 연결시킬 수 있을까?

첫째, 시수 편제를 유연화할 필요가 있다. 지금 현재는 학년군별로 이수해야 하는 시간 배당이 일의 자리까지 정해져 있다. 실제 일의 자리까지 완벽하게 수업의 시수를 고려한다는 것은 불가능하다.

따라서 학년군별 최소 수업 시수를 줄여서 교사가 유연하게 활용할 수 있는 수업의 시수를 늘릴 수 있어야 한다. 시수 자체에서 유연성을 갖추고 있어야 교사의 교육활동을 실질적으로 대변할 수가 있다.

둘째, 과목별로 시수를 제시하는 방식에서 과목별로 수업의 횟수를 제시하는 방식을 검토해볼 필요가 있다. 현재는 초등학교 기준으로 1시간당 40분을 원칙으로 한다. 그러다 보니 모든 수업이 40분을 기준으로 계획되어 있고 40분에 맞추려고 한다. 하지만 실제 수업은 40분보다 일찍 끝날 수도 있고 더 오랜 시간이 걸릴 수도 있다. 시간에 구애받지 않는 교사에게 과목별 최소 수업 횟수 제시 방식을 도입한다면 수업이 바뀌고 실제 교실 속 모습을 담을 수 있을 것이다.

셋째, 시수 편제와 관련된 교사가 해야 하거나 증명해야 할 것들을 축소해야 한다. 가령, 교사는 안전교육을 늘 실시하지만 실제 교육과정에 시수와 함께 기록되지 않게 되면 공식적으로 인정받지 못한다. 또한, 학기 시작 전에 교과 진도 운영계획을 정보 공시하게 되는데 사전에 모든 진도 계획을 작성하여 공시하라는 것은 불가능하다. 또한 이 공시는 문서로만 작성이 되어 표의 형식을 벗어날 수가 없다. 교과 진도 운영계획과 같은 사전에 모든 것을 계획하기 힘든 사항은 학기 종료 후에 제시를 하는 방법, 정보 공시가 아니더라도 해당 학부모에게 교육한 내용(사진, 산출물 등)을 다양한 방법(학부모 간담회, 알림장, 평가 등)으로 안내할 수 있다.

이제 교사들은 매 학기 시작 전, 진도표를 작성하여 형식적인 문서들을 작성하는 것이 아닌 1년 동안 학생들과 어떤 교육활동을 해나갈지 고민하고, 생각하며, 준비하는, 교사로서의 삶을 살아갈 필요가 있다.

창의적 체험활동, 학교교육과정을 완성하다 II-8

　학교는 무엇을 가르치고 배우는 공간일까? 많은 사람들은 이에 대한 대답으로 국어, 수학, 사회, 과학, 영어 등을 떠올린다. 이러한 것들을 우리는 흔히 교과라고 부른다. 교과란 오랜 세월 동안 축적되어 온 지식들 중 다가올 시대를 살아가게 될 학생들에게 필요한 지식들을 선별하여, 모아놓은 것들을 의미한다. 한때, 교과를 가르치는 것만으로도 학교의 의무를 다하는 것이라 간주되던 시대가 있었다. 예를 들어, 고대 로마시대부터 중세시대에는 교과의 기원으로써 언급되는 7자유학과(seven liberal arts) 중심의 교육이 이루어졌다. 7자유학과는 문법, 수사, 변증법으로 구성되는 3학과 산수, 기하, 천문, 음악으로 구성되는 4과로 이루어진다. 눈여겨 볼만한 사실은 7자유학과의 목적은 다른 누구를 위한 배움이 아니라, 자신의 성장을 위한 배움이었다는 것이다. 그렇기 때문에 이 당시에는 그 안에서 자신이 원하는 배움을 찾고, 스스로의 성장에 보탬이 될 수 있다면 7자유학과를 배우는 것만으로도 충분하다고 여겨졌다. 그러나 공교육으로서의 학교 교육이 도입됨에 따라, 학교 교육은 개인의 배움과 성장보다는 사회에서 필요로 하는 사람을 길러내는 것을 강조하기 시작했다. 우리 시대에 필요한 사람을 길러내는 것이 바로 교육의 목적이 된 것이다.

이에, 많은 사람들은 학교에서 학생들에게 가르쳐야 할 지식은 무엇이며, 그러한 지식들을 어떻게 조직해야 하고, 평가해야 할지에 대한 고민을 오랜 시간 이어왔다. 그러한 고민의 결과가 누적되어 만들어진 것이 바로 오늘날 교과교육과정이다. 그런데 이렇게 교과 중심의 교육과정이 발달하다 보니 문제가 발생했다. 이러한 문제는 크게 세 가지로 나누어 볼 수 있다.

우선, 교과교육과정이 발달되면 될수록, 교과와 교과 사이에 간극이 커지게 되었다. 예를 들어, 우리가 살아가는 생활은 교과가 명백히 구분되어 있지 않다. 이 상황은 국어와 관련된 상황이고, 다른 상황은 수학과 관련된 상황이며, 또 다른 상황은 사회와 관련된 상황이라고 명백히 구분하는 것은 불가능에 가깝다. 일상은 이러한 교과들이 통합적으로 구성되어 있기 때문이다. 가게에 방문해서, 물건을 구입하는 상황 속에서도 국어, 수학, 사회 등 여러 교과가 통합적으로 엮여있고, 친구들과 놀이를 하는 상황 속에서도 사회, 도덕, 체육 등 여러 교과가 통합적으로 구성되어 있다. 분명 우리 사회를 살아가는 데 도움이 될 지식과 기능들을 묶어 교과를 만들어냈음에도 불구하고, 이러한 교과교육과정이 발달되면 될수록 교과와 교과 간의 경계가 보다 분명해지고, 깊어짐에 따라, 자연스럽게 교과가 학생들의 실제적 삶과는 멀어지는 모순이 발생하게 되었다.

둘째, 교과만으로는 우리 사회를 살아가는 데 필요한 것들을 모두 가르칠 수는 없다는 사실을 깨닫게 되었다. 지금 시대, 그리고 다가

올 시대를 살아가는 데 있어서 필요한 지식과 기능들을 모아 교과를 만들었지만, 교과를 통해서는 배울 수 없는 것들이 분명 존재했다. 예를 들어, 우리나라는 민주주의 국가로서, 주민의 대표는 선거라는 제도를 통하여 직접 선출하기도 하며, 누군가의 통제가 아니라 구성원들 스스로의 의사결정 제도를 통하여 자치적인 삶을 살아간다. 이러한 민주주의는 단순히 지식과 기능을 배움으로써 익히는 것이 아니라, 자신이 일상의 삶을 통하여 느끼고, 깨달아야 하는 것이다. 그렇다면, 지식과 기능 중심으로 구성된 교과교육과정만으로 학생이 이러한 민주주의를 온전히 느끼고 깨닫는 것이 가능할까? 이 외에도, 학생들이 기존의 교과만으로는 배울 수 없는 것들이 분명 존재한다.

  마지막으로 기존의 교과교육과정은 학생들이 원하는 다양한 배움의 욕구를 충족시켜주기에는 한계가 존재했다. 학교라는 공간은 학생들에게 필요한 배움뿐만 아니라, 학생들이 원하는 배움도 함께 고려할 수 있는 곳이 되어야 한다. 그렇기 때문에, 내용과 방법이 큰 틀에서 이미 정해져 제시되는 교과교육과정만으로는 이러한 다양한 배움의 욕구를 충족시켜주기에는 무리가 있다. 학생 저마다가 갖고 있는 흥미, 소질 등을 발견하고, 계발할 수 있는 역할 또한 학교가 책임져야 할 부분 중 하나이기에, 이를 해소하기 위한 노력이 필요한 것이다.

> 초등학교교육과정은 교과(군)와 창의적 체험활동으로 편성한다.
>
> – Ⅱ. 학교 급별 교육과정 편성 · 운영의 기준 중에서 –

　이에 국가에서는 이러한 한계들을 극복하기 위한 공간을 국가교육과정 문서 차원에서 창의적 체험활동이라는 이름으로 마련해두었다. 창의적 체험활동은 크게 자율활동, 동아리활동, 봉사활동, 진로활동 등으로 이루어져 있다. 우선, 자율활동은 학생들이 자율적으로 참여하여, 일상의 문제를 합리적이고 창의적으로 해결할 수 있는 능력을 기르는 것을 목표로 한다. 학생들이 교과를 통하여 학습한 민주적 의사 결정의 과정이나 기본 원리를 학급 임원 선거, 자치 활동 등을 통하여 직접 느끼고, 체험할 수 있는 시간을 갖거나, 기존 교과교육과정을 통해서는 학습할 수 없었던 다양하고 창의적인 주제를 학교, 학년(군), 학급의 특색 또는 학습자의 발달 단계를 고려하여, 자율적으로 선택해 활동할 수 있는 시간을 가질 수 있다.

　다음으로 동아리활동은 학생들이 자신이 원하는 활동에 자발적으로 참여하여 소질과 적성을 계발하는 것을 목적으로 한다. 학생들이 기존 교과교육과정 활동 속에서 더 배우고 싶다고 느끼거나, 그 안에는 포함되어 있지 않지만, 따로 배움의 욕구나 흥미를 느끼는 것들을 자발적으로 배울 수 있는 기회를 제공함으로써 학생들의 소질이나 적성이 계발될 수 있도록 지원할 수 있다.

　봉사활동은 나눔과 배려를 실천하고 더불어 사는 삶의 가치를 느끼는 것을 목적으로 한다. 교실 속에서 학습이 느린 친구나 특별한 도움이 필요한 친구를 돕는 활동이나 지역 사회에 도움이 필요로 하는 사람을 찾아가 돕는 활동, 그리고 주변의 환경, 공공시설물, 문화재 등을 보호하는 활동부터, 학교폭력, 안전사고, 성폭력 예방을 위한 캠페인 활동까지 교육과정 안에서 이루어질 수 있는 공간을 마련해주고 있다. 학생들은 교육과정 안에서 타인을 이해하고 배려하며 공동체 역량을 기를 수 있는 기회를 가질 수 있게 되는 것이다.

마지막으로, 진로활동은 학생들이 흥미, 소질, 적성을 파악하여 자아 정체성을 확립하고, 자신의 진로를 개발할 수 있도록 돕는 것을 목적으로 한다. 다양한 심리검사, 적성검사 등을 통하여 자신에 대한 이해를 높이고, 다양한 진로 정보를 탐색하고, 체험하는 활동을 통하여 직업 세계 특성을 이해할 수 있는 시간을 갖는 등 자아 정체성 확립에 기여하고, 자신의 진로를 설계할 수 있는 시간 또한 교육과정 안에서 가질 수 있도록 돕고 있다.

이들은 교과교육과정만으로는 채울 수 없는 공간을 어느 정도 메워줄 수 있는 역할을 함으로써 학생들에게 보다 풍부한 교육적 경험을 제공할 수 있는 가능성을 제공한다.

학생들은 학교에 와서 배워야 할 것도 참 많고, 배우고 싶은 것도 역시 많다. 아무리 체계적이고, 논리적으로 구축된 교과교육과정일지라도, 이러한 다양한 배움을 채워주기에는 분명 한계가 존재한다. 이러한 한계를 조금이나마 극복해주기 위해 국가교육과정에서는 창의적 체험활동이라는 공간을 학생들에게 제공하고 있다. 여기에서 중요한 것은 교과와 창의적 체험활동은 독립적이라기보다는 서로의 부족한 점을 채워주는 보완적 성격이 강하다는 것이다. 교과와 창의적 체험활동 모두 결국에는 학생들에게 풍부한 교육적 경험을 제공하기 위해 존재하는 것이기 때문이다.

이처럼 학교에서는 교과와 더불어 창의적 체험활동을 적절하게 편성하고 운영함으로써, 보다 다양하고 풍부한 교육활동이 이루어질 수 있는 학교교육과정을 완성해 나갈 수 있을 것이다.

학생 다모임을 통해
모두를 주인공으로 II-9

창의적 체험활동은 자율 활동, 동아리 활동, 봉사 활동, 진로 활동으로 한다.

– Ⅱ. 학교 급별 교육과정 편성·운영의 기준 중에서 –

　새로운 학교에 오면 교사들은 그 학교에 적응하기 위해 애쓴다. 적응활동의 첫 번째 단계로 학교교육과정을 보게 되면 가장 먼저 눈에 띄는 것이 학교 교육활동 내용이다. 5년 전 처음 우리 학교 활동 내용을 보았을 때 가장 인상 깊던 말은 다모임이었다. 지금이야 학교 현장에서 널리 사용되는 익숙한 말이지만 당시만 하더라도 그렇지 않았다. 처음 듣는 단어임에도 금방 그 뜻을 짐작할 수 있었고, 마음이 따뜻해진 느낌을 주었기에 기억에 제일 남고 이름만을 가지고서도 활동에 큰 기대를 가지게 만들었다. 다모임이라는 말은 참 잘 만들었다. 모두 다 모인다고 해서 다모임이다. 어느 사이 다모임이라는 말은 고유 명사처럼 쓰이고 있고, 학교마다 다모임의 풀어가는 모습은 다르지만 모두 모여 얼굴을 마주보고 서로의 이야기를 나누는 자리로 만들어지고 있다.

다모임은 교육의 3주체가 모두 참여하며, 각기 운영하는데, 먼저 교사들은 교사 다모임을 주기적으로 열어 교실이야기, 삶이야기, 교육과정 운영, 학교 운영 전반에 대한 이야기를 나눈다. 이 안에 의사결정은 상하관계 없이 평등하게 이루어진다. 학부모들은 학부모 다모임을 만들어 학교 교육에 참여한다. 다모임에서 함께 의논해 학교를 도와주려 하고, 구체적으로 생태 이모, 놀이 이모, 독서 이모 등을 조직하여 협력한다. 학생 자치와 관련된 것은 학생 다모임이다.

국가교육과정 총론에서 학생 사치와 관련된 부분은 창의적 체험활동의 자율 활동 영역이다. 그동안 자율 활동하면 흔히들 생각하던 것이 전교 학생 어린이회와 학급회의다. 기존의 방식이 학생 자치를 충분하게 실현하는 데 어려움이 있었기에 등장한 것이 학생 다모임이다. 이름만 바뀐 것이라고 생각할 수 있지만 학생 다모임은 기존의 학생 자치 활동과는 다르다. 기존의 학생회는 전교회장을 중심으로 획일적 구조조직을 가지고 있다. 반면, 다모임은 모든 학생의 참여 기회를 보장한다. 둘의 가장 큰 차이점은 다모임은 모든 학생이 모여 의견을 내고 함께 결정하고 함께 책임진다는 데 있다. 이를 위해서 학생 다모임을 중심으로 하는 전체 학생 논의 구조를 갖추고, 학생대표(다모임장), 부대표(부다모임장)가 부서장들과 함께 꾸려간다. 기존의 소수의 학생회 중심의 학생 자치와 차별화가 된다. 각 부서 활동은 스스로 꾸려가는 각종 행사 활동으로 학생들의 기획력과 참여하는 힘을 보여준다.

다모임은 학급 다모임과 전체 다모임으로 나뉘게 된다. 학급 다모임은 기존의 상투적 학급회의가 아니라 실제로 학급에서 일어나고 있는 사건을 내 삶의 문제로 바꾸어가는 경험을 하는 과정이다. 학급 다모임의 빈도와 시간 역시도 학생들이 스스로 결정하여 운영한다. 정기적 학급 다모임과 일이 생길 때마다 수시로 열리기도 한다. 누가 누구를 놀린 이야기, 때린 이야기, 함께 지킬 약속을 어긴 이야기 등 피해를 입은 사실을 공개적으로 말하고 공개적으로 사과받는 자리로 채워질 때가 많다. 하지만 아무리 개인적인 문제라 할지라도 함께 이야기하는 시간 속에서 개인의 문제는 공공의 문제로 확장된다.

학급 다모임은 학생 자치회를 통해 비정기적으로 내려온 안건을 친구들과 나누는 시간이기도 하다. 계절학교 운영과 나눔 바자회에서 모은 돈을 어디다 쓸지, 강당 사용 규칙, 스쿨버스 이용 규칙 등 학교에서 함께 생활하며 생기는 문제나 생각거리를 개인 차원이 아닌 공적인 차원에서 해결할 수 있는 시간이다. 학급에서 나눈 이야기는 기획부 학생을 통해 전체 다모임의 자리에서 알리거나 더 이야기를 함께 나눈다.

전체 다모임은 전교생이 한 자리에 모여 앉아 이야기를 나누고 진행은 다모임장이 맡아 한다. 한 곳에 전교생이 모두 모이면 큰 학교의 경우 어려움이 있기 때문에, 학년을 정하기도 한다. 그래도 기본 원칙은 최대 다수의 참여 속에서의 합의와 결정이다. 학급 다모임과 마찬가지로 운영 횟수와 시간은 학생들이 정한다. 크게 함께 모이다 보니 한정된 시간에 나눌 이야기가 많다. 해당 월의 친구들의 생일 파티도 해주고, 부서장은 각 부서의 활동 내역을 이야기하고 학교 행사나, 결정할 사안들을 함께 합의하여 결정한다. 건의할 사항도 수합하여 전체 다모임이 끝난 후 교장 선생님과의 면담시간에 건의하고 학교는 학생들의 건의 사항 중 반영 가능한 것을 추려서 안내하고 반영한다.

전체 안건이 있을 경우 추가 토론이 활발하게 이루어지는 경우도 있다. 우리 학교에서 기억나는 전체 안건은 강당 사용 규칙 정하기였다. 2학년 학생이 제안한 안건으로 강당을 적은 수의 고학년이 독차지하는 것을 문제 삼았다. 학급에서 이야기를 나누다가 전체 안건까지 오르게 되었고, 한 학기를 이어가며 강당 사용 규칙을 정하게 되었다. 일주일에 사용할 수 있는 학년 군을 정하여 사용하게 하였고 그 날의 강당 청소 역시 해당 학년 군이 맡는 방식이었다. 한번 정해진 약속이라 불만이 있어도 학생들은 잘 지키는 모습을 보였다. 자유발언 및 건의 시간에 선후배 간에 껄끄러운 이야기가 화제가 될 때가 있다. 크고 작은 이야기가 여과 없이 나오다 보니 매번 이야기의 중심에 서게 되는 학생들은 불편할 수도 있다. 이렇게 함께 사는 공간에서 서로를 의식하며 자신의 행동을 돌아보고 조심하게 하는 역할도 다모임이 맡고 있다.

학생 다모임은 특히 6학년에게는 남다른 가치를 지닌다. 전체 다모임 시간을 꾸려야 하고, 학교의 크고 작은 행사를 계획하고 운영해야 하는 부담과 책임 그리고 뿌듯함이 함께 한다. 무엇보다 학교 전체를 보는 눈을 가질 수 있는 시간이기도 하다. 처음에는 버거울 수 있지만 큰 성장으로 이어질 수 있는 이유가 여기에 있다.

다모임을 가지며 자기 생각을 이야기하고 문제를 제기하며 자유롭게 의견을 주고받는 것을 보면 다모임이 학생들에게 자유롭게 자신의 이야기를 할 수 있는 공간임에 틀림없다. 하지만 생각해보아야 할 것이 있다. 다모임의 모습을 자세히 살펴보면 소통이 활발하게 일어나지 않는 점을 발견할 수 있다. 몇몇 학생들이 말의 주도권을 차지하고 대부분의 학생들은 듣지 않는다. 학생들 스스로 다모임에 대한 만족도가 높지 않다. 다모임의 필요성이나 의미를 인식하고 있지만 만족도는 낮게 나온다는 말이다. 의미를 찾기보다는 따분하고 지루한 시간으로 여기는 아이들도 많다. 다모임에서 대다수의 학생들은 왜 주인공이 아닌 관객으로 머물러 있을까?

학생들에게 물어보니 '나와 상관없는 일이다.', '얘기해봐야 똑같다.' 등의 대답이 나왔다. 이 말들은 학생들이 공동의 문제에 얼마나 관심을 가지고 있는지, 결정된 사항들을 얼마나 실천하고 있는가의 문제와 연결된다. 사실 학생들은 학교에서 친구나 선후배 간의 갈등이나 일상에서 무수한 불편을 겪고 있다. 그런데도 학생들은 갈등이나 불편함을 드러내 해결하기보다는 참는 편을 택한다. 각자가 또는 함께 겪고 있는 어려움이나 불편함을 공동의 문제로 이끌어내 공론화할 수 있는 힘, 공동의 문제로 인식하고 해결점을 찾아 실천으로 연결하는 경험이나 힘이 부족한 까닭이다.

이 지점에서 학생들의 참여와 스스로 해결하는 힘을 이끌어낼 수 있는 교사의 도움이 있어야 한다. 민주적인 의사결정 절차를 익히는 일, 학급 다모임을 통해 공동의 문제를 찾아보는 일, 다모임 후 학급에 돌아와 실천사항들을 다시 확인하고 실천 여부를 꾸준히 돌아보는 일들이 필요하다. 무엇보다 교사는 학생들이 자치의 주인공이 되어 참여하고 만들어 갈 수 있는 다양한 기회와 경험을 제공해야 한다.

학생 다모임은 학생들 스스로가 자율을 통해 참여하고 활동하여 자신들의 권리를 지키고 민주시민의 자질을 키워 가는 활동이다. 모두가 참여하여 규칙을 정하고 판단하고 해결하는 과정을 통해 자유가 무엇인지 책임을 지는 것이 무엇인지를 배우게 된다. 다모임으로 학생들이 자신의 잠재성을 꽃피우면서 자기 삶의 주인으로 살아가는 힘, 다른 사람과 어울려 살아가는 힘을 키운다. 학생들의 일상적 삶 속에서 스스로와 더불어의 가치를 끊임없이 겪어나갈 때 직접민주주의에 가까운 다모임은 학생자치의 꽃으로 피어날 것이다.

모든 아이는
우리 모두의 아이입니다 II-10

 '모든 아이는 우리 모두의 아이입니다.' 문재인 정부가 들어서고 내세운 교육철학 슬로건이다. 이것은 국가가 모든 아이의 교육을 책임지겠다는 의미로 받아들여진다. 계층 간·지역 간 위화감을 해소하고 인권의 사각지대에 놓여 있는 아이들에게까지 교육의 기회를 최대한 보장하겠다는 것으로 풀이된다. 과거 그리스·로마 시대의 투표권이 없던 때와 달리 오늘날 우리나라는 일정 연령에 도달한 사람이라면 누구에게나 정치에 참여할 수 있는 자유를 보장하고 있다. 우리 사회는 자유에 대한 시민의식도 일정 부분 진보하였으며, 인간으로서 누려야 할 자유를 질적으로 더 잘 보장하기 위한 국가의 노력도 지속되고 있다.
 마찬가지로 교육의 영역에서는 누구나 교육받을 수 있는 기회를 보장하고 있다. 그런데 이것을 소극적인 의미에서 풀이하면 남녀노소, 지위를 막론하고 누구에게나 학교라는 문이 열려 있다는 것을

의미한다. 그러나 사실 이러한 차원의 교육은 이미 오래전 우리 사회에 실현되었다. 더욱이 최근 우리 사회는 교육부에서 고등학교까지 무상교육을 실현하기 위한 방안을 내놓는 시점까지 와있다. 교육의 기회를 제공했느냐의 문제는 더 이상 우리 교육의 핵심 테제가 될 수 없다. 그보다는 오히려 법적, 제도적으로 보장한 교육의 기회를 얼마나 충분히 학생들이 누리고 있는가에 관심을 가져야 한다. 동등하게 학교에서 공부할 기회를 가진 학생들 중에는 교과마다 의도했던 성취목표를 달성하지 못하는 학생들이 있다. 그런데 이렇게 목표 도달에 실패한 학생들의 원인을 학생 개인의 차원으로만 바라보아서는 안 된다. 예를 들어, "똑같이 가르쳤고 다른 아이들은 모두 이해했는데, 왜 너는 이해를 못하니?"라고 말하는 것은 사람마다의 개별 차를 무시하는 무식한 처사다. 더욱이 이러한 말은 자녀나 학생의 자존감에 상처를 입힌다.

  학교 현장에서 발생하고 있는 수포자(수학 포기자) 문제는 좀처럼 쉽게 해결될 기미가 보이지 않는다. 고등교육에서 전면 무상교육이 실현되면 수포자는 사라질까? 학교에서 수학교육을 받을 수 있는 기회가 학생 누구에게나 동등하게 제공되었다면 학교와 교육 당국은 수포자 발생의 책임으로부터 자유로운가? 이 지점에서 나는 책임교육의 의미를 묻고 싶다. 우리는 흔히 책임을 이야기할 때 최소한의 도덕 차원에서 접근한다. 예를 들어, 교육을 책임지겠다고 할 때 학생들에게 학교에 다닐 수 있는 기회를 제공하는 정도로 인식하는 경우가 그렇다. 하지만 이러한 접근은 책임에 대한 매우 협소한 해석에 기인한다. 국가가 교육을 책임진다고 할 때 책임이란 기회 보장 차원이 아니라, 학생 스스로 최소한의 인간다운 삶을 살 수 있는 역량을 갖추도록 하는 데 있다. 다시 말해서, 일정 부분 결과의 평등을 보장해야 한다.

이와 관련하여 학생들이 국가가 제공하는 공교육의 과정을 거칠 때, 그들 스스로 살아가는 데 필요한 최저학력은 성취되어야 마땅하다. 국가는 학생들이 교과서에 담긴 지식뿐만 아니라 사람 사이에서 어울려 살아가는 데 필요한 최소한의 교양도 갖추어서 사회에 진출하도록 도와야 한다. 이를 위해 국가 수준 교육과정, 학교가 존재한다. 그런데 학교에서는 일정 기간 친구들과 함께 공부했음에도 불구하고 기내되는 성취기준에 도달하지 못한 학생들이 발생하기 마련이다. 이럴 때 보통 학생 개인이 보충 학습을 하거나 선생님이 도움을 받아 뒤늦게라도 학습목표를 성취하면 다행인데, 그렇지 못한 경우가 있다. 특히, 수학과 같이 교과 내용의 계열성이 높은 교과는 한 번 학습부진이 발생하면 연이어 계속 학습부진이 누적되는 상황으로 빠지게 된다. 이런 상황에 놓인 학생이 어떻게든 부진을 극복하려는 의지가 강하더라도 다소 많은 학습량과 이미 벌어진 또래 아이들과의 격차 속에서 스스로의 힘만으로 쉽게 부진의 늪에서 헤어나기 어렵다.

학교와 교사는 학습부진을 겪는 학생들이 부진에서 탈출할 수 있도록 최선을 다해야 한다. 그중에서도 학생들의 전반적인 학습에 영향을 미치는 국어 사용 능력과 수리 능력의 기초는 반드시 책임지고 길러주어야 한다. 만약, 기초학습 능력이 충족되지 못한 학생들은 다른 교과 공부에 지장을 초래하기 때문이다. 그렇기 때문에 교육과정 총론에서도 학생들의 기초학습 능력 보장을 위한 별도의 프로그램을 편성·운영할 수 있도록 안내하고 있는 것이다.

학교는 각 교과의 기초적, 기본적 요소들이 체계적으로 학습되도록 교육과정을 편성 · 운영한다. 특히 국어 사용 능력과 수리 능력의 기초가 부족한 학생들을 대상으로 기초 학습 능력 향상을 위한 별도의 프로그램을 편성 · 운영할 수 있다.

- Ⅱ. 학교 급별 교육과정 편성 · 운영의 기준 중에서 -

 아쉬운 점이 있다면 별도의 프로그램을 편성 · 운영 '할 수 있다.'고 기술되어 있다는 점이다. '할 수 있다.'는 것은 해도 그만 안 해도 그만이며, 하지 않았다고 해서 어떠한 페널티가 뒤따르지도 않는다. 그러나 국가가 '모든 아이를 우리 모두의 아이'라고 여기며 책임교육을 실천한다고 할 때, 최소한 기초학력만큼은 교육기회의 보장 차원이 아니라 '모두가 기초학력을 성취했다.'라는 결과의 보장을 추구해야 한다. 이런 시각에서 보면 '할 수 있다.'가 '해야 한다.'로 바뀌어야 하는 것은 아닐까? 설사 교육과정에서는 '할 수 있다.'로 되어 있지만 그것을 대하는 개별 교사의 자세는 '해야 한다.'라는 관점에서 접근해야 한다.

 최근 시 · 도 교육청에서 한글 미해득 학생에 대한 지원을 강화하는 것도 같은 맥락이다. 사실 교육정책 현안이 되기 이전에도 한글 미해득 학생에 대한 교사 차원의 노력은 있어왔다. 단지 과거에는 정부 차원의 직접적인 지원이 없었기에 이들에 대한 교육은 철저히 담임교사의 몫이었다. 나는 전교생이 200명이 되지 않는 6학급 규모의 시골 학교를 다녔다. 같은 교실에서 30여 명이 6년을 함께 공부했는데, 그중에는 한글을 꽤 늦게 깨우친 친구들도 있었다. 심지어 한 친구는 2학년이 끝나는 시점까지도 한글을 떼지 못했다. 그 아이는 소리 내어 글 읽는 활동이 있었던 국어수업 시간에는 책을 읽지 못해 일어서지 못했고, 자신의 생각을 글로 표현하는 부분은 늘 빈칸으로 남겨둘 수밖에 없었다. 3학년이 되어서야 비로소 띄

어쓰기를 무시한 수준에서 더듬더듬 읽기 시작했다. "토 끼와 거 북 이가 경 주를 시 작했 습니다."

당시 3학년 담임 선생님께서 만화책을 가져오셔서 그 친구와 함께 틈나는 대로 함께 읽으셨던 기억이 어렴풋이 기억난다. 그 아이의 한글 해득은 3학년 때 담임 선생님 역할이 컸다고 생각한다. 한글을 체계적으로 가르칠 수 있도록 개발되어 있는 자료가 많은 오늘날의 눈으로 그때를 회상하면 당시 선생님의 한글 교육이 효과적인 방법이 아니었을지도 모른다. 하지만 그 친구에게 3학년 때 선생님은 한글을 깨우쳐주신 훌륭한 선생님으로 기억되고 있다. 초등학교에 입학한 뒤로 줄곧 한글을 모른 채 교실에서 생활한 2년 여의 시간은 그 친구에게 어떤 시간이었을까? 생각만 해도 끔찍하다.

자신이 맡고 있는 학생들 중에서 한글을 깨우치지 못한 학생이 있다면 거창하게 문서화된 별도의 프로그램이 아니더라도 한글 미해득에서 벗어나도록 다양한 자료와 교수법을 활용하여 한글을 깨닫게 해주어야 한다. 교사의 진면목은 바로 여기서 드러난다. 우리는 할 수 있는 것을 해야 한다는 마음가짐으로 아이들과 만나는 선생님이 되어야 한다. 물론 그것이 교사 자신을 힘들게 하는 자기 강제로 계속 따라다닐 수도 있다. 그럼에도 불구하고 아이의 기초학습 능력 향상과 부진 극복을 위해 최선을 다하는 것은 교사의 의무이다. 결국 책임교육의 실현은 교사 한 명 한 명의 의무감에서 비롯된다. 자신이 맡고 있는 초등학교 1학년 아이들 중에서 한글을 깨우치지 못하고 진급을 시키는 상황이 오게 된다면 그것에 대한 미안함과 불편한 마음으로 견디지 못하는 교사가 되어야 한다.

별빛 공부방을 추억하며 II-11

학교는 각 교과의 기초적, 기본적 요소들이 체계적으로 학습되도록 교육 과정을 편성·운영한다. 특히 국어 사용 능력과 수리 능력의 기초가 부족한 학생들을 대상으로 기초 학습 능력 향상을 위한 별도의 프로그램을 편성·운영할 수 있다.

- Ⅱ. 학교 급별 교육과정 편성·운영의 기준 중에서 -

2012년 농어촌의 6학급 소규모 학교의 6학년 담임교사로 신규 발령을 받게 되었다. 발령받고 첫 업무회의 시간에 교감선생님의 말씀이 이어졌다. "젊은 신규 선생님이 발령받아 오셨기 때문에 올해는 미도달이들이 없겠습니다." '미도달이가 누구지?'라는 의문은 얼마 지나지 않아 해결되었다. 당시만 하더라도 국가에서는 국가 수준 학업성취도 평가 일명 일제고사라는 이름하에 전국의 모든 초등학교 6학년 학생들이 한날한시에 같은 문제로 시험을 보게 하였다. 일정 점수에 도달한 학생들은 도달이로, 도달하지 못한 학생은 미도달이로 불렀다. 당시의 모든 학교가 미도달이를 줄이거나 없애기 위해 최선을 다했다. 우리 학교 역시도 별빛 공부방을 만들었다. 아침 7시 30분까지 아이들이 별을 보며 등교하고 저녁 8시 30분에 별을 보며 하교한다고 해서 붙여진 웃픈 이름이었다.

　면지역에 속한 작은 학교였고, 아이들은 학원은커녕 그 흔한 학습지 하나도 하기 어려운 상황이었다. 그런 아이들의 학력을 위해 교사들은 일제고사를 대비한 문제집을 만들어 학생들에게 주고 0교시와 7~10교시를 운영하였다. 처음 만들어진 취지는 국가 수준의 일제고사를 대비하기 위함이었지만 운영하면서 아이들을 기초학력 부진에서 벗어나게 하기 위한 교사들의 마음을 느낄 수 있었던 소중한 시간이었다. 별빛 공부방은 총론에서 말하는 기초학습 능력 향상을 위한 별도의 프로그램이었다. 교사들은 아이들의 기초학력을 높이기 위해 열과 성을 다했다. 돌이켜 생각해보면 일제고사의 시행 유무를 떠나 실시 전에도, 실시 중에도, 일제고사가 폐지된 지금도 교사들은 학생들의 기초학력 향상을 위하여 노력하고 있다.

　하지만 당시를 생각해보면 국가가 교사를 믿지 못한다는 생각이 들었다. 학교 현장에서 교사는 학생 학력 향상을 위해 최선을 다하는데 국가에서는 자꾸만 무언가를 만들거나 내려 보내 강제하고 시키려고 한다. 일제고사도 그중 하나였다. 일제고사의 무리한 운영으로 많은 학교들이 교육과정 운영에 어려움을 가졌다. 일제고사 평가일 전까지 한 학기 내내 음악, 미술, 체육, 실과의 예체능 수업은 거의 하지 못하는 학교가 생겨났다. 창의적 체험활동 시간마저도 주지교과의 보충학습 시간으로 채워졌다. 시험을 치르는 다섯 개의 주지교과, 해당 범

위에만 집중해 문제풀이를 반복하는 수업으로 교육 현장은 아팠다.

그렇게 1년을 보내면서, 교육과정을 제대로 운영할 때 정작 필요한 학생, 환경, 수업 등에 관한 고민들을 놓쳐버렸다. 요약정리식, 문제풀이식 수업을 하면서 교육과정 운영에 대한 살아있는 감각을 잃어버린 것이다.

대다수의 교사들이 일제고사 시행 전후에도 똑같이 기초학습 능력이 낮은 학생들을 고려하고 배려하며, 개별 학습 및 방과 후 보충학습을 통해 자발적으로 지도해왔다. 이런 교사들의 자발적인 노력 역시도 기초학습 능력 향상을 위한 별도의 프로그램이다. 다만, 국가에서 일률적으로 시행된 일제고사는 교사들의 자율성과 자발성을 빼앗아 갔다. 일제고사의 결과를 통한 상과 벌(학교평가, 학교성과급, 예산차등분배)로 현장을 유인하며 문제는 더욱 심각해졌다.

그렇게 학교현장을 아프게 했던 일제고사는 역사 속으로 사라졌다. 초등학교 일제고사는 극심한 부작용과 어린 학생들의 학업에 대한 스트레스를 이유로 2013년에 폐지되었고 중·고등학교의 일제고사까지 2017년에 폐지되었다. 대신에 지금의 학업성취도 평가는 중3과 고2 학생을 대상으로 무작위로 표집하여 평가를 하고 결과를 낸다. 학생들의 학업성취 수준을 파악하여 학업성취도 향상을 지원하기 위해 실시하고 있다. 평가 교과는 국어, 수학, 영어로 학생들이 학교에서 배운 내용을 중심으로 구성된다. 응시한 학생에게는 '우수학력', '보통학력', '기초학력', '기초학력 미달'의 4단계 수준 중 자신의 평가 결과에 해당하는 성취 수준이 개별적으로 통지된다. 큰 변화에도 불구하고 그때나 지금이나 달라지지 않은 것이 있다. 바로 학력을 무엇으로 보아야 하는가에 대한 논란이다.

학력에 대한 논쟁이 끊이지 않는 것은 아직 한 번도 우리 사회에 학력에 대한 개념 정의와 합의가 이뤄지지 않았기 때문이다. 무엇이 학력인지에 대한 합의가 없었기 때문에 기존 학력관에 대한 비판이 계속해서 등장하고, 새로운 학력의 개념도 등장하게 된 것이다. 이제 학력의 정확한 정의를 공론화 과정을 거쳐 마련해야 한다. 개념에 대한 합의가 끝나면 새로 마련된 학력을 측정하는 도구와 방식도 정해져야 한다. 학생들은 스스로 자신의 위치를 진단하고 확인하여 피드백을 받아야 성장할 수 있다. 일제식 또는 표집 방식이 아니더라도 단위 학교에서 상시로 학생들을 위해 학력을 진단하고 보정하고 평가하는 시스템이 필요하다. 교육부, 교육청은 교육구성원인 학생, 학부모, 교사 모두의 공감대를 형성해야 하며 과거의 일제식 평가의 부활은 아니여야만 한다.

며칠 전 나의 첫 제자들에게 연락이 왔다. 수능이 끝났으니 맛있는 것을 사달라는 연락이었다. 그 아이들 중에는 도달이도 있었고 미도달이들도 있었다. 아이들과 만나고 이야기를 하면서 가장 기억에 남는 것을 물어보니 대부분 별빛 공부방이라고 대답했다. 언뜻 들으면 학생들이 그 흔한 추억하나 없이 초등학교 6학년 시절을 공부한 기억만 가지고 있는 듯하여 안타까워 보일 수도 있다. 하지만 고맙게도 아이들은 그때 선생님들의 헌신과 노력을 기억하고 있었다. 또 그 안에서 함께 고민하고 공부하며 많은 시간을 같이 한 것 자체가 아이들에게는 이미 하나의 즐거운 추억으로 자리 잡고 있었다.

교사를 믿어주었으면 좋겠다. 교실 안에서 교사는 모든 수업을 통해 학생들의 성장을 위해 노력한다. 학생들을 가장 정확히 진단하고 그에 맞는 처방을 줄 수 있는 것은 오직 교사만이 할 수 있는 역할이다. 국가도 이런 교사들의 노력과 헌신을 존중해주고 지원해 주어야 한다. 학력에 대한 개념을 합의하고 그 학력을 기르는 과정에서 가장 중요한 것은 우리 사회가 교사를 신뢰하는 것이다. 물론 교사 역시도 그 믿음에 부응하기 위하여 최선을 다해야 한다.

방문객에서 벗어나
우리 반 학생으로 II-12

전입 학생이 특정 교과를 이수하지 못할 경우, 교육청과 학교에서는 보충 학습 과정 등을 통해 학습 결손이 발생하지 않도록 한다.

― Ⅱ. 학교 급별 교육과정 편성 · 운영의 기준 중에서 ―

매년 나는 3월 1일이 되면 집에 태극기를 게양하고 오전 중에 가벼운 휴식을 보내다가 오후에는 학교로 비공식적인 출근을 한다. 나름의 의식적인 행사처럼 3월 1일 오후가 되면 학교로 출근하는 이유는 담임으로서 학생들과 첫 만남을 위한 준비가 덜 되었다고 생각하기 때문이다. 아무리 준비를 잘 해두었어도 다음 날 학생들을 처음으로 만난다는 설렘 때문에 가슴이 콩콩대고 언제나 3월 1일 밤에는 기대 반, 걱정 반으로 잠을 설치곤 한다. 그렇게 학생들을 처음 만난 날은 행복하고 즐겁지만 아이들이 하교한 뒤 오후가 되면 나는 진이 빠져 먼 산등성이를 바라보며 멍 때리는 시간을 갖곤 했다. 이처럼 누군가를 처음 만난다는 것은 분명 즐거운 일이지만 한편으로는 두려운 일이기도 하다.

2월 학생 명부를 받고 학생들의 이름을 쭉 읽어보곤 하는데 학생 명부 옆에는 이전 학년 선생님들이 일 년 살이를 마친 후에도 해결되지 못한 고민이 표시되어 있는 학생들이 있기도 했다. 학습 부진이나 가정 상황에 따른 기초 정보를 얻고 학생들을 만나다 보면 그나마 첫날 학생의 독특한 행동이나 말이 이해되기도 했다. 통상 3월 첫 주에 학생 한 명 한 명의 학습, 기본 습관, 가정 상황 등을 살펴보는 활동을 실시하다 보면 우리 학급의 일 년 살이를 계획하고 준비할 수 있었다. 그렇게 담임교사는 2~3월에 계획한 교육과정에 따라 수업을 하면서 주어진 성취기준에 학생들이 도달했는지 평가를 하며, 때로는 학생들과 맞추어 가면서 변화된 교육과정을 실행하기도 한다. 그리고 전문가로서 교사가 학생들이 얼마나 어떻게 성장했는지를 판단하고 도달하지 못한 부분은 없는지 평가를 통해 피드백하고 학습 결손을 체크하게 된다. 일련의 과정을 통해 교사는 자신만의 교육과정-수업-평가-피드백으로 이어지는 실제적인 교육과정을 운영하고 있는데 전학생이 오게 되면 교사는 자신의 교육과정을 한 번 더 확인해 봐야 한다. 또 다른 형태로 3월 1일의 설렘이 시작되는 것이다.

전입 학생이 오면 교사는 다시 새로운 마음으로 준비해야 할 것들이 생긴다. 그런데 사실 교사보다 긴장되는 마음을 갖고 학교에 오는 사람은 다름 아닌 전학을 온 학생이다. '전학'이라는 일생의 중요한 변화로 같이 공부하던 친구들과 이별하고 새로운 공간에서 생활해야 하기 때문이다. 그렇기에 무엇보다 나는 담임교사로서 학생들과 함께 공동체 놀이를 통해 전입생 맞이 활동을 한다. 전학 올 때마다 다양한 공동체 놀이를 통해 그 학생의 긴장감을 풀어주고 우리

반으로 소속감을 느낄 수 있도록 하는 것이다. 그리고 의미 있는 역할 활동으로 VIP 멤버 3명이 일주일 동안 새로운 친구가 학교에 적응할 수 있도록 도와준다. VIP 활동은 한 달에 한 번씩 돌아가며 하는 의미 있는 역할로써 학교를 소개하고 학교 구석구석을 안내하는 큐레이터, 우리 반만의 문화를 소개하고 준비할 것을 챙겨주는 도우미, 일주일 짝꿍으로 힘든 일은 없는지 친구들과 친해질 수 있도록 알게 모르게 노력하는 마니또 등이 있다. 이렇게 일주일간 활동을 한 뒤 VIP들은 마지막으로 그 학생에게 환영의 쪽지를 건네고 활동을 마무리하게 되는데, 도움을 받은 학생은 금세 우리 반 안으로 들어와 있고 VIP들에게 고마움의 마음을 표현하며 맞이 활동이 마무리된다. 3월 한 주간 담임교사 혼자 해야 하는 일들이 VIP 활동을 통해 함께 이루어지게 됨으로써 교사도 부담을 줄일 수 있고 학생들은 하나의 학급으로 소속감을 더 깊게 갖게 된다.

이처럼 학교 적응 차원에서는 기존의 학생들과 함께 전입 학생을 도와줄 수 있지만, 이전 학교와 우리 학교 간의 학습 진도 차이는 담임교사의 역할이다. 담임교사는 전입 학생이 이전 학교에서 배운 내용과 지금 공부하는 내용 간의 차이는 없는지 학습 결손 여부를 확인해야 한다. 더군다나 요즘 들어 교과서로만 수업하기보다는 교육과정 재구성을 통해 성취기준을 중심으로 수업을 하거나 특정 주제에 따라 교과들을 일부 통합하여 프로젝트 학습으로 수업을 하는 교사들이 많아지고 있다. 교과서 학습 순서대로 전국

의 모든 초등학교에서 수업을 하는 경우라면 학습 결손에 대한 우려가 적겠지만, 최근의 교육 현장의 흐름에 따르다 보면 학습 결손 여부를 꼭 확인해야 한다.

전입 학생이 특정 교과를 이수하지 못했는지 확인하기 위해 정보공시 자료를 활용할 수 있는데, 학교마다 정보공시를 통해 교과학습 진도계획을 공개하고 있기 때문이다. 이렇게 정보공시를 통해 우리 학교와의 차이를 비교해 볼 수 있기도 하고, 보통 전입 학생의 교과서를 같이 살펴보면서 진도 차이를 곧바로 알 수 있다. 하지만 교과서 위주의 수업이 아닌 경우에는 교사는 학생이 학습해야 할 내용과 성취기준을 살펴보고 누락된 내용이나 중복하여 공부하는 내용은 없는지 확인해봐야 한다. 학습 결손 여부를 확인한 뒤에 교과서 진도에 따라 학생이 학습하지 못한 내용이 있고 앞으로도 공부하지 못할 경우에는 담임교사는 보충 학습 과정을 운영하여 학습 결손이 생기지 않도록 해야 한다. 물론 학부모의 동의를 받고 방과 후에 담임교사와 학생이 공부를 하는 것도 방법이 될 수 있겠지만, 교사와 학생 모두 부담을 조금은 줄일 수 있는 사이버가정학습을 통해 현실적인 한계를 극복하고 학습 결손을 방지할 수도 있다.

코로나-19 사태로 이제는 대부분의 선생님과 학생들이 활용했던 경험이 있는 사이버가정학습(https://cls.edunet.net)은 'e학습터-꿈을 이루는 학습 공간'이라는 이름으로 17개 시·도 교육청과 교육부가 통합운영하고 한국교육학술정보원이 지원하는 교수·학습 지원 서비스다. 학생이 에듀넷 아이디가 있는 경우 더 쉽게 이용할 수 있으며 아직 에듀넷 아이디가 없는 경우 학부모의 동의를 받고 가입할 수 있다. 담임교사는 나의 학급을 개설한 뒤 다양한 강좌를 만들어 필요에 따라 운영할 수 있는데, 보충 학습 과정의 이름으로 강좌를 개설하여 학생이 집이나 학교에서 공부를 할 수 있다. 해당 부분

뿐만 아니라 담임교사가 필요한 내용을 추가해서 강좌를 운영할 수 있으며, 평가까지 실시할 수 있도록 시스템이 구축되어 있다. 그리고 사실 이 사이버가정학습은 전입 학생을 위한 보충 학습 과정뿐만 아니라 기존에 학급의 학생들에게 수업 내용을 복습하는 용도로도 활용할 수 있는데 부담 없이 동영상만 시청하는 것으로도 복습의 효과를 높일 수 있게 콘텐츠가 개발되어 있다.

  새로운 학생이 전학 온다는 것은 기쁜 일이 될 수도 있고 고달픈 일이 될 수도 있다. 전입 학생이 누구인지, 그 학생이 잘 적응할 수 있는지, 기존 아이들과 함께 잘 지낼 수 있는지 등에 따라 학급의 모습은 크게 바뀌기도 한다. 그러나 전학 온 첫 날 긴장한 모습으로 아이들 앞에 선 학생의 마음을 보듬어 주며 학습이나 생활에 지속적인 관심을 갖는다면 방문객에서 벗어나 진짜 '우리 반 학생'이 될 수 있을 것이다.

> 사람이 오는 건
> 실로 어마어마한 일이다.
> 그는
> 그의 과거와
> 현재와
> 그리고
> 그 미래와 함께 오기 때문이다.
> 한 사람의 일생이 오기 때문이다.
>
>   - 정현종, <방문객> 중에서 -

좋은 사회가 좋은 교육을 만든다 II-13

　우리나라에서 직접적으로 자기 전공을 살려서 인생을 살아가는 사람은 얼마나 될까? 건축학을 전공한 한 친구는 잘 나가는 보험사에서 일을 하고 있고, 음대를 졸업한 한 친구는 관광버스를 몰고 있다. 경영학을 전공했는데 공무원 시험을 오랫동안 준비하다 포기하고 고향에서 부모님으로부터 물려받은 작은 편의점의 CEO가 된 친구도 있다. 앞의 고등학교 동창 세 명 모두 자기가 평소 원했던 진로와 직접적인 관련이 있는 학과에 진학했다. 차례로 소개하자면 첫 번째 친구는 설계사가 되어 멋진 축구경기장을 짓고 싶어 했고, 두 번째 친구는 기타리스트가 되어 멋진 무대에 서고 싶어 했고, 세 번째 친구는 은행에 취직하여 돈을 많이 벌고 싶어 했다. 안타깝게도 세 명 모두 학창 시절 꿈꿨던 일과 다른 직업에 종사하고 있다. 그러나 이들의 삶이 불행해 보이지 않는다. 다들 지금은 결혼을 했으며 한 집안의 가장으로서 책임감을 갖고 열심히 살고 있다. 한창 자식

교육에 신경 쓴다며 주말에도 일하는 경우가 꽤 된다. 종종 소주 한 잔 기울일 때면 푸념하듯 저마다의 고된 삶을 늘어놓으며 과거를 회상하지만 그럼에도 소주잔을 부딪칠 때 친구들의 표정은 '그래도 행복해.'라고 말하고 있는 듯하다.

한편, 친한 친구는 아니지만 내 친구 중에는 과학을 유난히 좋아했고, 주변에서 늘 수학·과학 천재라는 소리를 들으며 자란 친구도 있었다. 그 친구와는 고등학교를 진학하며 이별했다. 내 친구들 다수가 그러하듯, 시골에서 살았던 나는 마을 내에 위치한 일반계 고등학교에 진학했고, 과학이라면 뭐든 좋다는 그 친구는 특수 목적 고등학교에 진학하기 위해 도시로 나갔기 때문이다. 중학교 시절의 그 친구를 생각하면, '과학고등학교는 저런 친구들이 들어가는 곳이야'라고 여기기에 충분했다. 그런데 아이러니하게도 그 아이 역시 앞의 친구들과 마찬가지로 자신이 원했던 과학자의 삶을 살고 있지는 않았다. 누구나 알 만한 서울의 모 대학병원의 전문의가 되어 있다. 병원에서 근무한다는 소식을 처음 접했을 때는 다소 의아했지만, 직업의 귀천을 따지는 사회 분위기 속에서 의사라는 직업은 그 친구의 자의적인 선택이라기보다 어쩌면 사회에 떠밀려서 선택되어진 것일지 모른다.

더 심각한 문제는 우리 사회의 씁쓸한 현실이 교육을 망가뜨리고 있다는 점이다. 들은 이야기지만 내 친구가 당시에 과학고를 선택한 이유는 단지 그 학교에 우수한 학생들이 모이고, 의대 진학에도 유리할 거라는 생각 때문이었다고 한다. 그러나 과학고는 과학기술 분야의 인재를 길러내기 위해서 설립된 학교다. 의사를 양성하는 것이 학교의 설립 취지는 아니다. 그럼에도 현실은 늘 이상을 피해간다. 교육부에서는 특목고가 설립 취지를 살려 교육과정을 운영할 수 있도록 교육과정 총론에서 보통교과의 필수 이수단위를 줄였다. 그 대신에 서두에 제시한 것처럼 전공 관련 전문교과Ⅰ을 72단위 이상 편성하도록 명시하고 있다.

특수 목적 고등학교(산업수요 맞춤형 고등학교 제외)
가) 특수 목적 고등학교는 교과(군)의 총 이수 단위 180단위 중 보통 교과는 85단위 이상 편성하며, 전공 관련 전문 교과Ⅰ을 72단위 이상 편성한다.
나) 보통 교과의 선택 과목은 이와 내용이 유사하거나 관련되는 전문 교과Ⅰ의 과목으로 대체하여 편성·운영할 수 있다.
다) 외국어 계열 고등학교에서는 전문 교과Ⅰ의 총 이수 단위의 60% 이상을 전공 외국어로 히고, 전공 외국어를 포함한 2개 외국어로 전문 교과Ⅰ의 과목을 편성해야 한다.
라) 국제 계열 고등학교는 전문 교과Ⅰ의 국제 계열 과목과 외국어 계열 과목을 72단위 이상 이수하되, 국제 계열 과목을 50% 이상 편성한다.

- Ⅱ. 학교 급별 교육과정 편성·운영의 기준 중에서 -

  2015 개정 교육과정 총론의 내용을 따르면 공식적인 학교교육과정이 설립 목적에 맞게 운영될 수밖에 없음에도 불구하고 대학 진학 결과를 놓고 보면 설립 목적에 부합하는지 의문을 갖게 된다. 교육부에서 내놓은 최근 5년 동안의 자료를 보면 그나마 전국 과학고 학생의 약 90% 정도가 이공계 대학에 진학한다. 이에 반해서 외고 학생의 어문계열 대학 진학률은 40%를 넘지 못하는 수준이다. 심지어 과학고를 졸업하여 이공계 대학을 진학한 학생들 중에서도 의학전문대학원 진학을 희망하는 학생들이 있다고 한다. 과거에도 특목고에 진학시키기 위해서 초등학교 때부터 자녀의 스펙을 관리하는 부모들이 있었고, 방학이 가까워지면 이러한 부모들에게 특목고 진학을 미끼로 우후죽순 옥외 광고물이 붙어 있는 입시학원의 모습도 여전하다. 왜 그토록 많은 학생들이 특수 목적 고등학교를 열망하는가?

사실 이러한 문제의 가장 큰 원인은 노동 시장의 불평등이다. OECD(경제개발협력기구)에 따르면 2017년 상위와 하위 10% 간의 임금 격차가 4.3배로 미국 다음으로 높은 것으로 나타났다. 이것은 대기업과 중소기업의 양극화, 정규직과 비정규직의 격차 등 다양한 요인이 있다. 한국 사회에는 여전히 전문직과 단순 노동직 사이의 임금 격차가 크며, 이로부터 노동자들은 상대적 박탈감을 느끼게 된다. 이러한 사회구조에서 전문직에 종사하는 부모는 그의 부를 내 아이에게 대물림하기 위해서, 단순 노동을 하며 살아가는 부모는 내 아이에게 빈곤을 대물림하지 않기 위해서 공부를 시키는 경향을 낳는다. 지나친 임금 격차는 분명히 사회 구성원 간의 위화감을 조성하며 경제적 계급을 더 견고하게 만든다. 이러한 사회 체계 내에서 사람들은 높은 임금과 사회적 명성에 대한 기대로부터 결코 자유로울 수 없다. 이 지점에서 교육의 본질은 왜곡된다. 특수 목적 고등학교의 설립 취지는 교육수요자인 학생과 학부모의 대입 준비를 위한 방편으로 변질된다. 교육부와 학부모는 동상이몽을 꾸고 있는 것이다.

　최근 정부는 고교서열화 해소 차원에서 특목고를 고교학점제가 도입되는 2025년에 맞춰 일괄 폐지한다고 발표했다. 대통령이 주재한 교육개혁관계장관회의에서 논의된 결과이니 앞으로의 귀추가 주목되는 것도 사실이다. 그러나 솔직히 우려스럽기도 하다. 아무리 과감하고 참신한 교육 정책이 등장하더라도 사회 불평등이 높은 우리 현실에서는 어느 순간에든 입시교육의 망령이 출현할 수 있기 때문이다. 정부 차원의 대안은 늘 입시 위주의 교육정책으로 변종될 위험이 있다. 우리 사회의 구조적 모순, 특히나 사회적 불평등과 노동 시장의 임금 격차를 줄이지 않는 상태에서 공교육을 개혁하겠다는 것은 어찌 보면 불가능한 시도일 수 있다. 벌써부터 일각에서는 정부가 특목고를 일반고로 전환하게 되면 강남 8학군 등 전통적인 교육 특구에 대한 수요가 되살아날 거라는 걱정의 목소리를 한다. 실제로 한 언론사에서는 정부의 발표가 있자마자 8학군 집값이 들썩인다는 기사를 게재하기도 했다.

　사회 불평등은 개선되어야 한다. 직업에 따른 불평등 문제는 학생의 진로 선택에 있어서의 자아실현이나 행복이라는 이상적인 모습보다는 사회적 대우와 연봉 수준 등 지극히 현실적인 측면에 매몰되게 만든다. 사회는 사람들이 하고 싶은 일을 하며 살아가도록 도와야 한다. 부디 우리 사회가 과학을 좋아하고 과학에 역량이 뛰어난 학생이 과학을 하며 살아가는 것을 꿈꾸는 사회가 되길 바란다. 그럴 때 비로소 진정으로 개인의 삶도 행복할 수 있고 사회의 번영도 가능할 것이다.

Ⅲ. Making
교육과정 만들기

학교교육과정 편성·운영

Ⅲ. 학교교육과정 편성·운영

1. 기본 사항

가. 학교는 이 교육과정을 바탕으로 학교 실정에 알맞은 학교교육과정을 편성·운영한다. Ⅲ-1 Ⅲ-2

나. 학교는 학교교육과정 편성·운영 계획을 바탕으로 학년(군)별 교육과정 및 교과(목)별 교육과정을 편성할 수 있다.

다. 학교교육과정은 모든 교원이 전문성을 발휘하여 참여하는 민주적인 절차와 과정을 거쳐 편성한다. Ⅲ-3

라. 교육과정의 합리적 편성과 효율적 운영을 위해 교원, 교육과정 전문가, 학부모 등이 참여하는 학교교육과정 위원회를 구성하여 운영하며, 이 위원회는 학교장의 교육과정 운영 및 의사 결정에 관한 자문의 역할을 담당한다. 단, 특성화 고등학교와 산업수요 맞춤형 고등학교의 경우에는 산업계 인사가 참여할 수 있고, 통합교육이 이루어지는 학교의 경우에는 특수교사가 참여할 것을 권장한다. Ⅲ-4

마. 학교교육과정을 편성·운영할 때에는 교원의 조직, 학생의 실태, 학부모의 요구, 지역사회의 실정 및 교육 시설·설비 등 교육 여건과 환경을 충분히 반영하도록 노력한다. Ⅲ-4

바. 교과와 창의적 체험활동의 내용 배열은 반드시 학습의 순서를 의미하는 것은 아니므로, 지역의 특수성, 계절 및 학교의 실정과 학생의 요구, 교사의 필요에 따라 각 교과목의 학년군별 목표 달성을 위한 지도 내용의 순서와 비중, 방법 등을 조정하여 운영할 수 있다.

사. 학교는 교과와 창의적 체험활동의 효율적인 운영을 위하여 지역사회의 인적, 물적 자원을 계획적으로 활용한다.

아. 학교는 학생의 요구, 학교의 실정 및 특색 등을 종합적으로 고려하여 창의적 체험활동의 영역, 활동, 시간 등을 자율적으로 편성·운영할 수 있다.

자. 학교는 창의적 체험활동이 실질적 체험학습이 되도록 지역사회의 유관 기관과 연계·협력하여 프로그램을 운영할 수 있다.
차. 학교는 학생과 학부모의 요구를 바탕으로 방과후학교 또는 방학 중 프로그램을 개설할 수 있으며, 학생들의 자발적인 참여를 원칙으로 한다. III-5
카. 학교는 가정 및 지역과 연계하여 학생이 건전한 생활 태도와 행동 양식을 가지고 학습에 임할 수 있도록 지도한다. III-6
타. 학교는 동학년 모임, 교과별 모임, 현장 연구, 자체 연수 등을 통해서 교사들의 교육 활동 개선이 이루어지도록 한다. III-7
파. 학교는 학교교육과정 편성·운영의 적절성과 효과성 등을 자체 평가하여 문제점과 개선점을 추출하고, 다음 학년도의 교육과정 편성·운영에 그 결과를 반영한다. III-8

2. 교수·학습

가. 학교는 교과목별 성취기준에 따라 다음과 같은 사항에 중점을 두고 교수·학습이 이루어지도록 한다.
  1) 교과의 학습은 단편적 지식의 암기를 지양하고 핵심 개념과 일반화된 지식의 심층적 이해에 중점을 둔다. III-9
  2) 각 교과의 핵심 개념과 일반화된 지식 및 기능이 학생의 발달 단계에 따라 그 폭과 깊이를 심화할 수 있도록 수업을 체계적으로 설계한다.
  3) 학생의 융합적 사고를 기를 수 있도록 교과 내, 교과 간 내용 연계성을 고려하여 지도한다.
  4) 실험, 관찰, 조사, 실측, 수집, 노작, 견학 등의 직접 체험 활동이 충분히 이루어지도록 한다. III-10
  5) 개별 학습 활동과 함께 소집단 공동 학습 활동을 통하여 협력적으로 문제를 해결하는 협동학습 경험을 충분히 제공한다.
  6) 학생이 능동적으로 수업에 참여하고 자신의 생각을 표현하는 기회를 가질 수 있도록 토의·토론 학습을 활성화한다.
  7) 학생에게 학습 내용을 실제적 맥락 속에서 적용하고 활용할 수 있는 기회를 충분히 제공한다. III-9

8) 학생이 스스로 자신의 학습 과정과 학습 전략을 점검하고 개선하며 자기 주도적으로 학습할 수 있도록 지도한다.

나. 학교는 효과적인 교수·학습 환경 설계를 위해 다음과 같은 사항에 중점을 둔다. (Ⅲ-11)
1) 교사와 학생 간, 학생과 학생 간 상호 신뢰와 협력이 가능한 교수·학습 환경을 제공한다.
2) 학생의 능력, 적성, 진로를 고려하여 교육 내용과 방법을 다양화하고, 학교의 여건과 학생의 특성에 따라 다양한 학습 집단을 구성하여 학생 맞춤형 수업을 하도록 한다.
3) 학교는 학습 결손을 보충할 수 있도록 특별 보충 수업을 운영할 수 있으며, 이에 대한 제반 운영 사항은 학교가 자율적으로 결정한다.
4) 각 교과의 특성에 맞는 다양한 학습이 이루어질 수 있도록 교과 교실제 운영을 활성화한다.
5) 학교는 교과용 도서 이외에 교육청이나 학교에서 개발한 다양한 교수·학습 자료를 활용할 수 있다.
6) 실험 실습 및 실기 지도 과정에서 학생의 안전사고를 예방하기 위해 시설 및 기계 기구, 약품, 용구 사용의 안전에 만전을 기한다.

3. 평가

가. 평가는 학생의 교육 목표 도달도를 확인하고 교수·학습의 질을 개선하는 데에 주안점을 둔다. (Ⅲ-12)
1) 학교는 학생에게 평가 결과에 대한 적절한 정보 제공과 추수 지도를 통해 학생이 자신의 학습을 지속적으로 성찰하고 개선할 수 있도록 지도한다.
2) 학생 평가 결과를 활용하여 수업의 질을 지속적으로 개선한다.

나. 학교와 교사는 성취기준에 근거하여 학교에서 중요하게 지도한 내용과 기능을 평가하며 교수·학습과 평가 활동이 일관성 있게 이루어지도록 한다. (Ⅲ-12)
1) 학생에게 배울 기회를 주지 않은 내용과 기능은 평가하지 않도록 한다.
2) 학습의 결과뿐만 아니라 학습의 과정을 평가하여 모든 학생이 교육 목표에 성공적으로 도달할 수 있도록 한다.
3) 학교는 학생의 인지적 능력과 정의적 능력에 대한 평가가 균형 있게 이루어질 수 있도록 한다.

다. 학교는 교과의 성격과 특성에 적합한 평가 방법을 활용한다. Ⅲ-13
   1) 서술형과 논술형 평가 및 수행평가의 비중을 확대한다.
   2) 정의적, 기능적, 창의적인 면이 특히 중시되는 교과는 타당한 평정 기준과 척도에 따라 평가를 실시한다.
   3) 실험·실습의 평가는 교과목의 성격을 고려하여 합리적인 세부 평가 기준을 마련하여 실시한다.
   4) 창의적 체험활동은 내용과 특성을 고려하여 평가의 주안점을 학교에서 결정하여 평가한다.
   5) 전문교과Ⅱ의 실무 과목은 성취 평가제와 연계하여 내용 요소를 구성하는 '능력단위' 기준으로 평가할 수 있다.

4. 모든 학생을 위한 교육기회의 제공

가. 교육 활동 전반을 통하여 남녀의 역할, 학력과 직업, 종교, 이전 거주지, 인종, 민족 등에 관한 편견을 가지지 않도록 지도한다. Ⅲ-14
나. 학습 부진 학생, 장애를 가진 학생, 특정 분야에서 탁월한 재능을 보이는 학생, 귀국 학생, 다문화 가정 학생 등이 학교에서 충실한 학습 경험을 누릴 수 있도록 필요한 지원을 한다.
다. 특수교육 대상 학생을 위해 특수학급을 설치·운영하는 경우, 학생의 장애 특성 및 정도를 고려하여 이 교육과정을 조정하여 운영하거나 특수교육 교육과정 및 교수·학습 자료를 활용할 수 있다.
라. 다문화 가정 학생을 위한 특별 학급을 설치·운영하는 경우, 다문화 가정 학생의 한국어 능력을 고려하여 이 교육과정을 조정하여 운영하거나, 한국어 교육과정 및 교수·학습 자료를 활용할 수 있다. 한국어 교육과정은 학교의 특성, 학생·교사·학부모의 요구 및 필요에 따라 주당 10시간 내외에서 운영할 수 있다.
마. 학교가 종교 과목을 개설할 때에는 종교 이외의 과목을 포함, 복수로 과목을 편성하여 학생에게 선택의 기회를 주어야 한다. 다만, 학생의 학교 선택권이 허용되는 종립 학교의 경우 학생·학부모의 동의를 얻어 단수로 개설할 수 있다.

바야흐로, 학교교육과정 시대 Ⅲ-1

　이 글을 쓰고 있는 지금, 하늘은 더없이 푸르고, 바닥에는 나무에서 차마 못 버티고 떨어진 단풍잎들로 가득하다. 쌀쌀한 날씨로 보았을 때는 겨울 같은데, 아직 주변에는 단풍잎과 억새들이 보이는 것을 보니 가을 같기도 하다. 지금은 가을인 것일까, 겨울인 것일까. 지금 와서 생각해보니, 계절이라는 것은 정확히 어느 순간이 계절이 바뀌는 시점이라는 것은 알 수 없었지만, 어느새 그 계절 속에서 내가 살아가고 있다는 것을 느끼게 된다. 학교에서 늘 마주하는 학생들에게 일어나는 배움 역시 이와 비슷해 보인다. 바로 지금이 배움이 일어난 순간이야! 라고는 정확하게 말할 수 없지만, 어느새 우리 학생들에게는 배움이 일어나 있고, 그러한 배움으로 인하여 성장하고 있음을 자연스럽게 느끼게 된다.
　학교는 학생들을 위해 존재한다. 보다 구체적으로 말하자면, 학교는 학생들의 배움을 위해 존재하는 곳이다. 또한, 학교는 학생들에게 필요한 배움이 무엇인지 고민하고, 그러한 배움을 위해 가르쳐야 할 내용에는 어떠한 것들이 있을지 결정한다. 이어서, 학생들에게 보다 원활한 배움이 일어날 수 있도록 그러한 내용들을 가르칠 순서를 정하고 방법을 고민한다. 그리고 이러한 과정을 통하여 학생들에게 필요한 배움이 진정 일어났는지, 일어났다면 앞으로는 어떤 배움이 이어져야 할지에 대하여, 그렇지 못했다면 추가적으로 어떤 도움을 주어야 할지 평가와 피드백에 대한 고민까지 이어지게 된다. 이처럼 학교 수준에서 학생들의 배움에 대하여 고민하고 계획하며, 실행하는 일련의 과정을 우리는 학교교육과정이라고 부를 수 있다.

학교는 이 교육과정을 바탕으로 학교 실정에 알맞은 학교교육과정을 편성·운영한다.

- Ⅲ. 학교교육과정 편성·운영 중에서 -

어느 순간부터 많은 사람들은 교육과정이라 하면, 문서 또는 책자로 구현된 모습의 교육과정을 떠올린다. 국가교육과정이라 하면, 교육부에서 고시된 교육과정 문서를 떠올리고, 학교교육과정이라 하면, 학년 초, 학교 차원에서 제작하여 배포하는 학교교육과정 문서를 떠올리고는 한다. 그렇게 문서화된 교육과정은 교육과정이 아니라는 말을 하고 싶은 것은 아니다. 그렇게 문서화된 교육과정 역시 교육과정이지만, 그렇게 문서화된 교육과정만이 교육과정이라고 볼 수는 없다는 말을 전하고 싶다. 특히, 국가교육과정은 학교가 교육과정을 편성하고, 운영하는 데 있어서 최소한의 기준으로서 작동을 한다는 점에 있어서, 문서화된 교육과정이 국가교육과정을 의미할 수 있다. 그러나 국가 수준에서 제시한 기준을 바탕으로, 학생들에게 필요한 실제적인 배움이 일어날 수 있도록 계획하고, 실행해나가는 과정 속에서 언제든 수정되고, 보완되는 과정을 거치는 과정 속에서 학생들에게 보다 진정한 배움을 추구해나가는 성격을 지닌 학교교육과정의 특성상, 학년 초 문서화된 학교교육과정 문서가 학교교육과정을 모두 포괄할 수 있다고 말하기에는 어려움이 있다.

다시 말해, 학교교육과정은 편성으로서의 명시적 성격을 지닐 수 있지만, 배움을 추구한다는 학교 교육의 특성상 자연스럽게 발현적 성격 또한 함께 지니게 된다. 이러한 특성 때문에 학교교육과정에서는 실행하는 과정 속에서 언제든 수정되거나 보완되고, 때로는 기존의 것이 삭제되는 일도 얼마든지 일어날 수 있는 것이다. 학교교육과정의 본질은 계획된 것을 가르치는 것에 있는 것이 아니라, 배움이 추구하고자 하는 목적에 도달하는 것에 있기 때문이다. 계획된 것이 추구하고자 하는 목적에 맞지 않는다면, 얼마든지 변경될 수 있는 것이다.

교과와 창의적 체험활동의 내용 배열은 반드시 학습의 순서를 의미하는 것은 아니므로, 지역의 특수성, 계절 및 학교의 실정과 학생의 요구, 교사의 필요에 따라 각 교과목의 학년군별 목표 달성을 위한 지도 내용의 순서와 비중, 방법 등을 조정하여 운영할 수 있다. 이처럼 학교교육과정은 그 학교 학생들의 특성과 그 학생들이 원하고, 그들에게 필요한 배움을 바탕으로 만들어지기 때문에, 모든 학교는 자기 학교만의 교육과정을 가질 수밖에 없다. 또한, 이미 수많은 학교들은 그것이 문서화되지 않았을 뿐이지, 각자 자신만의 학교교육과정을 갖고 있다. 굳이 그것이 학교의 특색 교육, 중점 교육이라는 이름하에 명시되어 있지 않을지라도, 학교마다 교사와 학생이 다르고, 학교가 처해 있는 여건과 환경이 다르기 때문에 학교는 각자의 교육과정을 만들어 실행해나가고 있다. 예를 들어, 기초 학력 수준이 낮은 학생들이 모여 있는 학교에서는 자연스럽게 학생들의 기초 학력 증진에 방점을 둔 교육과정을 만들어 실행하고 있으며, 주변에 학생들이 체험하고 느낄 수 있는 생태 환경을 갖춘 학교에서는 생태 자원을 활용한 교육과정을 만들어 실행하고 있다. 이렇게 각 학교의 교육과정은 모두 다른 모습을 갖고 있지만, 모두 국가교육과정에서 추구하는 기준과 목표를 고려하고 있으며, 그러한 기준과 목표에 도달하기 위한 내용과 방법이 교실에서 마주하는 다양한 학생들의 특성을 고려하여 다르게 설정되어 있을 뿐이다.

이렇게 다양하고 풍부한 학교교육과정의 모습들이 그동안 표면적으로 드러나지 못했던 이유는 문서로 명시된 교육과정만을 교육

과정으로 바라보는 시각이 주를 이루었기 때문이다. 국가적 차원에서 교육과정의 지역화, 다양화를 추구하기 시작한 지도 어느덧 20년에 가까운 세월이 흘렀다. 그 세월 동안 학교교육과정은 국가교육과정 차원에서 공식화되었고, 교육과정에 대한 단위 학교의 자율권과 결정권은 확대되었다. 이제 국가교육과정 총론만 살펴보아도, 국가교육과정의 역할은 학교교육과정 활동을 지원하기 위함임을 충분히 느낄 수 있다. 1장에서는 교육과정 구성의 방향으로, 학교교육과정이 보편적으로 지향하고자 하는 인간상과 목표를 제시하고 있고, 2장과 3장에서는 학교교육과정을 편성하고, 운영하는 데 필요한 최소한의 기준을, 4장에서는 학교 현장에서 학교교육과정의 원활한 실행을 지원하기 위한 사항들을 법적으로 명시하고 있다.

  글을 쓰는 동안 어느덧 주변이 어둑어둑해졌다. 지금은 낮일까, 밤일까. 내가 어제 학생들에게 가르치고자 목표했던 것들이 실제 학생들에게는 어느 정도의 배움이 일어났을까. 이에 대한 대답을 확실하게 해줄 사람은 아무도 없을 것이고, 굳이 확실한 답을 찾을 필요도 없다. 분명한 것은 낮에서 밤이 되고 있다는 것이고, 학생들에게는 분명 배움이 일어나고 있다는 것이다. 시간이 어느 정도 흘렀는지 가장 잘 알고, 느낄 수 있는 존재는 같은 장소에서 시간의 흐름을 경험했던 바로 그 사람이듯이, 교실 속 학생들이 원하는 배움과 그들에게 필요한 배움을 가장 정확하게 인지하고, 지원할 수 있는 존재 역시, 교실에서 학생들과 함께 숨 쉬며 살아가는 교사일 것이다.

  지금 이 순간에도 수많은 학교에서는 교육과정들이 수정되고 보완되며, 새롭게 만들어지고 있다. 바야흐로, 학교교육과정 시대이다.

교육과정에 담고 싶은 것 III-2

　학기 시작 전, 학년 부장님께 메신저 쪽지가 도착했다. 쪽지를 열어보니 짧은 안내 글과 함께 'O학년 교육과정' 이름의 파일도 함께 첨부되어 있었다. 쪽지 내용은 다음과 같다. "선생님들, 학년 교육과정을 제출해야 합니다. 보내드린 파일에 빨간색으로 바뀌어져 있는 항목을 작성해서서 퇴근 전까지 보내주세요." 파일을 열어보니 학년 교육 목표부터 학년 실태, 교과 시수, 진도표, 시간표 등의 내용으로 전반적인 O학년 운영 사항들이 포함되어 있었다. 주로 빨간색으로 바뀌어져 있는 항목은 내가 맡은 학급의 교육 목표나 특색 활동, 시간표 등이었다. 나는 별다른 어려움 없이 10분 만에 부장님께 수정된 파일을 보내드렸다. 며칠 후, O학년 교육과정은 학교 관리자분들에게 결재가 완료되어 1년 동안의 공식적인 문서로 등록되었다. 이 일이 있고 난 뒤에 나는 간혹 시수를 확인하기 위해 교육과정 파일을 열기도 하였지만 거의 보는 일이 없었다. 이렇게 약 1년 동안 학생들과 우당탕탕 함께한 시간이 지나고 나서 파일 정리를 하는 동안 우연하게 ○학년 교육과정 파일을 열게 되었다. 1년 동안 교사가 아이들과 겪은 삶, 아이들과 해보고 싶었던 것들, 아이들이 원했던 것들, 이 모든 것들은 그 속에 없었다. 단지 너무나도 표면적이고 거추장스러운 것들만 가득했다. 전혀 내 것 같지도 않았고 우리 학년 것 같지도 않았다.

학교는 이 교육과정을 바탕으로 학교 실정에 알맞은 학교교육과정을 편성·운영한다.

− Ⅲ. 학교교육과정 편성·운영 중에서 −

학교는 총론에 제시되어 있는 내용을 바탕으로 학교 실정에 알맞은 학교교육과정을 편성하고 운영해야 한다. 이는 초·중등교육법 제23조 제1항에 "학교는 교육과정을 운영하여야 한다."와 맥락을 같이 한다. 즉, 학교는 교육과정을 편성하고 운영해야 하는 것이다. 학교교육과정에는 넓은 범위에서 전반적인 학교 운영과 관련사항이 들어가며, 조금 더 좁은 범위에서는 학생이 학교에서 하는 교육활동이 들어간다. 학교교육과정에는 학교에서 추구하는 교육 목표와 그에 따른 교육중점, 교육활동을 포함한다. 누군가 특정 학교를 알고 싶다면 그 학교의 학교교육과정을 보며 학교에 대한 대략적인 사항들을 알 수 있다.

하지만 학교교육과정을 만들어가는 과정은 어떨까? 대부분 학교에서는 학교교육과정을 매해 기존의 것에서 수정하거나 새롭게 만든다. 교내 구성원이 바뀌어 학교교육과정이 바뀔 수도 있다. 그러나 대부분은 관리자의 철학이나 교육방향에 따라 학교교육과정이 대폭 변화가 일어나고 각 학교 교무, 연구 부장교사들의 수많은 시간과 피나는 노력으로 완성된다. 그렇게 완성된 교육과정은 교사들에게 1부씩 배부되지만 대부분 캐비닛으로 들어간다.

학교교육과정은 누구의 것인가? 누구를 위해 존재하는 것인가? 당연히 교사의 것이다. 교사를 위한 것이다. 그렇다면 왜 교사들은 학교교육과정을 캐비닛 속으로 집어넣는 것일까? 첫째는 학교교육과정을 교사들이 만들지 않기 때문이다. 대부분의 학교교육과정은 몇몇의 소수의 부장교사를 중심으로 만들어지게 된다. 소수의 생각이 전체를 설득하기에는 매우 힘든 작업이다. 의견을 수렴하지만 단순히 수렴을 할 뿐, 어떻게 그 의견이 구체적으로 반영되는지 알 수 없다. 교사들은 의견을 제시하지만 그 의견이 반영된 교육과정을 공감하기는 참으로 어렵다. 이를 극복하기 위해 교내 구성원들이 함께 모여 학교교육과정을 편성해야 한다. 교사, 학생, 학부모 등 교육의 주체가 함께 참여하여 교육과정을 구체화해야 한다.

둘째는 학교교육과정 속에 그 학교만의 정체성이 없기 때문이다. 학교가 가진 환경은 크게 변하지 않는다. 학교 차원에서 해왔던 교육활동도 크게 변하지 않는다. 처음 만들어진 교육과정의 내용은 그대로인 채 겉모습만 바뀌는 경우가 대다수다. 이제는 그 학교만의 정체성을 교육과정에 담아야 한다. 가령, 한 학교는 '생태교육'을 학교의 정체성으로 삼아 교육과정을 편성·운영한다면 교사들은 그 학교의 정체성을 바탕으로 교육활동을 실행할 수 있다. 또한 교사들이 다른 학교로 전근 갈 때에도 관리자나 학교의 구성원, 거리 등을 고려할 수도 있지만 그 학교의 교육과정과 정체성을 보며 내가 그 학교에서 어떤 역할을 하고 어떤 교육활동을 할 수 있을지 염두하여 선택할 수 있는 것이다. 학교의 정체성이 살아나야 교사들은 그 정체성을 바탕으로 교육활동을 한다. 학교도 살아나고 교사도 살아나는데 그 시작점이 학교교육과정인 것이다.

　마지막으로는, 학교교육과정은 교사의 교육활동을 담아낼 수 없기 때문이다. 학교 교육에 대한 전반적인 사항이 합의가 된다면 교사는 학교교육과정을 바탕으로 교실 속 교육활동을 1·2학기에 걸쳐 펼쳐낸다. 각 학교의 모습이 다르듯이 같은 학교 안에서도 교실 속 학생들의 모습도 매우 다르다. 교사가 가진 교육철학과 특기, 학생 수, 학생의 특성 등 매우 다른 요소들이 교실 안에 존재하여 같은 학교교육과정이라도 교사마다 서로 다른 교육활동이 펼쳐진다. 교사의 교육활동은 매우 실제적이다. 학생이 실제 학교에서 하는 교육활동이다. 교사의 교육활동과 학교교육과정에서 제시된 교육활동은 엄밀히 구분되어야 한다. 전자는 좁은 범위에서의 교사의 실제적 교육활동이고 후자는 넓은 범위에서의 학교의 전반적인 교육활동이다. 때문에 교사는 학교교육과정이 있더라도 그 속에 자신의 교육과정, 즉 교사교육과정은 찾을 수 없는 것이다. 이를 극복하기 위해서는 학교교육과정에 담아낼 것과 교사교육과정에 담아낼 것을 명확히 할 필요가 있다. 학교교육과정은 학교의 정체성인 학교가 추구하는 교육의 모습을 담아야 하며 교사교육과정에는 교사가 학교교육과정과 자신의 교육철학 등을 바탕으로 한 실제 교육활동을 담아내야 한다.

　결국, 학교교육과정을 교사가 활용하려면 교사교육과정이 살아나야 한다. 각 교육과정 안에는 교사와 학생의 삶이 담겨 있어야 한다. 실제 내가 혹은 우리가 하고 싶은 것들, 해왔던 것들, 학생과 함께 살아가며 만들어왔던 것들 등 우리가 삶이라 말할 수 있는 것들이 있어야 한다. 교육과정이 영상이 될 수도 있고, 누적된 교육과정일 수도 있고 학생의 산출물일 수도 있다. 때로는 1년 후에 내가 혹은 우리가 해왔던 교육과정을 만들 수도 있고 매주 교육과정을 채워갈 수도 있다. 주제별로 교육과정을 계획할 수도 있고 하나의 교단일기로도 만들 수 있다. 교육과정이 어떠한 형태가 되었든 어떤 방법으로 만들어지든 그 안에 삶이 있으면 된다.

학교와 교사는 자신들을 둘러싼 학생, 학부모, 사회 등과 소통하기 위해서는 교육과정이 필수적이다. 즉, 학교와 교사는 교육과정으로 우리의 입장을 설득해야 하고 교육과정으로 소통해야 한다. 그렇게 소통이 될 때, 학교와 교사의 교육행위는 이해와 존중을 받을 수 있다.

나는 기억에 남는 두 명의 교사가 있다. 나는 이 두 명의 교사에게 "선생님의 교육과정은 무엇입니까?"라는 질문을 했다. 돌아오는 대답은 정반대였다. 한 교사는 "제 교육과정은 학생들의 포트폴리오입니다. 우리가 하는 모든 교육활동은 그곳에 있습니다."라고 대답하였다. 그 교사의 교육과정은 학생의 스케치북이었다. 다른 교사는 "저에게 교육과정은 없습니다. 아이들의 삶을 어떻게 교육과정에 담을까요. 아이들의 삶을 문서에 담을 수 있다는 것은, 그것은 삶이 아닙니다. 글씨로 적혀 있는 것이 어떻게 아이들의 삶이 됩니까?" 이처럼 '삶'이라는 것은 교사와 학생이 교실 속에서 펼쳐지는 손짓, 몸짓, 생각, 말, 느낌, 상황 등 모든 것들이다. 교육과정에 학생과 교사의 삶 전체를 담을 수 없지만, 교육과정에 삶이 있어야 하는 것도 이치다. 이제는 교육과정으로 교사의 삶을 살아가고 싶다.

학교교육과정은
누가 어떻게 만들어야 하는가 III-3

    지난겨울 방학이었다. 대학원 수업을 듣다가 수업 준비물로 지도서를 가져오기 위해 잠깐 학교에 들렀다. 방학 중 교무실은 교감선생님, 교무부장 선생님, 연구부장 선생님이 지키고 있었다. 인사를 드리고 서로의 안부를 물으며 대화를 하던 중 키보드에 올려놓았던 두 부장님들의 손이 바빠짐을 느꼈다. "부장님, 지금 뭐하고 계세요?", "아, 선생님. 지금 학교교육과정을 만들고 있었어요! 내일까지 틀에 내용 넣고 교장선생님께 확인 받고 선생님들에게 드려야지 학급 교육과정 편성이 가능하니까요!"

    두 부장선생님들은 다음 연도 학교교육과정을 교감선생님과 함께 상의하면서 만들고 있었다. 교육과정을 만드는 두 분의 컴퓨터 아래에는 교육청의 교육과정 지침서와 국가교육과정의 시수표가 펼쳐져 있었고 더 이상은 대화가 어려울 정도로 바쁜 모습이었다.

    이런 모습은 매년 확인할 수 있는 모습이다. 거의 대부분의 현장학교에서 학교교육과정을 만들 때 소수의 부장과 관리자를 중심으로 학교교육과정을 만드는 일이 대다수이다. 문득 의문이 들었다. 왜 학교교육과정은 소수의 교사들과 관리자를 중심으로 만들어지는 것일까? 또 학교교육과정을 만들면서 보는 문서가 왜 교육청의 교육과정 지침서와 국가교육과정의 시수표뿐일까?

국가교육과정 총론을 살펴보면 학교교육과정 편성·운영의 기본 사항에 학교교육과정을 누가 어떻게 만들어야 하는지에 대한 내용이 나오고 있다.

총론의 내용을 살펴보면 모든 교원이 민주적인 절차와 과정을 통해 학교교육과정을 함께 만들어야 한다고 말하고 있다. 모든 교원이 참여하는 교육과정과 관련하여 머릿속을 스쳐지나가는 학교의 중요한 회의가 있다. 교육과정 평가회 또는 교육과정 워크숍, 교육과정 반성회로 대변되는 학년이 마무리되고 모든 교직원들이 모여 한 해의 교육과정을 반성하고 다음 교육과정을 편성할 때 의견을 내는 시간이다. 사실 거의 12월이나 1월에 뒤늦게 실시하는 편이었으나 요즈음에는 교육과정을 미리 만들기 위하여 10월, 11월로 점점 실시하는 시기가 앞당겨지고 있는 학교도 많다.

그동안의 우리에게는 학교교육과정을 만들 때 모든 교원이 전문성을 발휘하며 참여하는 민주적인 절차와 과정이 이미 존재하고 있었던 것이다. 하지만 일부 교사들과 관리자들을 제외한 대부분의 교사들에게 교육과정 평가회가 어떤 의미로 다가올까? 나 스스로도 총론을 읽기 전까지 교육과정 평가회는 매년 반복하는 의례적인 행사라는 생각이 강했다. 이러한 이유를 곰곰이 돌이켜 생각해 보면 평가를 해야 하기 때문에 담당하고 있는 업무에 대한 평가의 자료와 학급 교육과정을 운영하면서의 평가 자료 등 다양하고도 많은 자료들을 준비해야 했고, 나의 1년의 교육과정 운영과 업무 실적을 공동의 테이블에 올려 놓고 점수가 매겨진다는 느낌을 강하게 받았기 때문이다. 또 테이블에 올라가 다양한 조언과 수정할 점을 이야기받아 분명 다음 교육과정에 반영될 것이라는 확신이 없었다. 많은 이야기가 나왔지만 교육과정을 담당하는 교사가 같으면, 또는 관리자가 같다면 학교의 교육과정은 큰 변화가 없었고, 평가회에서 나온 내용들이 반영되지 못했다. 오히려 교육과정 담당자가 바뀌거나 관리자 선생님이 바뀌었을 때 학교교육과정이 큰 폭으로 변화하는 것을 느끼게 되었고 이러한 쳇바퀴 속에서 선생님들의 머릿속에는 어차피 내가 말해도 바뀌는 건 없는데 모두가 둘러앉아서 교육과정에 대해 돌아가면서 말해야 하는 상당히 불편한 자리가 되어버리고 말았다.

이제 학교교육과정을 만드는 과정에 대한 인식의 변화가 필요하다고 생각한다. 그 첫걸음은 교육과정 평가회의 변화이다. 기존의 교원 중심의 평가회에서 교육과정 운영의 다른 주체인 학부모와 학생들을 참여키는 평가회로 나아가야 한다. 이 평가회가 교육과정 총론의 학교교육과정 위원회가 된다.

교육과정을 함께 만드는 과정에서 펼쳐 놓아야 하는 자료는 교육청의 교육과정 작성 지침서와 더불어 교육과정 평가회의 자료이어야만 한다. 모두의 의견을 모은 평가회의 자료야말로 단위 학교의 제반 환경과 학생 및 학부모, 교사의 요구를 담은 최적의 원석이라고 생각하기 때문이다.

매년 12월이 되면 전국의 모든 교육청에서 교육과정을 담당하는 교사들에게 공문이 내려온다. 교육과정 연수에 참여하라는 내용이다. 그렇게 참석한 연수는 매해 같은 패턴으로 반복된다. 교육과정에 대하여 대략적으로 설명하고, 교육과정에 반영할 행정 지침을 전달하는 것이 그 패턴이다. 총론의 내용을 살펴보면 교과 편제 시수 가운데 20%를 학교가 선택해서 증감할 수 있다는 점에서 '교육과정 운영의 학교 자율권'이 확대되었다고 말한다. 하지만 지침을 보고서 그렇게 느끼는 교사들은 얼마나 있을까?

그동안 학교교육과정은 몇몇의 선생님들에 의해 만들어진 것이 사실이었다. 하지만 이제는 교육 구성원들 전체가 함께 만들어 가는 교육과정이 되어야만 한다. 소수의 책임과 책무만이 아닌 학교 구성원들 모두의 몫인 것이다. 교육과정을 담당하는 교무부장 및 연구부장님의 리더십과 기획력도 중요하지만, 펜과 키보드 끝에서 만들어지고, 독자가 1인인 도서가 아닌 학교 선생님들의 일 년 살이가 들어가 있는 학교 내 베스트셀러로 자리 잡아야 한다. 학교교육과정이 교육 구성원 모두가 서로 진지하게 머리를 맞대고 고민하면서 모두가 함께 내딛는 발걸음이 되기를 바란다.

교육 현장 속 흰 코끼리 이야기 III-4

 혹시 흰 코끼리라는 말을 들어본 적이 있는가? 흰 코끼리는 고대 태국 왕들이 신성하게 받들었던 동물인데, 왕은 이렇게 신성한 흰 코끼리를 주로 마음에 들지 않은 신하에게 선물했다고 한다. 그리고 이 흰 코끼리가 죽을 경우, 왕의 권력에 대한 도전으로 여겨 그 신하를 엄벌에 처했다고 한다. 신하 입장에서는 이러한 흰 코끼리를 정성스럽게 키울 수밖에 없었다. 그런데 문제는 이 흰 코끼리가 먹어도 너무 많이 먹는다는 것이었다. 거의 모시다시피 돌봐야 하니, 파산은 시간문제였다. 신하에게는 선물이 아니라, 그야말로 징벌에 가까웠을 것이다. 그래서 흰 코끼리는 오늘날 겉보기에는 좋아 보이지만, 돈만 많이 들고 실속은 없는 애물단지를 뜻한다. 문제는 이러한 흰 코끼리가 우리 사회 곳곳에 많이 있다는 것이다. 그것은 교육 현장에도 예외는 아니었다.

 학교 현장에는 학생들에게 의미 있는 교육 경험을 제공하기 위해 다양하고 풍부한 교육활동이 이루어지고 있다. 이러한 교육활동들은 대부분 생활교육, 안전교육, 문화예술교육, 소프트웨어 교육 등 대부분 ○○교육이라는 이름을 갖고 학교 현장 속으로 들어온다. 그리고 이러한 교육이 교실에서 실제로 이루어질 수 있도록 예산이 배정되고, 이러한 예산을 집행하기 위한 업무 담당 교사가 정해진다. 업무 담당 교사가 정해지면 배정된 예산을 바탕으로 ○○교육을 실행하기 위한 구체적인 계획이 수립되고, 대부분은 업무 담당 교사가 주도하여 ○○교육을 실행한다. 그리고 업무 담당 교사는 자신의 업무를 실행하기 위해 각 반의 교사들에게 협조를 요청한다. '다음 주까지 ○○교육에 대한 추진 실적을 제출해 달라.', '○○교육에 대한 실천 결과물을 활동지나 사진으로 제출해 달라.' 등이 대표적이다. 분명 학생들에게 의미 있는 교육 경험을 제공하는 것은 교사 본연의 업무이다. 그리고 각각의 교육활동들을 하나씩 살펴보면 나름의 교육적 목적과 긍정적 기대 효과를 분명히 갖고 있다. 그러나 업무를 직접 담당하고, 추진하는 업무 담당 교사는 물론 해당 업무를 교실 현장에서 실천하고, 그 결과를 정리하는 각 반의 교사들까지 이러한 업무들을 부담스러워한다. 심지어 ○○교육이라는 이름으로 이루어지는 다양한 교육활동에 대한 학생들의 반응 또한 만족스럽지 못할 때가 종종 있다. 다시 말해, 학교 현장에서 이루어지는 교육활동 중 의외로 많은 활동들이 교사와 학생에게 흰 코끼리로 여겨지고 있다. 그 이유는 무엇일까?

다양한 이유가 있을 수 있겠지만, 그중에서도 가장 중요한 이유는 학교에서 이루어지는 다양한 교육활동을 결정할 때 교육의 실질적인 주체인 교사와 학생이 배제되어 왔기 때문이다. 교실 현장에서 다양한 교육활동을 실제로 실행하는 주체가 교사와 학생임에도 불구하고, 그들의 의견이 실질적으로 반영되지 못해 왔다. 2019년부터 학교 현장에 전면 도입된 소프트웨어 교육을 대표적인 사례로 들 수 있다. 국가교육과정에서 소프트웨어 교육에 대한 이수 시간과 이수해야 할 기준을 제시하고 있을지라도, 주어진 시간 내에서 주어진 기준을 달성하기 위한 구체적인 내용과 방법은 교실 속 학생의 특성에 따라 얼마든지 달라질 수 있다. 예를 들어, 어떤 학급은 언플러그드 활동이나 로봇, 센서 등을 이용한 소프트웨어 교육을 실행할 수도 있고, 다른 어떤 학급은 기존 교과와 연계한 수업을 통해 소프트웨어 교육을 실시할 수도 있다. 이렇게 교실 속 교육활동에 대한 구체적인 내용과 방법을 정하는 기준은 학생이고, 학생에게 가장 적절하도록 만들 수 있는 것은 교사이다.

물론 학년 말이 되면 교사들은 자신이 맡은 업무와 관련하여, 새 학년 교육과정 운영을 위한 예산 요구서를 제출한다. 이 과정 속에서 각 교사들은 예산 요구서에 자신의 경험과 고민을 바탕으로 복잡한 의사결정 과정을 거친다. 중요한 것은 이러한 의사결정 과정에 다음 해 실제로 교실에서 교육활동을 전개해 나갈 교사와 학생의 의견이 포함되는 경우가 흔치 않다는 것이다.

학교교육과정을 편성·운영할 때에는 교원의 조직, 학생의 실태, 학부모의 요구, 지역사회의 실정 및 교육 시설·설비 등 교육 여건과 환경을 충분히 반영하도록 노력한다.

- Ⅲ. 학교교육과정 편성·운영 중에서 -

교육과정 운영의 주체는 교사와 학생이라는 말은 익숙하지만, 교육과정 편성의 주체는 교사와 학생이라는 말은 생각보다 익숙하지 않다. 교육과정은 대체로 편성된 프레임 속에서 운영된다. 그렇기 때문에 교육과정의 프레임을 만드는 과정에도 교사와 학생이 함께 참여할 수 있어야 한다. 예산은 교육과정 편성에서 큰 부분을 차지한다. 실제로 학교 현장에서 이루어지는 대부분 교육활동의 범위와 가능성이 예산에 의해 좌지우지되는 경우가 많기 때문이다. 그럼에도 불구하고, 예산 편성과 관련한 의사결정 과정에서 교사와 학생의 의견이 반영되지 못한 결과, 학교는 한 해 동안 자신이 원치 않았던 흰 코끼리를 안고 가게 되는 경우가 빈번했다. 학교는 한정된 예산으로 운영되기에 이렇게 원치 않는 흰 코끼리를 안고 가게 되면, 정작 필요한 부분에 사용해야 할 예산이 부족하게 되는 경우도 발생할 수 있다. 그렇다면 흰 코끼리를 막을 수 있는 방법은 없는 것일까?

평소 토론과 합의 문화를 중시하는 프랑스에서는 흰 코끼리 문제를 해결하기 위해 국가공공토론위원회(CNDP)를 만들어 운영하고 있다. 즉, 큰 예산을 활용하는 국책 사업이 시행되기 전에 시민들이 참여하는 공공 토론회를 개최한다. 이를 통해 사업에 대한 공감대를 형성함은 물론, 일방적 추진에 따른 갈등과 낭비도 최소화하고 있다. 프랑스 시민들은 자신의 삶에 영향을 미칠 수 있는 문제에 대하여 주도적으로 의견을 제안하고, 함께 만들어나갈 수 있는 문화를 만들고 있는 것이다. 우리나라 학교 역시, 프랑스의 국가공공토론위원회와 같은 기능할 수 있는 기구를 이미 갖고 있다. 바로 학교교육과정 위원회이다.

교육과정의 합리적 편성과 효율적 운영을 위해 교원, 교육과정 전문가, 학부모 등이 참여하는 학교교육과정 위원회를 구성하여 운영하며, 이 위원회는 학교장의 교육과정 운영 및 의사 결정에 관한 자문의 역할을 담당한다.

- Ⅲ. 학교교육과정 편성·운영 중에서 -

이러한 학교교육과정 위원회가 실제적으로 작동하지 못하는 이유는 보다 복잡하고, 다양한 이유가 있을 것이기 때문에 이 장에서는 따로 다루지는 않겠다. 다만, 학교교육과정을 편성하고, 운영할 때 교사와 학생의 의견을 반드시 고려해야 함은 이미 교육과정 총론 차원에서 제시되고 있다는 것은 분명하다. 이제 교사와 학생은 교육의 실제적인 주체로서, 자신에게 주어진 자율권과 결정권을 스스로 누릴 수 있는 인식을 가져야 하고, 학교 차원에서는 그들이 자신에게 주어진 자율권과 결정권을 마음껏 누릴 수 있는 환경을 만들어주어야 한다. 흰 코끼리는 그들을 외면할 때 반드시 나타나기 때문이다.

방과후학교를 말하다 III-5

학교는 학생과 학부모의 요구를 바탕으로 방과후학교 또는 방학 중 프로그램을 개설할 수 있으며, 학생들의 자발적인 참여를 원칙으로 한다.

– Ⅲ. 학교교육과정 편성·운영 중에서 –

　매 학기 업무 분장 시간이 다가오면 두렵고 떨리는 것은 모든 교사가 겪는 공통적 경험이다. 학교에는 교사가 담당해야 하는 다양한 많은 업무가 있다. 모든 학교 업무가 각각의 고충과 애환이 있지만, 특히 방과후학교는 업무의 곤란도로 인해 선뜻 담당하기 어려운 업무로 손꼽힌다. 방과후학교로 인해 학교 현장은 물론 교육청까지도 어려움을 겪는다. 매년 방과후학교 담당자 회의를 갈 때마다 교육청의 담당 장학사님은 무엇을 도와줄지 물어 보시면서 항상 고맙다고 내년에도 꼭 이 업무를 담당해 달라고 말하는 것을 본다면 방과후학교가 학교 현장은 물론 교육청까지도 어렵고 힘든 일이라는 인상을 지울 수 없다. 학교 현장과 교육청 모두가 어려워하는 방과후학교는 왜 운영되고 있을까?

엄청난 예산을 들고 학교에 들어온 방과후학교는 아직 뚜렷한 법적 근거가 없다. 방과후학교의 근거를 찾아보면 초·중등교육법 제32조 중 '정규학습 종료 후 또는 방학 기간 중의 교육활동 및 수련에 관한 사항'이나 교육과정 총론 중 '기본사항의 학교는 학생과 학부모의 요구를 바탕으로 방과후학교 또는 방학 중 프로그램을 개설할 수 있으며, 학생들의 자발적인 참여를 원칙으로 한다' 정도를 찾아볼 수 있다.

확실한 근거 없이 매년 17개 시·도 교육청 및 한국교육개발원이 모여 함께 방과후학교 운영 가이드라인과 방과후학교 운영 길라잡이를 만든다. 만들어진 이 문서가 각 시·도 교육청으로, 또 각 학교로 배부되어 일종의 지침이 된다. 방대한 예산에 비해 미약한 근거로 운영 주체도 불분명해지고 학교에서는 일종의 외부적 존재가 되어버렸다. 방과후학교가 시행된 이후, 사교육비 경감과 교육 격차 해소에 유의미한 도움을 주었고, 이에 따라 수요자인 학부모들의 만족도도 대체로 높게 나타나고 있는 것이 사실이다. 이로 인하여 방과후학교에 대한 학생들의 참여율과 다양한 수요도 나날이 늘어가고 있다.

그럼에도 불구하고 학교 현장에서는 방과후학교로 인하여 분명 큰 어려움을 겪고 있다. 가장 큰 어려움은 학교 공간의 문제이다. 학부모들과 학생의 요구는 시간이 지날수록 더 다양해지고 있고 이에 발맞추어 다양한 프로그램의 수요가 생기는데 이를 수용할 수 있는 교실이 없다. 울며 겨자먹기로 일반교실을 방과후학교 교실로 겸용해서 사용하는데, 이러다 보니 담임교사의 업무 추진과 학급 학생에 대한 개별적 지도, 교사의 교재 연구 등에 막대한 어려움이 생긴다.

또 방과후학교 담당 교사는 업무 처리에도 어려움을 겪게 된다.

1년에 방과후담당 교사들이 처리해야 하는 공문의 수는 어마어마하게 많다. 우리 학교를 기준으로 업무포털에서 찾아보니 2019년이 아직 마무리되지 않았음에도 처리 공문이 190여 개이다. 연간 계획, 강사채용, 강사 월급 품의, 방과후학교 학습 자료구입, 방과후학교 공개수업 준비 및 처리, 만족도 조사에 이어 언제나 1순위 종합감사 대상으로 감사 준비로 인한 서류준비까지 교사의 일은 해도 해도 끝이 없이 이어지게 된다.

 학교 현장만 어려울까? 교육청의 어려움 역시 존재한다. 학교에 막중한 업무를 맡기면서 교육청의 마음도 편하지 않다. 담당 장학사 역시도 학교 현장을 경험하고 전문직이 되었기 때문에 학교가 방과후학교를 담당하는 것의 어려움을 잘 알고 있다. 그래서 요즈음에는 더욱더 단위 학교에 대한 방과후학교의 지원을 강화하고 있다. 순회 강사를 선발하여 방과후학교 강사를 보내주어 업무 경감을 위해 노력하고, 항상 학교의 의견을 묻기 위해 담당 장학사가 분주히 현장을 방문한다. 하지만 이런 도움에도 불구하고 업무 특성상 많은 민원을 처리해야 하고 명확한 법적 근거가 미흡하여 어떤 사안이 발생하였을 때 처리하는 데 어려움을 겪게 된다. 인사이동과 업무분장으로 학교나 교육청의 방과후학교 업무 담당자가 자주 교체되는데, 그러다 보니 업무에 대한 연속성과 전문성이 떨어지고 소통에도 한계가 있다. 예산도 어마어마하여 업무를 진행하는 데 많은 예산을 써야 한다는 부담으로 작용한다. 결국 학교와 교육청 모두 방과후학교는 어렵고 힘든 일이다.

방과후학교는 학생의 자발적 참여를 원칙으로 한다. 하지만 학생의 자발적 참여는 다양한 요인으로 인해 제한을 받게 된다. 특히, 농·어촌에 위치한 소규모 학교일수록 더욱 그러하다. 소규모 학교의 특성상 학생이 원하는 방과후학교 과목의 개설에는 어려움이 따른다. 하지만 스쿨버스를 타고 다니는 소규모 학교의 특성상 학부모는 학생이 수업이 끝나고 있을 곳이 필요한 것이다. 결국 자신이 하기 싫은 과목을 들어야만 하는 아이의 기분은 매우 좋지 않다. 첫날부터 방과후학교 수업에 참여하지 않고 몰래 도망가거나 강사와 실랑이를 벌이는 아이들을 현장에서는 자주 찾아볼 수 있다. 그 갈등 속에서 우리 반 아이들에게 참여를 독려해야만 하는 담임선생님의 입장도 참 어렵기는 마찬가지이다.

　앞으로 사교육비 경감에 대한 사회 분위기가 강해질수록 방과후학교에 대한 사회의 요구는 더 거세질 것이다. 문제는 본질이 무엇이냐는 것이다. 방과후학교에 대한 법적 근거를 마련하고 선생님들이 수업을 연구하거나 준비할 수 있는 물리적 시간과 공간을 확보해 주어야 한다. 학교 크기 차이 때문에 학생 및 학부모의 요구가 차별적으로 반영되어서도 안 된다. 교육청에서 운영하는 순회강사 지원 등이 좋은 해결책이 될 수 있다. 교육부에서도 일선 교육청에 무조건적으로 업무의 부담을 가중하는 것이 아닌 지원을 강화하는 방식으로 나아가야 한다. 방과후학교 업무의 특성상 많은 예산을 투입하는 분야이기에 수시로 컨설팅하며 안내하고 도와주어야지 무조건적인 지침의 전달은 곤란하다. 학교도 힘들고 교육청도 힘들다. 방과후학교 본연의 복지적 성격의 강화를 위해 지방자치단체에서 역할을 담당한 것도 방안이 될 수 있다. 방과후학교는 중요하다. 그래서 더 튼튼한 토대와 지원이 있어야 한다. 그것이 사회나 국가에서 학교와 교육청에 일방적인 책임 떠넘기기가 되어서는 안 된다.

학부모 교육과정 III-6

학교는 가정 및 지역과 연계하여 학생이 건전한 생활 태도와 행동 양식을 가지고 학습에 임할 수 있도록 지도한다.

― Ⅲ. 학교교육과정 편성 · 운영 중에서 ―

학교는 아이들을 가르침에 있어 학부모와 함께 연계하여 지도해야 한다. 가정에서도 학교 교육에 협조하여 자녀가 학습에 성실히 임하고 올바른 생활 태도를 가지도록 노력해야 한다. 결국 학교와 가정은 학생의 성장과 발달이라는 동일한 목표를 가지고 함께 매진해야 한다.

하지만 실제 학교 현장을 살펴보면 안타까운 상황들을 쉽게 만나게 된다. 우선 교사가 아이들을 지도할 때 가정과 늘 연계하여 지도하기에는 여러 제약이 따른다. 교사와 가정 간에 원활하게 소통을 할 수 있는 관계가 형성되어 있지 못하는 경우가 많다. 이로 인해 교사가 가정에서의 지도를 부탁하기도 어렵고 설사 부탁한다 하더라도 학부모가 협조를 해주지 않을 수도 있다. 가정에서 협조를 해준다면 학교에서뿐만 아니라 가정에서도 교육이 이어져 아이의 바람직한 면을 더욱 신장시킬 수 있거나, 문제 행동을 보여줄 경우에는 더 나은 태도를 갖추게 해주는 데 더욱 수월하다. 그렇지 않은 경우에는 오히려 아이를 지도하는 것이 더욱 힘들어질 수 있다.

때로는 학부모들에게 자녀 지도에 대한 협조를 구하기는커녕 오히려 학부모들의 교권침해가 빈번하게 일어나기도 한다. 평소 학부모가 학교나 교사의 교육활동에 대해 이해가 부족한 경우가 있으며, 교사의 지도 방식이나 교육철학에 대해 잘 모르는 경우도 있다. 아이를 훈육하거나 아이 간의 갈등이 발생하였을 경우 그 맥락에 대해 완전히 알지 못한 채, 교사의 교육활동을 침해하거나 다른 학생들의 학습권을 방해하는 사례가 적지 않다. 이와 같이 학부모들의 교권침해가 학교와 학부모의 관계 약화로 이어져 아이들 교육에 좋지 않은 영향을 미치기도 한다. 학부모가 학교와 교사를 불신하게 되면 아이들을 바람직하게 교육하고자 하려는 교육자의 의지조차 꺾여버리게 된다. 가정과 연계하여 지도하기도 쉽지 않은 일인데 하물며 학부모가 학교와 교사를 믿지 못한다면 어떻게 의욕을 가지고 아이들을 가르칠 수 있겠는가? 학부모의 도움 없이 아이의 문제 행동에 제대로 된 교정이나 지도가 이루어지지 않게 된다면 다른 학생들과의 갈등이 더욱 깊어질 수 있으며, 해당 학부모는 다른 학부모들과도 갈등이 생길 여지가 충분하고 실제로도 그런 일이 교실 현장에서 학교폭력이라는 이름으로 빈번하게 일어나고 있다.

따라서 학교 현장에서는 학교 교육을 이해시킬 수 있는 체계적이고 내실 있는 '학부모 교육'이 이루어졌으면 하는 공통된 생각을 가지고 있다. 학부모 교육은 학교에서의 교육이 가정에서도 연속적으로 이루어지게 함으로써 아이들이 잘 성장할 수 있게 도모해주는 교육이라 할 수 있다. 물론 지금도 학부모들이 교육청 및 학교에서 주최하는 각종 연수나 교육활동에 참여하고 있다. 하지만 이러한 교육들은 대부분 단기간이나 일회성으로 끝나는 경우가 많다. 또한 모든 학부모들이 참여하는 것이 아니라 일부 학부모만 참여하는 경우가 비일비재하다. 교육 내용의 주제 또한 교사와의 관계 형성이나 학교 교육 활동에 대한 이해와 같은 학교 연계 교육은 거의 이루어지지 않고 있다. 따라서 지금과는 다른, 가정과 학교와의 관계 형성 및 개선이나 학교 교육과 연계한 가정교육 등의 주제로 더욱더 실질적인 교육이 필요한 시점이다.

이처럼 학부모 교육이 단발적으로 끝나는 것이 아니라 아이가 학교를 장기간 다니는 것에 따라 학부모들 또한 교육에 지속적으로 참여함으로써 학교 교육과 발맞춘 교육과정을 구현할 필요가 있다. 학부모 교육이라는 어휘에서 학부모를 학생과 마찬가지로 계도의 대상으로 인식하는 것이라는 반감이 있을 수도 있다. 하지만 학부모 교육이 계속해서 강조되고 있는 것은 그러한 의도가 아니라 학교 교육을 성공적으로 이루기 위해서는 가정의 협조가 반드시 필요하다는 점과 학부모 또한 교육의 동반자로서 인식하고 있다는 점을 반증하는 것이다.

최근 학부모 교육의 동향을 파악하기 위해 전국의 각 시·도 학부모지원센터에 개설된 학부모 교육 프로그램을 주제별로 분석한 연구 결과가 있었다. 가장 많은 주제의 강좌는 학부모를 위한 교양 및 건강 강좌(13.7%)와 내 아이에게 학습습관 형성시키는 법(11%), 교과 학습 및 시험 대비 강좌 등(10.9%)이었다. 가장 적은 빈도 수의 프로그램 주제는 담임교사와 내 아이에 대해 효과적으로 협의하는 법(0.1%)이었다. 그리고 문제 상황에 처한 아이에 대해 담임교사와

협의하여 가르치는 방법을 주제로 한 프로그램은 아예 없는 것으로 나타났다. 프로그램 주제 선정이 각 센터별로 학부모들의 요구 사항이나 참여 희망 여부를 반영한 결과라고 생각해봤을 때, 학부모들이 자기 계발이나 아이에 대한 학습에 보다 관심이 많고, 이에 비해 학교 교육에 대한 이해나 학교 교육과 연계한 가정교육에는 관심이 적다는 사실을 알 수 있다. 결국 교사와 학부모, 학생 간의 신뢰 관계를 형성해주는 프로그램이 지금보다 더욱더 필요하다고 볼 수 있다.

  학교와 학부모와의 올바른 관계를 기반으로 아이들을 효과적으로 올바르게 지도하기 위해 양측 모두 상호 간의 노력이 필요하다. 교육청과 학교는 학부모가 학교에 대한 신뢰를 바탕으로 아이들 교육에 함께 신경 쓸 수 있도록 알차고 체계적인 학부모 교육과정을 제공해주어야 한다. 또한 학교와 교사는 학부모를 교육의 수요자가 아닌 함께 교육을 실천해 나갈 적극적 주체자로서 인식해야 한다. 학부모 역시 학부모 교육과정에 적극적으로 참여하여 자녀들이 학교교육을 통해 더욱더 성장할 수 있도록 협조해야 한다. 최근 여러 시·도에서 학부모회 조직·운영 조례가 통과되고 있는데, 이는 학부모가 학교 운영에 적극적으로 참여해야 한다는 것을 의미한다.

즉, 학부모들도 학교 교육의 소비자가 아닌 교사와 함께 아이들 교육의 능동적인 주체로서 함께 해야 함을 의미한다. 시대의 변화에 맞게 교사와 학부모가 함께 노력함으로써 아이들이 행복하고 바르게 자랄 수 있는 토대를 마련할 수 있을 것이다.

공교육정상화법에는 학부모로서 지켜야 할 책무가 언급되어 있다. 해당 법에서는 학부모 역시 학교 교육의 주체라는 점을 강조하고 있다. 법 조항을 제시하면서 이야기를 마무리하고자 한다.

학부모는 자녀가 학교의 교육과정에 따른 학교 수업 및 각종 활동에 성실히 참여할 수 있도록 지원하고, 학교의 정책에 협조하여야 한다.

- 공교육정상화법 제6조 중 -

전문적학습공동체와
교사의 전문성 Ⅲ-7)

학교는 동학년 모임, 교과별 모임, 현장 연구, 자체 연수 등을 통해서 교사들의 교육 활동 개선이 이루어지도록 한다.

- Ⅲ. 학교교육과정 편성 · 운영 중에서 -

 매주 수요일이 되면 우리 학교는 분주해진다. 2시에 모든 수업이 끝나고 나면, 학교의 모든 선생님들이 교사 연구실로 모인다. 함께 모여 다양한 이야기를 주고받는다. 여기까지만 보면 기존의 학교 현장에 있던 교직원 회의와 큰 차이가 없어 보인다. 하지만 우리의 모임은 조금 특별하다. 먼저 우리의 모임은 매주 수요일 정해진 시간에 만나는 정기적인 성격을 가지고 있다. 업무를 중심으로 전달하거나 합의해야 할 사안이 생겨야 열리는 교직원 회의와는 다른 모습이다.
 또 우리의 모임은 함께 함을 전제로 한다. 흔히 기존의 교사는 자기 반 문밖으로 잘 나오지 않는 고립적인 존재라고도 말하지만 이

모임에서 협동과 협력을 통해 교사는 문밖으로 나오게 된다. 모임의 모든 의사결정은 공동의 협력을 통해 이루어지고 서로가 서로를 도와준다. 학습에 집중하는 것 역시 다른 양상이다. 모임을 시작하면서 처음 던진 질문은 '우리 아이들이 무엇을 배우길 원하는가?', '우리는 학생의 배움을 어떻게 확인할 것인가?', '학생의 학습을 돕기 위해 우리는 어떻게 해야 하는가?'였다. 여기에서 합의한 내용이 일 년 또는 한 학기의 공부 주제가 된다. 함께 공부하면서 교사공동체 모두가 성장의 경험을 겪게 된다. 우리는 이 모임을 전문적학습공동체라고 부른다.

교육과정 총론을 보면 전문적학습공동체의 존재 이유와 의미가 나와 있다. 목적은 교사의 교육활동 개선이다. 학교 현장에서 학습공동체란 동학년이나 같은 교과, 같은 주제를 가지고 교사들이 학습을 통해 자신의 전문성을 신장하고 교육의 질을 향상시키는 조직이다. 학습공동체 내에서 교사들은 자신의 능력을 개발하기 위하여 협력과 공동체적 노력으로 교사의 교육활동을 개선해 나간다. 전문적학습공동체 등장 이전에도 교육활동 개선을 위한 노력은 존재했었다. 다양한 형태의 직무연수와 워크숍, 프로그램을 통하여 교사의 능력 신장을 위하여 노력하였지만, 효과적이지 못한 측면도 있었다. 무엇보다도 연수에서 내가 배운 내용을 실제 교육과정 운영과 수업으로 연결시키기가 어려웠고, 지속성이 떨어지는 모습이 있었다.

또 기존의 교사연구회는 구성원 집단의 성격과 목적에 따라 그 방향이 다양하였다. 흔히 교사연구회는 교사의 수업 개선을 위한 모임도 있지만, 비슷한 관심사나 취미를 공유하고자 하는 모임의 성격을 가졌다. 이에 반해 전문적학습공동체의 목적은 분명하다. 모임의 대상이 교사인 점, 교사의 전문성 향상이라는 분명한 목표를 가지고, 이것을 바탕으로 학생의 배움을 높이게 된다. 이를 종합해보면 전문적학습공동체는 다음과 같이 정의할 수 있다. 자율적으로 모인 교사가 공통된 가치와 비전을 가지고 교사의 교육과정 운영과 학생의 배움에 대한 문제에 대하여, 협력적 학습과 공유된 리더십을 통하여 지속적 상호 대화를 통해 의미 있는 결과를 실천하는 모임이다. 따라서 학생의 배움 역량을 높이기 위한 것과 전혀 상관이 없는 단순한 교사 모임은 전문적학습공동체라 할 수 없다.

실제 전문적학습공동체를 운영하면서 기존의 국가 및 교육청에서 주도하던 변화가 아닌 점이 좋았다. 교사를 중심으로 하여 전문성 향상을 위한 학교 안팎의 자발적 변화로 이루어진 조직이었고, 교사의 교수·학습 개선에 중점을 둔다는 점 등이 이전의 교사공동체와 달랐다. 또 기존의 일방적 의사소통에서 벗어나 쌍방향 의사소통으로 학습커뮤니케이션 전환이 이루어졌다. 이러한 특징을 바탕으로 전문적학습공동체는 학생의 배움 향상 및 학교 혁신과 개혁을 위하여 학교의 문제를 연구하고 탐구하며 교사의 전문성 향상을 통해 결국 학생의 배움을 개선하는 데 큰 역할을 했다.

흔히들 교사를 전문가라고 말한다. 하지만 어떤 전문가인지 왜 전문가인지 물어보면 대답하기 쉽지는 않다. 또 최근 들어 교사의 전문성에 대하여 의문을 나타내는 사람들이 점차 많아지고 있다. 학생이나 학부모는 교사를 평가하면서 전문가로서의 권위를 확실하게 인정하지 않고 있다. 우리가 병원에 가면 의사의 진단서와 진단에 의문을 제기하지 않는 것과 비교해보면 참 슬픈 상황이다. 전문적학습공동체가 이런 상황의 해결 방안이 될 수 있다. 무엇보다도 전문적학습공동체를 통하여 교사의 전문성을 향상시킬 수 있다. 교사의 권위를 지탱할 수 있는 힘은 교사의 전문성밖에 없다. 교사가 자신의 전문성을 신장시키기 위한 노력을 하지 않는다면 점점 교사로서의 권위와 신뢰를 잃을 수밖에 없기 때문이다.

　전문적학습공동체를 운영하면서 어려운 점도 있었다. 먼저 시간 부족의 문제였다. 수업시간이 끝난 후 학습 부진 학생 지도, 다음날 수업준비, 밀린 업무 처리 등 교사가 바쁘기 때문에 시간을 내기가 쉽지 않았다. 교사를 덜 바쁘게 해주어 시간을 주어야 한다. 문서상에만 존재하는 보여주기식의 업무경감이 아니라, 교사들이 피부로 느낄 수 있는 효과적인 업무경감이 필요하다. 불필요한 공문서의 양을 줄이고, 교육과정 운영과 관련 없는 행사 지양을 통해 교사들이 진정으로 업무경감의 효과를 누릴 수 있게 해야 한다.

　탑-다운방식의 무조건적인 실시에 대한 지침도 어려운 점이었다. 현재 많은 학교 안과 밖에서 전문적학습공동체가 운영되고 있다. 하지만 구성원 간 합의가 되지 않은 학교까지도 전문적학습공동체의 실시를 의무 사항이라고 규정하고 예산을 보내고 있다. 억지로 운영되는 전문적학습공동체는 효과는 물론 인식마저도 부정적일 수밖에 없다. 교육청 차원에서 전문적학습공동체 활동을 단위 학교 안에서만 이뤄지는 활동으로 못 박지 말고, 시간과 장소가 경직된 연수와 같은 방식이 아닌 교사가 하는 다양한 활동을 1년의 과정에서 누적 시간으로 인정해 주는 전문적학습공동체의 마일리지화로 제도적 지원이 필요하다.

교사의 인식 전환 역시 어려웠다. 현장의 교직 문화는 자신의 일을 침해하지 않는 한 타인의 일에 간섭하지 않으려는 개인주의적 문화가 팽배했다. 무엇보다 매주 시간을 정해서 그 시간에 전문적학습공동체에 참여하는 것은 개인 연구 시간을 빼앗긴다는 의견이 많았다. 전문적학습공동체의 성공을 위해서 교사 개인의 열정과 실천 의지가 가장 중요하기 때문에 선생님들의 인식을 바꾸기 위하여 노력하였다. 전문적학습공동체의 자율적이며 유기적 활동을 위해서 학교 구성원이 비전을 공유하며, 협력할 수 있는 학교 풍토를 만들 수 있도록 노력했다. 운영의 주제와 구체적인 방법 역시도 모두 구성원의 의견을 반영하여 합의하에 결정했다. 그러다 보니 전문적학습공동체의 주인 의식이 생기며 더 적극적인 참여가 일어났다.

'교육의 질은 교사의 질을 능가할 수 없다.'는 말은 누구나 한 번쯤 들어보았을 정도로 교육계에서 통용되고 있는 말이다. 교사의 질에서 강조하는 것이 바로 교사의 전문성 개발이다. 그동안 교사의 전문성 개발의 문제점은 경직된 기회와 여건, 현실성이 부족한 내용, 불확실한 목적 등이 손꼽혔다. 전문적학습공동체가 이 문제의 답이 되어 줄 수 있다. 함께 하면서 교사들은 동료들과 직간접적으로 많은 내용을 배우며 함께 성장한다. 배운 내용들도 나의 교육과정 운영과 수업에 큰 도움이 된다. 팀 학습을 하면서 자신감도 얻고 보람을 느끼며 인정을 받으며 학교생활의 새로운 의미를 느낄 수 있다. 전문적학습공동체 안에서 교사는 더 이상 혼자가 아니다. 이런 전문적학습공동체를 한 번 해보면 어떨까? 어렵지 않다. 누구나 어느 학교나 해 볼 수 있다. 나의 전문성 개발과 더불어 깊어지는 동료성까지 함께 맛볼 수 있는 기회의 장에 모두가 함께 했으면 좋겠다.

눈치 시즌이 돌아오다 III-8

  학기가 마무리되는 시기가 오면 신체적 변화가 생긴다. 청력이 급격히 발달해진다. 복도를 지나갈 때 저 멀리서 선생님 두 분이 소곤소곤 나누는 대화가 크게 들리게 된다. 대화 속에 숨은 알짜배기 정보를 파악하느라 귀가 솔깃해진다. 도저히 안 되겠다 싶으면 발길을 돌려 두 선생님의 대화에 자연스럽게 참여하게 된다. 들리는 풍문들이 내년 나의 진로와 관련이 깊어 순간 집중력과 기억력이 높아진다. 머리가 어지러워진다. 내년에 맡게 될 학년과 업무에 대해 모든 경우의 수를 따져보게 된다. 가슴이 두근거리게 된다. 올해 맡은 업무를 내년에도 맡게 될까 봐 답답해지고 초조해진다. 또한 입이 간질간질해진다. 내년에는 몇 학년으로 가고 싶은지를 그리고 올해 맡은 업무를 떼고 싶다는 말을 주위 교사들이나 관리자들에게 건네고 싶어진다.

  이렇게 신체적 변화를 동반하며 담임 및 업무 희망서 제출 마감일까지 고민에 고민을 더한다. 친한 동료교사나 가족들과 상담까지 하면서도 선뜻 결정하지 못해 희망서를 쓰고 지우고 또 쓰고 지워서 힘겹게 교감선생님 책상 위에 올려놓는다. 두 달 후 업무 분장표를 보게 되는 순간, 2지망, 3지망까지 썼던 것은 전혀 보이지도 않았고 설마 했던 학년과 업무를 두 눈으로 확인하게 된다. '잘못 본 것이겠지?' 하며 두근거리는 마음을 진정시키고 다시 눈을 비비고 쳐다보았지만 결코 믿고 싶지 않은 불편한 진실을 마주하게 된다.

이처럼 학기 말부터 업무 분장 발표일까지 저마다 심란한 마음을 가지면서 한편으로는 정신없이 학기 말 업무를 처리한다. 선생님들의 고민은 우선 학년 선택부터 시작한다. 1학년 담임은 모 방송 프로그램에서 극한 직업으로 다룰 만큼 고되어서 피할 수 있으면 피하고 싶다. 6학년 담임은 아이들이 뜻대로 움직이려 하지 않아서 힘들기로 유명하다. 그렇다고 올해 맡은 아이들을 내년까지 데리고 올라가기는 싫고, 또 다른 학년은 작년에 맡아 가르쳤던 아이들이라 만나고 싶지 않다. 그리고 '올해 몇 학년이 힘들었네.'라는 정보를 입수하고 나면 선택의 여지는 거의 없어지게 된다.

학년 선택에 대한 고민만큼 아니 때로는 그보다 더욱 큰 고민은 바로 업무 선택이다. 대개 선생님들은 올해 업무가 너무 힘들어서 내년에는 다른 업무를 맡고 싶어 한다. 올해 맡았던 업무보다 다른 업무가 비교적 쉬워 보이는 오류에 빠지게 된다. 너무 힘이 들어 기피하게 된다는 부장업무들을 제외하고 나서도 다른 업무들을 면밀히 살펴보면 모두가 결코 녹록하지 않다.

학년 연구실 냉장고 수리 요청까지 받는다는 정보 기자재 관리, 업무 배정받은 날부터 눈물이 마를 날이 없는 돌봄교실, 믿고 거르는 방과후학교, 끝날 때까지 끝난 게 아니라는 나이스(NEIS), 정신 노동계의 끝판왕 학교폭력, 잦은 기계 반란의 진압 사령관 방송

업무, 교사인가 법률 자문가인가 보안 업체 직원인가 개인정보 및 정보보안, 이 또한 지나가리 성인의 경지에 오르게 된다는 학부모회, 난 누군가 그리고 여긴 어딘가 텃밭관리, 행정실과의 한판승부 CCTV 관리, AI 시대에도 꿈나무를 발굴해야 한다 육상부, 잠잘 때마다 꿈속에서 띠지가 고정출연한다는 도서관 업무, 어서 와 이런 업무는 처음이지? 평가업무, 업무분장표에 절대 보이지 않는 거물 친목회장까지.

결코 쉬운 업무가 하나도 없다. 결국 교내 선생님들은 원래부터 힘들었던 업무들을 그 다음해에도 서로 바꿔서 일하게 되는 것이다. 물론 최근에는 학교에 따라 업무 중심으로 학년 구성을 하는 경우도 많다. 하지만 이 경우에도 역시 학년과 업무를 함께 고려해야 하기 때문에 고민이 아예 사라지는 것은 아니다.

왜 이런 일이 해마다 계속해서 반복되어 이어지는 것일까? 그 이유를 먼저 업무 자체에서 찾을 수 있다. 보통 업무라고 하면 교육과정 운영과 분리하여 생각하기 쉽지만 학교에서의 업무는 엄연히 학교교육과정과 직결되어 있다고 볼 수 있다. 하지만 현장의 교사들은 학교교육과정과 분리하여 업무 자체에만 몰두해 있는 것처럼 보인다. 즉, 교육과정도 운영해야 하고 업무도 해야 하니 어려움이 더 커지는 것은 아닐까? 지난 한 해 동안 교육과정과 관련하여 업무가 왜 힘들었는지 어떻게 하면 효율적이며 효과적으로 추진할 수 있는지를 고려해야 하며, 그 고민을 바탕으로 업무들을 합리적으로 개선하도록 노력할 필요가 있다. 2015 개정 교육과정 총론에서는 모든 교원들이 한 해 동안의 학교교육과정 편성·운영의 적절성과 효과성 등을 자체적으로 평가하고, 문제점과 개선점을 추출하고 나서 다음 학년도의 교육과정 계획에 그 결과를 반영해야 한다고 기재되어있다. 그 과정에서 학교 업무들 또한 교육과정의 평가 및 개선에 맞춰 재편성해야 하고 변화시켜야 한다.

　두 번째는 업무 분장 과정상에서의 문제다. 대부분의 학교에서는 교내 인사위원회가 업무 분장을 결정한다. 교내 교원들로 구성된 인사위원회는 선생님들이 제출한 희망서를 바탕으로 업무 분장을 결정하려고 노력하지만 사실상 엄청나게 어려운 숙제다. 선생님들이 일부 업무는 회피하려고 하고 비교적 쉽다고 여겨지는 일들을 많이 지원하기 때문이다. 그렇다 보면 간혹 '기피업무'들은 비워 놓았다가 새로 전입해온 교사에게 고스란히 맡기는 경우도 있다. 그리고 별로 내색하지 않고 일을 묵묵히 잘 추진했던 교사에게는 희한하게도 일이 더 늘어나게 되는 아이러니한 상황이 연출된다. 중요한 것은 업무 재편성과 분장이 학교 구성원 전체의 의사를 수렴하여 민주적인 작업이 이루어져야 한다는 것이다. 물론 함께 모여 정하는 것이 현실적으로 여러 어려움이 있겠지만 학교교육과정과 밀접하게 연계되어 있는 업무 재편성과 분장을 학교 구성원들이 함께 협의하여 정한다는 과정 자체에 큰 의미가 있다. 또한 학교 구성원들 간에 의사소통 과정을 거쳤다는 점에서 결과에 어느 정도 수긍하는 분위기가 형성될 수 있다는 장점이 있다. 따라서 전체 교사들의 의사를 교환하고 민주적인 절차를 준수하여 업무 분장을 정할 필요가 있다. 그리고 무엇보다 교사들 간에 자발적인 토론의 방법으로 협의할 수 있도록 적극 지원해줄 수 있는 학교 관리자의 의지가 중요하다.

　원치 않았던 업무를 맡게 되어 일 년이 빨리 지나가기를 고대하거나, 동료교사가 일 년 내내 힘들어하는 모습을 옆에서 지켜보는 것은 정말 괴로운 일이다. 교사가 행복해야 아이들이 행복하듯이 아이들이 학교생활을 마음 편하게 하기 위해서라면 교사가 먼저 마음 편히 근무하는 학교를 만들면 되는 것이다. 매년 늦가을마다 여기저기 눈치를 보며 초조해야 할 것이 아니라 모두가 함께 교육과정과 업무를 연계하여 합리화하고자 노력해야 하며, 자발성과 자율성을 바탕으로 업무 조정과 분장 과정에 공동으로 참여함으로써 학교 교육과 교사가 본연의 모습을 되찾을 수 있도록 노력해야 한다. 그렇게 된다면 적어도 지금보다는 교사들의 한숨이 분명 줄어들 것이다.

학교는 학교교육과정 편성·운영의 적절성과 효과성 등을 자체 평가하여 문제점과 개선점을 추출하고, 다음 학년도의 교육과정 편성·운영에 그 결과를 반영한다.

− Ⅲ. 학교교육과정 편성·운영 중에서 −

배움 중심 수업이 갖는 의미 III-9

- 교과의 학습은 단편적 지식의 암기를 지양하고 핵심 개념과 일반화된 지식의 심층적 이해에 중점을 둔다.
- 학생에게 학습 내용을 실제적 맥락 속에서 적용하고 활용할 수 있는 기회를 충분히 제공한다.

― Ⅲ. 학교교육과정 편성 · 운영 중에서 ―

초등학교에서 6학년은 참 어려운 학년이다. 학교의 리더로 학생 자치를 통한 학교의 다양한 행사를 운영해야 하고, 수학여행, 졸업앨범, 졸업식 준비 등등 선생님도 바쁘고 아이들도 바쁜 학년이다. 더불어 아이들이 배워야 할 지식의 양과 깊이 역시도 상당하다. 많은 내용을 정해진 시간에 가르치며 진도를 빼야 되다 보면 어느새 내 머릿속에 두 가지 질문이 떠오르게 된다. '무엇을 어디까지 가르쳐야 하나?', '어떻게 가르쳐야 하나?'이다. 첫 번째에 질문에 대한 질문은 성취기준을 통한 교육과정 재구성과 교사교육과정 등으로 대답이 된다.

두 번째 질문에 대한 대답도 다양하게 나타난다. PBL, 학습자 중심 학습, 하브루타 수업, 프로젝트 수업, 거꾸로 수업, 질문이 있는 수업 등이 그것이다. 요즘에 나온 많은 수업의 방법들은 어쩌면 우리가 해오던 기존의 일제식, 강의식 수업으로는 미래 역량을 갖춘 아이들을 길러낼 수 없다는 학교 현장의 절박한 목소리에서 출발한 것이기에 큰 의미가 있다고 생각한다. 현장 교사들의 이런 다양한 질문과 대답에 대해서 그럼 우리의 국가교육과정은 답하고 있을까? 국가교육과정 총론에서 이미 위의 두 가지 질문에 대한 답을 제시하고 있다.

교육과정 총론에서는 위와 같이 무엇을 가르칠지에 대해서 명시하고 있다. 교사가 가르쳐야 할 내용은 교과목별 성취기준인 것이다. 더불어 교수·학습의 중점 사항, 즉 어떻게 가르칠지에 대해서도 제시하고 있다. 지식을 심층적으로 이해하고, 실제 맥락 속에서 적용하고 활용할 수 있는 기회를 충분히 제공해야 한다는 것이 그것이다. 위에 언급한 다양한 수업방법들이 총론의 교수·학습 중점 사항에 적합한 교수·학습 방법이다. 그중 하나가 바로 배움 중심 수업이다.

배움 중심 수업이란 일본 학습원대학교 사토마나부가 주창한 수업을 중심으로 한 학교 혁신의 실천 개념이자 비전으로 제시한 '배움의 공동체'에서 비롯되었다. '배움의 공동체'로서의 학교는 학생들이 서로 배우는 곳인 동시에 교사들이 교육 전문가로서 서로 배우는 학교이며, 또한 학부모나 시민도 학교 개혁에 협력하고 참가하며 함께 배우고 성장하는 학교로 정의된다. 일본에서 배움의 공동체를 표방한 학교 개혁이 크게 확대되고 있으며, 한국에서도 학교 혁신을 위한 가장 설득력 있는 방법으로 소개되어 전국에 실천학교들이 등장했다. 그중 경기도 교육청이 그동안 사용하던 학습자 중심의 수업과 발맞추어 학생과 교사의 배움을 같이 지향한다는 차원에서 새로운 용어를 사용하면서 '배움 중심 수업'이란 개념이 사용되기 시작했다.

배움 중심 수업에 대한 다양한 의견들이 있다. '세부 내용이 초등에서 적용하기는 한계가 있다.', '배움 중심 수업의 실체가 모호하다.', '수업 속 아이들의 배움을 어떻게 확인할 것이냐.' 등의 썩 우호적이지 않은 의견들도 있다. 그럼에도 불구하고 배움 중심 수업이 가지고 있는 의미와 가치는 가볍지 않다. 배움 중심의 핵심 가치가 수업을 보는 시야를 교사에서 아이들로 바꾸어 놓은 방향성의 변화이기 때문이다.

그동안 우리가 수업을 볼 때는 다양한 관점에서 보았다. 먼저, 교사 개인의 관점으로 타인의 수업을 바라보았다. 하지만 자신의 기준으로 타인의 수업을 바라보면 수업자의 관점이나 수업에 참여하는 학생의 관점은 고려하지 못한 문제점이 있었다. 또 교사의 교수 행위를 중심으로 수업을 바라보는 관점도 있었다. 주로 교사의 발문이나 행동에 집중하던 이 관점을 통해 다양한 수업 기술과 발문 기법들이 개발되었을지는 몰라도 수업 중에 학생이 무엇을 어떻게 하는지 살펴보는 것을 소홀히 하게 되었다. 즉, 지금까지 학교 현장에서 교사들은 대체로 수업을 바라볼 때 자신의 관점으로 교사의 교수 행위를, 학생의 학습 효과, 특히 수업 목표 달성 여부를 중심으로 수업을 관찰해 오면서 정작 배움의 주체인 학생들은 중심에서 벗어났다.

수업은 본래 학생의 학습을 목적으로 하는 활동이다. 따라서 수업을 보는 일은 학생의 학습에 초점이 맞추어져야 한다. 수업에서 학생이 무엇을 어떻게 학습하는지 또는 학습하지 못하는지, 왜 그것을 학습하는지 또는 학습하지 못하는지를 확인해야 교사가 학생에게 어떻게 대응할 것인지를 판단하고 모색할 수 있다. 결국 방향성의 변화를 통하여 '학생을 중심으로' 수업을 바라보아야 한다. 교사의 교수 활동이 아무리 화려하고 역동적이어도 그것이 학생의 의미 있는 학습으로 연결되지 않으면 무의미하기 때문이다.

  수업 상황에서 학생은 빈 깡통이 아니다. 학생들은 학생들 나름대로 교사의 말과 행동, 동료들의 말과 행동을 해석하고 그 해석에 근거해서 행동한다. 그렇기 때문에 상황과 맥락을 고려하여 수업을 보아야 한다. 우리에게는 그동안 좋은 수업에 대한 다양한 정형화되고 표준화된 기준이 존재해 있었다. 좋은 수업의 기준에 따라 우리의 수업은 맞춰지게 되었다. 하지만 더 이상 이 기준을 과신해서는 안 된다. 좋은 수업에 대한 일률적인 기준만으로는 수업의 상황과 맥락을 파악할 수 없고, 수업의 상황과 맥락을 파악하지 못하면 다양한 학생의 다양한 학습의 과정을 바라볼 수 없기 때문이다. 결국 교사가 학생의 관점에서 교실의 상황과 맥락을 고려하는 가운데 학생을 중심으로 수업을 바라볼 수 있어야 한다.

  교과의 단편적 암기를 지양하고 지식의 심층적 이해에 초점을 둔 총론의 내용은 배움 중심 수업의 지식을 어떻게 구성하고 탐구하는지와 맞닿아 있다. 배움 중심 수업에서 지식은 고정불변이 아닌 끊임없이 창조되는 과정이며 지식의 권위에 도전하는 학습문화를 만드는 일이다. 따라서 배움 중심 수업의 본질은 지식이나 기능의 습득, 축적을 넘어 지식의 창조가 있는 수업이다. 또 배움 중심 수업은 학생들이 어떤 내용을 배우고 익히는가가 아닌 어떻게 지식을 탐구해 가는가에 중심을 둔 수업이다. 학생들이 학생-학생, 학생-교사의 협력으로 실패나 시행착오를 통해 지식을 탐구하면서 자기 생각을 만들고, 지식의 심층적 이해가 이루어진다.

학생에게 학습 내용을 실제적 맥락 속에서 적용하고 활용해야 한다는 내용은 배움 중심 수업의 특징과 연결된다. 배움 중심 수업은 학습자의 자기주도성과 자발성을 기초로 하는 학습자 중심의 수업의 의미를 충분히 살리되 교사와 학생이 끊임없이 교류하고 소통하면서 함께 지식을 창조하고 형성해 나가는 과정이 존재해야 하는 수업이다. 이 수업에서 학생의 자발성을 살릴 수 있는 가장 좋은 수업의 재료는 학생의 삶이다. 수업의 재료는 학생이 실제로 겪는 삶의 이야기를 가지고 와야 학생이 배움의 과정에 흥미를 가지고 참여하며, 자발적인 학습이 가능하다. 그동안 수업이 교과의 지식과 기능의 지도에 치우쳐 학생이 배움에 흥미를 가지게 하지 못했던 점을 반성하고, 전인적인 성장을 돕는 적극적인 관점으로 수업을 바라보게 만들었다. 교사는 학생이 스스로 성장할 수 있는 힘을 믿으며 수업을 통해 스스로 성장할 수 있는 아이들을 격려하면서 아이들은 배움에 가까워지게 된다.

학교가 미래를 살아가는 시민을 키우는 곳이라면, 수업은 그런 시민이 성장할 수 있도록 그 내용이 채워져야 한다. 미래 사회는 4차 산업 혁명이 대변하듯 기존의 것들이 서로 얽히고 합쳐져서 새로운 것으로 탄생하는 통섭과 융합의 시대이다. 그렇기 때문에 단편적 지식으로는 어떤 것도 할 수 없으며 그런 지식으로 만들어진 것은 가치를 인정받기 어려워진다. 이런 사회에서 사람들은 집단 지성으로 협력하고 소통을 해야 하기에 협력과 소통의 능력이 미래의 핵심역량으로 꼽히고 있다. 학생들에게 핵심역량을 증진하게 하려면 기존의 강의식, 주입식, 암기식 수업으로는 어려울 수 있다. 수업의 관점을 바꾸어 수업의 중심에 학생을 두고 학생의 배움의 과정에 초점을 두어 미래를 살아갈 학생들이 그 사회에 잘 적응하고, 더 나은 미래를 만들어 갈 수 있도록 돕는 것이 지금 우리의 역할이 아닐까?

학생이 만드는 현장체험학습 III-10

실험, 관찰, 조사, 실측, 수집, 노작, 견학 등의 직접 체험 활동이 충분히 이루어 지도록 한다.

― Ⅲ. 학교교육과정 편성·운영 중에서 ―

　신규 교사 시절 학교 밖을 나가서 일상의 수업이 이루어진다는 것은 상상도 할 수 없었다. 근무하던 학교가 산 근처에 있고 공원 옆에 위치했어도 학교 담을 넘어 새로운 장소에서 수업을 한다는 것은 어쩌면 지금도 쉽지 않을 것이다. 그렇다 보니 교실을 넘어 학교 운동장 밖의 세상은 학생과 교사들에게 조금은 동경의 대상이 되기도 하고 두려움의 대상이 되기도 한다. 그리고 현장체험학습을 가는 날이면 으레 소풍과 같이 생각되어 학생들에게는 신나는 날, 해방의 날로 인식되고 있는 것 같다. 적어도 그날만큼은 책상에 앉아 수업을 하는 것은 아니기 때문일 것이다. 대부분의 학생, 학부모 그리고 교사들은 적어도 1년에 2번은 현장체험학습을 간다고 인식하고 있고, 경우에 따라 그 횟수가 늘어나거나 줄어들기도 한다. 6학년의 경우에는 수학여행, 5학년은 수련활동의 형태로 이루어지고 있는데, 이렇게 전국의 초등학교에서는 시기와 계절에 맞게 현장체험학습을 실시하기 때문에 막상 장소가 대부분 비슷하고, 그 장소의 예약과 전세 버스 대절을 위해 준비하고 추진하는 데 교사들의 많은 에너지가 사용되고 있다.

또한 현장체험학습을 추진하기 위해서는 교사가 해야 할 일이 다양한데, 그 유형에 따라 조금씩 차이가 있다. 현장체험학습은 유형에 따라 수학여행, 수련활동, 기타 숙박형 현장체험학습, 1일형 현장체험학습 등으로 구분된다. 일반적으로 현장체험학습을 실시하기 위해서는 실시 계획을 학교교육과정에 반영하여 수립하고, 학부모의 동의 여부를 확인하고 현장답사와 학교운영위원회의 심의를 거친다. 출발하기 전 사전교육(안전교육 포함)을 한 뒤 현장체험학습을 실시하는데 불참학생이 있다면 별도의 지도 계획도 수립해야 한다. 그리고 다녀온 뒤에는 사후 결과를 공개해야 하고 수익자로 비용을 치른 경우 정산 내역을 공개하도록 되어 있다.

현장체험학습과 관련하여 지켜야 할 절차가 복잡하고 학생 안전관리 등 다양한 사항이 교사에게 요구되기 때문에 1년에 두 번보다 많이 실시하는 데 어려움을 느끼지는 않을까? 그러나 현장체험학습의 본질과 목적은 학생이 자신의 경험을 바탕으로 지식을 스스로 구성할 수 있도록 학습 활동에 적극적으로 참여하며 이러한 학습 체험을 직접적으로 할 수 있도록 하는 것이다. 즉, 학생들의 학습 공간을 학교, 학급으로만 제한하지 않고 다양한 공간에서 직접적인 경험을 학습하기 위함으로 학생의 앎이 곧 삶으로 연결될 수 있어야 한다. 예를 들어, 박물관 교육은 다양한 시청각자료를 활용하여 교실에서 학습하는 것보다는 직접 박물관을 견학해야 더 효과적이고, 안전체험은 교실 속 영상 시청이 아닌 체험 시설이 다양하게 갖춰진 안전체험관을 방문해야 더 학생들에게 필요한 교육이 되는 것과 같다. 백문불여일견(百聞不如一見)이라 직접 경험해야 확실히 알 수 있다는 말이다.

현장체험학습을 일상적으로 1년에 두 번 다녀오던 때에는 현장체험학습이 꼭 필요한지, 다른 방법으로 갈 수는 없는지 고민하지 않았지만, 혁신학교에 근무하며 교사에게 조금 더 자율성이 주어지게 되면서 현장체험학습에 대한 여러 고민이 생겼다. 반드시 현장체험학습 장소와 내용은 교사가 3가지 정도 결정하고 학부모 수요 조사를 통해 동의를 받고 실시해야만 할까? 학생들이 기획하고 실행할 수는 없을까? 이러한 고민에 대한 새로운 시도로 학급 단위 현장체험학습으로써 학생들이 직접 기획하고 다녀온 경험을 소개하고 싶다. 교사는 현장체험학습의 목적과 최소한의 기준을 제시하여 학생들이 처음 기획할 때 주의할 점에 대해서 안내만 하였다. 예를 들어, 현장체험학습 장소는 위험하거나 학생의 신분으로 갈 수 없는 장소는 결정할 수 없으며, 학교에서 공부한 내용이나 공부할 내용을 중심으로 장소를 우선 선택해야 한다는 것이었다. 또한 학생들이 기획한 현장체험학습의 시간과 장소, 내용은 부모님의 동의를 꼭 받아 실시해야 하고, 그 동의를 받기 위해서는 기획 단계에서 충분히 구체적으로 계획을 세워야 한다는 점을 학생들에게 안내하였다.

처음에는 당황해하고 어려워하였지만 현장체험학습을 자신들의 의견대로 진행될 수 있고 억지로 가는 것이 아닌 자발적으로 실시한다는 점을 학생들이 인식한 뒤부터는 국어 시간과 쉬는 시간, 점심 시간, 방과 후 시간을 활용하여 학생들이 촘촘하게 계획을 완성하고 부모님의 동의를 받기 위한 준비를 마칠 수 있었다. 학생들은 KTX를 이용하고 전주를 방문해 지역의 문화유산(경기전, 풍남문, 한옥마을, 전동성당 등)을 관람하고 기행문을 쓰는 것과 친구들과 추억을 쌓으면서 집에 늦게 들어가는 것으로 현장체험학습을 기획했다. 오전 7시 30분에 출발하여 오후 8시에 돌아오는 것이었는데, 이때 교사에게 든 궁금증은 하루 최대 6교시 수업만 인정받을 수 있는지 여부였다. 통상적으로 초등학교에서는 7교시 이상 수업을 편성하는 것은 쉽지 않은 일이다. 다만, 초등학교에서는 6교시까지만 편성해야 한다는 근거 법령은 없으며 초·중등교육법과 시행령에 의하여 수업과 관련한 사항을 다음과 같이 규정하고 있다.

② 수업은 주간(晝間)·전일제(全日制)를 원칙으로 한다. 다만, 법령이나 학칙으로 정하는 바에 따라 야간수업·계절수업·시간제수업 또는 방송·통신수업 등을 할 수 있다.

- 초·중등교육법 제24조(수업 등) 중에서 -

그리하여 학교운영위원회의 심의와 학교장의 결재, 그리고 학부모의 동의를 받아 현장체험학습 수업 시수는 이동시간 및 식사시간을 제외한 실제 활동시간을 반영하여 7차시로 결정하게 되었다. 그리고 학생들은 전세버스가 아닌 대중교통(KTX, 시내버스)을 이용하여 현장체험학습을 다녀왔고 그 과정과 결과 역시 학생들에게 하나의 수업으로 배움이 곧 학생들의 삶과 연결되었다고 생각한다. 주어지고 통제된 환경에서 학생들이 다녀온 것이 아니라 학생들이 만든 계획보다 세부적인 부분에서 놓친 내용들을 실제 체험하면서 채울 수 있었기에 더욱 그렇게 느껴졌다. 시내버스를 타기 전 버스 정류장은 어디서 타야 하는지, 버스 시간을 확인할 방법은 없는지, 버스 안에서 어떻게 이동해야 하는지 등 교사가 사전답사를 마치고 알고 있었지만, 최소한의 간섭으로 학생들이 자율적으로 참여할 수 있도록 했다.

현장체험학습을 다녀온 뒤 기행문을 쓰면서 학생들은 자신이 체험하면서 보고 느낀 점을 평소보다 더 자세히 기록할 수 있었고, 현장체험학습을 밤까지 진행하면서 친구들과 여러 추억도 더 많이 남길 수 있었다. 이렇게 학생들은 자신들이 기획한 현장체험학습이 더 인상 깊고 기억에 많이 남는다고 했다. 교사의 입장에선 어떤 방식이 더 수월할까? 당연히 기존의 방식처럼 교사 주도 방식이 일처리도 절차에 맞게 처리하기 수월할 것이다. 하지만 현장체험학습의 본질을 다시 떠올려 본다면 학생 자치와 맞물려 생각할 때 학생들에게 교육적으로 더 의미 있는 방식이 무엇인지 알 수 있다.

유홍준 교수의 나의 문화유산답사기에 보면 '지즉위진간(知則爲眞看)'이라는 말이 나온다. '내가 참으로 알 때 보인다.'는 말로 우리가 소위 사용하는 '아는 만큼 보인다.'는 뜻이다. 학생들은 학교에서의 학습을 통해 다양한 형태의 지식과 경험을 습득하고 있지만, 학교 안에서의 교육으로는 분명한 한계가 존재한다. 이러한 한계를 극복하고 학교 담을 넘어 직접 체험활동을 하면서 배움을 실천한다면 곧 나의 아는 만큼의 깊이와 폭이 커짐으로써 더 많은 것들이 보일 수 있을 것이다.

학교교육과정을 교사교육과정이라고 해석 가능한가? Ⅲ-11

 교사가 하는 일은 참 많다. 넓게 보면 교사의 교육활동이지만 정말로 내가 하는 것이 진정한 의미에서의 교육활동인지 의문이다. 왜냐하면 교육활동은 교사인 내가 하고 있지만 그 안에서 교사와 내가 가르치고 있는 학생을 찾기가 어렵기 때문이다.

 교사가 하는 일은 참 어렵다. 교사로서 나름 열심히 학생들과 하고 있는 것 같은데 바깥세상은 교사를 존중하지 않는 것 같다. 안전사고가 발생하여 창의적 체험활동에 '안전'이 들어오고 학교 폭력이 발생하니 학교 폭력 예방에 관한 법률이 생겨났다. 학교의 한글 책임 교육이 강조되면서 1학년 때 알림장이나 받아쓰기 활동을 되도록 하지 말라고 한다. 초등학교에서 흔히 불리던 중간·기말고사도 사라졌다. 교사가 하는 교육활동을 존중받지 못한 느낌을 지울 수가 없다. 교사는 단순히 주어진 것을 따라야 하고 전달해야만 하는 기계 같은 존재일까?

세상이 이렇다 한들, 교사로서 존중받지 못한 생각이 들어도, 나를 포함한 교사들은 기계 같은 존재가 되지 않으려고 한다. 매일 아침 나를 똘망똘망한 눈으로 바라보는 아이들 한 명, 한 명의 영혼이 느껴지면 적어도 내가 맡은 아이들에게는 자신의 삶을 가꿀 수 있는 교육다운 교육을 하고 싶다. 아이들과 함께 삶을 살아가면 아이들 삶 속에는 배울 것들이 넘쳐난다. 이 배움의 원동력은 아이들의 관심사가 될 수도 있고, 생각도 가능하다. 아이들과 함께 갈 현장체험학습도 되고, 학교 행사도 가능하다. 아이들의 삶을 중심으로 아이들에게 교육활동을 하고 싶다. 아이들에게 의무적이고 의미 없는 교육활동 대신 자율적이며 가치 있는 교육활동을 만들고 싶다.

최근 교육 현장에는 교사들이 단원 내 재구성, 교과서 재구성 등 다양한 방법으로 한 교육과정을 개발하는 모습이 펼쳐지고 있다. 교사가 자신이 맡은 학생들에게 적합한 교육을 위해 직접 교육과정을 개발하는 것이다. 즉, 우리는 교사교육과정 시대에 돌입하게 된 것이다.

- 학교는 효과적인 교수·학습 환경 설계를 위해 다음과 같은 사항에 중점을 둔다.
- 학교와 교사는 성취기준에 근거하여 학교에서 중요하게 지도한 내용과 기능을 평가하며 교수·학습과 평가 활동이 일관성 있게 이루어지도록 한다.

－Ⅲ. 학교교육과정 편성·운영 중에서－

교사에게는 국가교육과정 및 성취기준이 반영된 교과서가 제공된다. 교과서를 벗어나 수업을 한다고 해도 교사인 내가 직접 교육과정 편성·운영을 할 수 있을까. 총론에서는 교사교육과정 편성·운영 대신에 학교교육과정·편성 운영 지침이 제시된다. 이 운영 지침 내에는 학교 대신 교사로 바꾸어 해석한다면 교사가 해보고자 하는 교육활동의 근거가 될 수 있겠다. 학교 교육과정 편성·운영을 교사교육과정 편성·운영이라고 해석 가능한가?

 2015 개정 교육과정 총론상의 '학교 교육과정과 편성·운영'은 학교가 교육과정을 편성·운영할 때의 지침이며 학교가 교사를 포함한 개념으로 이해한다면 교사를 편성·운영의 주체로 해석 가능하다. 하지만 학교와 교사가 할 일을 나누어 생각한다면, 즉 학교와 교사를 분리하여 해석한다면 학교를 교사로 바꾸어 해석하기가 매우 까다로울 것이다.

 교수·학습 부분의 〈나〉항은 교사에게 학생 간 상호 신뢰와 협력이 가능한 환경을 제공한다는 점을 보아 학교는 교사를 지원하는 개념으로 학교와 교사가 분리되어 이해될 수 있다. 또한, 평가 부분의 〈나〉항 또한 평가 부분에 있어 학교와 교사를 분리하여 진술된 것으로 보아 학교와 교사가 분리될 수 있는 해석 가능한 여지를 남긴다.

 학교교육과정 편성·운영이 교사교육과정 편성·운영으로 해석 가능한지, 가능하지 못한지 구별해야 하는 점은 교사의 실질적인 교육활동에 있어 매우 중요한 쟁점으로 만들어졌다. 여기서 '생겨났다'라는 표현 대신 '만들어졌다'라는 표현을 쓴 것은 이 쟁점이 우연치 않게 발생된 것이 아니라, 필연적으로 도래하게 될 상황이었고 현장에서 만들어진 것이기 때문이다. 다시 말해, 그동안 국가가 갖고 있던 교육에 대한 자율권이 학교로 넘어오게 되고, 다시 교사로 점점 넘어오게 되는 과정에 있어서 교사가 학생과의 실제 교육활동의 모습이 이해되고 의미화되었다. 이는 곧 '교사교육과정'이라는 용어를 교육 현장에 가져오게 될 수 있었고 실제 교사의 교육활동을 위해서 교사들에게 교육과정 편성·운영에 대해서 학교교육과정 편성·운영에 대한 성격보다는 교사교육과정 편성·운영을 구별하여 제시하고, 학교는 교사를 지원해주는 등 서로의 역할 구별이 되어야 될 상황을 마주하고 있는 것이다.

국가가 가진 교육과정 편성·운영에 대한 결정 권한이 지역과 학교로 분권화되는 과정은 6차 교육과정기(1992~1997)부터다. 6차 교육과정 총론에는 교육부가 갖고 있었던 교육과정 편성·운영권을 시·도 교육청과 학교로 이양하여 교육청과 학교가 교육과정에 대한 자율성, 재량권을 갖도록 한 것이다. 대표적으로 '우리들은 1학년'의 입학 초기 활동에 대한 운영 재량권과 학교 재량 시간을 설정하여 지역과 학교 특성에 맞게 교육과정을 운영할 수 있었던 것을 예로 들 수 있다. 2007 개정 교육과정(2007~2009)에서는 교사가 학생의 요구나 환경, 필요 등에 따라 가르쳐야 될 내용의 방법이나 순서 등을 조정할 수 있음을 명시하여 교사의 자율성을 중요시하였다. 2009 개정 교육과정(2009~2015)에는 본격적인 혁신학교 운동이 시작되면서 '교육과정 재구성'이라는 용어가 교육 현장 속에서 수면 위로 등장하기 시작하였고 교육부의 '학교 자율화 추진 방안'에 근거하여 학년군, 교과군이 도입되고 수업 시수를 20% 증감할 수 있는 등 교육과정에 관한 자율성이 확대되었다.

특히, 2015 개정 교육과정에 따른 통합교과 교과서에서 교사가 학생과 함께 만들어 가는 구성차시와 도덕과 교과서에는 '우리가 만드는 도덕수업'이라는 이름으로 제시되어 그동안 교과서가 가진 성격을 뛰어 넘어 교사와 학생에 대한 역할과 자율성을 강조하였다.

교육과정의 변화와 그 변화 과정 속에서의 실제 교육 현장 모습의 가장 핵심적인 본질은 학생이다. 그동안 학생이 행복하고 학생에게 최고의 교육을 실현하기 위해 교육과정은 끊임없이 변화하였고 성장하였다. 교육과정이 변화함과 동시에 학교의 모습도 변하였다. 학교는 지역과 환경에 따라 학생에게 최적화된 교육을 실현하고자 하였다. 교육과정에 따라 학교가 변화하였다고 생각될 수 있지만 어쩌면 우리는 '교사'라는 존재를 까맣게 잊고 있었는지 모른다. 학생을 교육하는 것은 교사가 하는 일이다. 교사가 학생과 만나 교육활동이 만들어진다. 학생에게 최적화된 교육을 실현하기 위해 교사들은 끊임없이 변하고자 하였고 학교와 교육과정의 변화 또한 교사들의 교육활동에 큰 힘을 실어주었다. 교사가 학생에게 교육할 수 있도록 국가와 시·도 교육청, 학교는 교사를 지원해주고 역할을 분리할 필요가 있는 것이다.

결국, 우리는 학교교육과정 편성·운영을 교사로 해석할 수 있는가에 대한 질문을 다른 시각으로 바라보아야 한다. 즉, 학교교육과정 편성·운영은 일부 교사로 해석할 수 있음과 동시에 교사교육과정 편성·운영이라는 교사를 위한 지침이 개발되어야 한다. 또한, 교사가 학생의 실질적인 교육활동을 반영하고, 학생 맞춤형 교육을 실현할 수 있도록 교사의 교육과정을 지원해야 한다.

평가의 본질적 의미 III-12

　나의 교직 인생에서 처음으로 평가 준비를 했던 기억이 생각난다. 그 당시에 나는 6학년 담임교사였고 6명의 동료 교사들이 있었다. 학생들의 평가를 준비하기 위해 우리는 연구실에 모였다. 우리는 각자가 맡을 과목을 정하고자 하였다. 희망하거나 혹은 희망하지 않더라도 교사당 몇 개의 과목을 배정받았고 각 반의 교과서 진도 사항을 파악하여 평가 문항을 만들었다. 평가 문항의 개발은 기계적인 분담이었던 것이다.
　그나마 현재에는 매 학기 시작 전, 학년 선생님들과 모여 작년 평가 문항을 검토한다. 문항을 수정하기도 하고 평가 기준을 변경하기도 한다. 때로는 새로운 평가지를 만들기도 하지만 대부분 작년 평가지를 조금 수정하거나 변형하는 편에 그친다. 매번 학생 평가를 준비하면서 불완전한 느낌이 든다. 마치 잘못을 하지 않았는데 경찰차를 보면 잘못을 한 것 같은 느낌이나 복도에 널브러진 쓰레기를 무심코 지나쳤을 때의 느낌과도 상당히 비슷하다. 평가 문항을 만들지만 이것이 정말 평가를 위한 평가 문항인 것인지, 본질적으로 평가가 누구를 위한 것인지 불완전한 느낌이다. 머리로는 알고 있다. 평가는 학생을 위한 것이며 학생의 전인적 발달을 위해 필요한 것이라고. 하지만 머리로 알고 있는 것들이 실제 교사로서 평가를 준비하는 모습을 바라보면 일치되지 않는다. 나는 왜 이토록 평가를 준비할 때 불완전한 느낌이 드는 것일까. 결국 학년 선생님들과 평가 문항을 검토하고 나면 평가시기가 올 때까지 다시 펼쳐보지 않는다. 불완전한 것이 나에게 멀어져가니 마음이 편안하기도 하다.

이제 내 경험을 잠시 두고 다시 평가의 본질에 대해 생각해보자. 평가는 누구를 위한 것이며 왜 해야 할까. 평가에 대해 총론에서는 다음과 같이 제시한다.

평가는 학생의 교육 목표 도달도를 확인하고 교수 · 학습의 질을 개선하는 데에 주안점을 둔다.

1) 학교는 학생에게 평가 결과에 대한 적절한 정보 제공과 추수 지도를 통해 학생이 자신의 학습을 지속적으로 성찰하고 개선할 수 있도록 지도한다.
2) 학생 평가 결과를 활용하여 수업의 질을 지속적으로 개선한다.

학교와 교사는 성취기준에 근거하여 학교에서 중요하게 지도한 내용과 기능을 평가하며 교수 · 학습과 평가 활동이 일관성 있게 이루어지도록 한다.

1) 학생에게 배울 기회를 주지 않은 내용과 기능은 평가하지 않도록 한다.
2) 학습의 결과뿐만 아니라 학습의 과정을 평가하여 모든 학생이 교육 목표에 성공적으로 도달할 수 있도록 한다.
3) 학교는 학생의 인지적 능력과 정의적 능력에 대한 평가가 균형 있게 이루어질 수 있도록 한다.

— Ⅲ. 학교교육과정 편성 · 운영 중에서 —

총론에서 제시한 평가는 학생과 교사를 위한 것이다. 즉, 평가는 크게 학생을 위한 평가와 교사를 위한 평가로 나뉘어져 있다. 학생을 위한 평가는 학생 스스로 자신의 학습 과정을 파악하고 교사의 피드백에 근거하여 자신의 학습을 지속적으로 성찰하고 개선하기 위함이다. 교사를 위한 평가는 학생의 교육 목표 도달도를 확인하여 학생에게 적절한 교육을 제공하기 위해 교수·학습의 질을 개선하고 모든 학생이 교육 목표에 도달할 수 있도록 도와주기 위함이다. 이를 위해 학습의 과정에 대한 평가와 실제 수업을 고려한 평가가 이루어져야 함을 제시하고 있다.

결국, 교사를 위한 평가와 학생을 위한 평가의 중심에는 학생이 있어야 한다. 교수·학습의 질 개선과 교수·학습 평가 일체화 등의 의미도 결국은 학생을 위한 것이다. 학생이 어떤 목표에 근거하여 어떤 특정 수준에 머물러 있을 때 학생에게 맞는 교수·학습을 제공하여 결국 교육 목표에 도달할 수 있도록 하는 것이다. 학교에서 가르친 내용을 평가하라는 의미는 교사를 만나는 학생마다 다른 내용을 서로 다른 방법으로 배울 수 있는 것이고 이를 평가하기 위해서는 교사별 평가가 가능하다는 것이다. 즉, 교사는 교사가 가르친 내용을 적절한 방법을 통해 평가하라는 의미이다.

우리는 지금껏 평가에 있어서 평가 결과에만 집착한 것일지도 모른다. 학생이 잘함, 보통, 노력 요함에 있는 평가 결과는 결국 '평가를 했다.'에만 치중되었던 것이다. 정작, 노력 요함 수준에 있었던 학생들에게 교사가 어떤 교육과정을 제공했는지, 노력 요함에 있는 학생들이 한 단계 높은 수준으로 어떤 교육과정을 제공할지 돌아볼 필요가 있다. 또한, 잘함과 보통 사이에 있는 아이들은 어떻게 판단할 수 있을까? 잘함 안에서도 학생들 개개인에게 어떻게 세분화하여 피드백을 줄 수 있을까? 하나의 평가 항목에 대해 수많은 평가

기준이 마련될지라도 그 평가 기준에 따른 피드백을 만들었을지라도 실제 학생들은 예상치 못한 모습을 보였을 것이다.

이제 교사들은 '평가를 한다.', '평가를 했다.'라는 인식을 넘어 지금 현재도 우리는 항상 아이들을 평가하고 있음을 보여주어야 한다. 꼭 평가할 때에는 평가지가 있어야 하고 계획된 기준이 있어야 하는 이런 모습들이 실제 교사들의 삶 속에서의 평가의 의미를 충분히 담아내지 못했다. 계획된 기준이 없어도 교사들은 늘 학생을 평가하고 피드백하고 있다. 가령, 학생들과 수학 문제를 풀어보며 부족한 부분을 알려주기도 하고 주장하는 글을 더 명확히 쓰도록 돕기 위해 근거를 제공해주기도 한다. 또, 예시 작품을 보여주기도 한다. 친구들과 싸울 때는 학생들의 이야기를 듣고 갈등 해결 방법을 알려주고 적용해보기도 한다. 학생의 마음속 이야기를 들어주며 공감하기도 하고 성취기준에 제시되지 않은 내용이더라도 교사들은 늘 학생들을 위해 평가하고 피드백한다. 즉, 교사와 학생이 마주하는 순간순간이 교육활동이자 평가이며 피드백인 것이다. 교사들이 하는 행위들이 존중을 받아야 실제 교육 현장 속의 평가의 의미가 되살아난다.

또한, 이제는 평가 자체를 학생 중심으로 하여 다양한 방법으로 시도해보고 적용해야 한다. 앞서 제시된 사례에서 작년도 문항을 검토하여 올해 교육활동에 필요한 평가지를 만들 수도 있지만 교사별로 교사가 하고자 하는 교육활동에 맞게 평가지를 개발할 수도 있다. 꼭 학기 초에 사전 결재를 받지 않아도 평가를 할 시기에 적절하게 학생에게 맞는 평가를 하여도 되고 평가지가 없어도 학생 관찰

기록 한 문장, 한 문장 모두가 평가가 될 수 있다. 평가 결과에 따라 교육과정이 수정되어 운영되기도 하고 수정된 교육과정은 다시 재평가를 할 수도 있거나 난이도를 조금 높여서 학생이 다음 단계로 진입하도록 할 수 있다. 잘함, 보통, 노력 요함의 단계가 아닌 성취기준 도달, 미도달로 표현할 수도 있고 단계를 조금 더 세분화할 수도 있다.

  이 밖에 평가와 관련하여 시도할 것도 매우 많고, 평가 도구 또한 수도 없이 개발되었다. 결국, 학생이 중심이 되는 평가는 교사가 하는 일이다. 이제 우리는 평가의 본질적인 의미를 회복하기 위해서 평가지가 학생을 평가하는 것이 아니라 교사가 학생을 평가해야 한다. 어쩌면 실제 나이스(NEIS)나 현재 학교의 시스템상으로 평가를 다양하게 접근하는 것이 어려울 수 있다. 하지만 평가는 본래 학생을 위한 것이다. 교사가 학생을 평가하고 그 평가가 다시 학생에게 돌아갈 때, 우리를 둘러싼 시스템은 바뀔 것이다. 이제는 평가지가 아닌 교사가 학생을 평가해보자.

나에게 쉬우면서 어려운 교과의 평가 III-13

학교는 교과의 성격과 특성에 적합한 평가 방법을 활용한다.
2) 정의적, 기능적, 창의적인 면이 특히 중시되는 교과는 타당한 평정 기준과 척도에 따라 평가를 실시한다.
3) 실험·실습의 평가는 교과목의 성격을 고려하여 합리적인 세부 평가 기준을 마련하여 실시한다.

- Ⅲ. 학교교육과정 편성·운영 중에서 -

초등학교 현장에서 선생님들이 가장 평가하기 어려운 교과는 무엇일까? 교과에 따라 조금씩 평가해야 할 내용과 방법이 다르지만 내가 느끼기에는 바로 음악이다. 반면, 나에게 가장 평가하기 쉬운 교과는 수학인데, 그 이유를 생각해보면 아마도 평가 척도에 따라 평가 결과가 딱 떨어지기 때문인 것 같다. 수학 교과의 경우 평가 문항을 출제하고 검증하는 데까지가 오래 걸리지만, 지필 평가나 서술형 평가로 학생 평가를 할 경우 수학만큼 정답에 따라 채점할 수 있는 확실한 교과도 없다고 생각한다. 반면, 음악을 평소 좋아하고 악기 연주에도 제법 자신이 있는 내가 음악을 평가하기 어려워하는 이유는 바로 타당한 평가 기준으로 교사가 평가했는지에 대한 확신이 부족하기 때문이다. 음악도 수학처럼 음악 지식만 평가한다면 쉬운 과목이겠지만, 음악은 학생들이 악기를 연주하거나 노래를 부르는 등의 실기 평가 영역이 존재한다. 물론 전문가로서 교사가 학생들의 실기 수행 능력을 평가하는 데 뭐 그리 어려워하냐고 묻는다면 내 기준에서는 나름의 방법으로 제대로 평가하긴 한다고 답할지 모른다. 그럼에도 '이렇게 평가하는 것이 맞는 것일까?'에 대한 고민은 여전히 남아 있을 것이다.

내가 음악 교과의 평가를 어려워하는 진짜 이유는 타당한 평정 기준을 어떻게 마련하고, 학생들을 어떻게 바라보며 평가해야 바람직할 수 있을까에 대한 고민 때문일 것이다. 예를 들어, 리코더의 높은음 운지법(높은 미, 파, 솔)을 익히고 바른 자세와 호흡으로 악곡을 연주하는 과제를 제시하고 평가한다고 생각해보자. 이때 학생들은 리코더의 높은음 운지법을 평가할 수 있는 악곡을 연습하고 교사는 이를 평가할 것이다. 3단계(상, 중, 하)로 학생을 평가한다고 할 때 높은음 운지법으로 몇 번 성공하면 상으로 평가할 수 있을까? 그리고 몇 번의 연습 기회와 평가 기회를 제시하는 것이 과연 바람직하다고 할 수 있을까? 몇 번 들어보고 '이 정도면 잘했으니까 상이네!'라며 평가 결과로 결정하면 되는 것일까?

음악과의 성격과 특성에 맞게 평가하기 위하여 고민하면서 교사용 지도서나 예시 평가 파일들을 살펴보았지만, 그래도 고민이 해결되지 못해 2015 개정 교육과정 음악과 부분을 찾아보게 되었다. 2015 개정 교육과정 음악과 교육과정에서는 교과의 성격과 교수·

학습 내용에 따른 타당하고 신뢰성 있는 평가가 되도록 음악과의 목표를 구현할 수 있도록 해야 한다고 밝히고 있다. 그리고 음악과의 목표는 표현, 감상, 생활화 내용 영역에 맞게 진술되어 있는데, 내가 무엇보다 중요하게 생각한 목표는 '다. 음악의 가치를 인식하고, 음악 활동에 적극적으로 참여하며 음악을 즐기는 태도를 갖는다.'였다. 표현, 감상, 생활화 영역을 분리하여 평가를 실시하는 것이 아니라 음악을 즐기는 태도를 통해 표현 및 감상 능력을 키울 수 있다고 믿는 교사의 철학을 바탕으로 평가를 실시하고자 노력했다.

그렇다 보니 자연스럽게 리코더 연주에서 잘못 연주한 횟수만 확인하여 평가하는 것은 바람직하지 않았다. 그리고 교사의 일방적인 평가보다는 학생의 자기 평가와 연습 점검표, 태도 등의 내용을 반영하여 평가하는 다음과 같은 평가 방법이 여러 문제점을 보완하고 교과의 성격과 특성을 반영한 평가가 될 것으로 생각했다.

이름	교사 평가				학생의 자기 평가	총평
	지필 평가	실기 평가	태도	연습 점검표		

(상 : ◎, 중 : ○, 하 : △)

이렇듯 총체적인 학생 평가를 위해 교사 평가와 학생의 자기 평가 결과를 상호 보완적으로 사용하고, 교사 평가 안에서도 학습 과정의 태도 부분과 연습 점검표를 활용할 수 있다. 또한 이러한 평가 방법은 음악 교과뿐만 아니라 예체능으로 불리는 미술, 체육 교과에서도 적용해 볼 수 있다.

한편, 교과의 성격과 특성을 고려하여 평가해야 하는 부분은 실험·실습이 많은 과목에서도 많이 드러난다. 특히, 과학의 경우 실험 변인 통제에 따라 실험 결과가 달라지기 때문에 결과만으로 평가하는 경우 과정이 인정받지 못할 수 있다. 또한 실험·실습에 따라 고려해야 할 척도와 평가 내용이 많아질 수 있기 때문에 조금 더 세밀한 고민이 필요한 편이다. 그러나 대부분의 교사는 교사용 지도서의 특정 사례를 살펴보고 평가 기준을 마련하는 경우가 많아 실험·실습 상황에 맞게 적용하지 못할 수 있다. 이렇게 실험·실습이 많은 교과를 평가하는 데 도움을 받을 수 있는 홈페이지가 있는데, 교사들이 학생 평가와 관련하여 다양한 지원을 받고 정보를 얻을 수 있는 '학생평가지원포털'이다. 평가와 관련한 다양한 자료들이 탑재되어 있는데 실제 많은 학교 현장에서는 이미 학생평가지원포털(https://stas.moe.go.kr)을 통해 학생 평가에 도움을 많이 받고 있을 것이다. 여기서 특히 도움을 받는 부분은 수행평가 문항과 서술형 문항의 예시 자료들인데, 검증된 다양한 자료들이 탑재되어 있어 상황에 맞게 적용할 수 있다. 실험·실습의 평가에서도 세부적인 평가 기준을 마련할 수 있는 자료가 있는데 '수행평가 유형별 채점기준' 탭을 활용하면 된다. 평소 과학 실험·실습을 평가할 때 어떤 내용으로 평가해야 할지 세부 기준에 대해 고민하는 교사라면 꼭 한번 쯤 활용해 보길 권한다. 홈페이지상에서 예시 평가 기준에 따라 필요한 부분을 삭제하거나 추가할 수 있으며 편집이 용이한 편이

다. 상세한 기준을 제시하고 있어 평가하고자 하는 실험·실습에 맞게 수정하면 된다. 제시된 기준들은 크게 3부분으로 나뉘어 실험 준비, 실험 수행, 실험 결과 및 보고서로 제시되어 있다. 거기에다가 서술/논술(국어, 사회, 수학, 과학, 영어)형 문항, 프로젝

트 평가, 포트폴리오, 구술 평가, 토론 등의 수행과제 유형에 맞게 채점기준을 제시하고 있으니 한 번쯤 활용해보길 권한다.

　사실 교사들에게 있어 쉬운 평가란 없다. 다만, 서두에서 수학이 쉽고 음악이 어렵다고 말한 이유는 평가하기 쉽다고 여길 수 있는 예체능 교과의 평가와 실험·실습의 평가를 그 교과의 성격과 특성에 맞게 평가의 본질을 고려해 보자는 의미에서 이야기를 꺼냈다. 물론 일선 교사들은 그 본질에 맞게 교과별 성격과 특성을 고려하여 학습의 과정을 평가하면서 평가 자체의 쉽고 어려움을 판단하지는 않을 것이다. 학생들의 학습의 과정과 결과를 놓치지 않고 학생들을 위해 노력하며 교육의 일선에서 수업하는 선생님들에게 응원의 박수를 보낸다.

　"오늘도 고생하셨습니다."

남자답게? 여자답게?
나와 너답게! III-14

올해 학부모 상담을 할 때마다 동일한 개선사항을 지속적으로 건의하시는 학부모님이 있다. 아침마다 아이들의 안전한 등교를 위해 봉사해주시는 '녹색 어머니'에 대한 용어 문제이다. 학교가 올바른 성 역할에 대해 다른 누구보다도 가장 앞장서서 교육해야 하는데, 이미 '녹색 어머니'에 대한 용어 자체부터 잘못된 인식이 담겨져 있다는 것이 말씀의 요지였다. 맞는 지적이었다. 그 용어는 아침 교통 도우미 역할을 어머니들이 해야 한다고 당연시 생각 들게 하는 말이다. 이미 사회적으로도 성에 따른 차별을 받지 않고 자신이 가진 능력에 따라 동등한 기회와 권리를 누리자는 평등의 원칙이 강조되고 있다. 그런데 학교에서 이러한 용어가 학부모들을 대상으로 사용되고 있다는 것은 분명 문제가 있다. 실제로도 이미 많은 아버지들이 아침 일찍 나와 교통 도우미 활동을 하고 있는 현실을 생각해보면 충분히 그러한 생각이 들 수 있다. 더구나 어머니와 같이 살고 있지 않거나 어머니가 참여할 수 없는 가정의 아이들은 어떻게 생각할지 걱정이 드는 것과 봉사하러 나온 아버지들이 괜히 머쓱해하는 것은 그 용어 때문이 아닐까 하는 생각이 든다.

교육 활동 전반을 통하여 남녀의 역할, 학력과 직업, 종교, 이전 거주지, 인종, 민족 등에 관한 편견을 가지지 않도록 지도한다.

- Ⅲ. 학교교육과정 편성·운영 중에서 -

  2015 개정 교육과정 총론에서는 위와 같이 아이들이 성 역할에 대한 편견을 갖지 않도록 지도해야 한다고 명시되어 있지만 실제 학교에서는 무의식적으로 남녀의 역할에 대한 잘못된 인식을 심어주는 경우가 종종 있다. 앞서 나왔던 경험담처럼 학교에서 이루어지는 학부모 참여 활동의 명칭에 '어머니'나 '엄마'를 붙여 학부모 참여를 여성으로만 한정하여 이루어지고 있는 경우가 있다. 아이들 교육이나 돌봄이 엄마의 역할이라는 고정관념이 실제 학교에서 심어지고 있는 것이다.

  얼마 전 TV 프로그램에서 5학년 아이들의 이야기를 담은 내용이 방송된 적이 있었다. 남자답게 혹은 여자답게라는 말 자체가 아이들에게 얼마나 잘못된 인식을 심어주고 있는지 그리고 얼마나 큰 상처를 주는 말인지를 알 수 있었다. 남자아이에게 '남자애가 왜 그렇게 소심해.', '무슨 남자가 핑크색을 좋아해?'라고 말하거나, 여자아이에게 '여자는 꾸며야 해.', '여자는 조신해야 돼.'라고 말하는 것은 사회의 통상적인 관념이다.

  실제로 학교 교육 현장에서 이루어지는 양성평등 교육 못지않게 교사의 언행이 아이들에게 미치는 영향이 클 수 있다. 나 역시도 잘못된 고정관념으로 인한 언행을 아이들 앞에서 한 적이 있었음을 반성하게 된다. 남자아이가 속상한 마음에 우는 모습을 보면서 '사내아이가 질질 짜면 안 된다.'라거나 여자 아이가 공책에 글씨를 마구 쓰는 모습을 보고 '그래도 여자인데 글씨 좀 차분하게 써보자.' 혹은 '여학생 자리 주변이 지저분하네. 깨끗하게 치워볼까?'라는 말도 편협한 사고에서 나온 그릇된 말이다. 양성평등 수업 시간에 명확한 목표를 가지고 가르치는 것이 명시적 교육과정이라면 의도치 않은 교사의 언행으로 아이들을 감화시켜 긍정적인 가치관을 형성시키게 하거나 정반대로 바람직하지 못한 가치관을 갖게 하는 것은 잠재적 교육과정이라 할 수 있다. 학생들에게 여자다움, 남자다움을 은연중 표현하는 것도 학생들이 잠재적으로 학습할 수 있다는 점에 주의하여 교사 자신부터 올바른 가치관을 확립하고 언행에 신중을 기해야 한다.

또한 교과서 속에서도 잘못된 표현으로 실린 글과 삽화들을 찾을 수 있다. 2018년도에 정부가 초·중·고 교과서와 학습지, 유아용 교재 등에서 성차별적인 표현을 공모한 적이 있었다. 그 결과로 다양한 내용의 성 차별 표현이 지적되었는데 학생들에게 특정 성에 대한 편견과 고정관념을 심어줄 수 있는 내용들이 많았다.

예를 들면, 도덕 교과서에는 남자아이가 여자아이에게 장난치거나 남자아이들끼리 신체적인 장난을 하는 장면이 나오는데, 이는 남자아이들은 장난이 심하다는 편견과 여자아이들은 피해자라는 그릇된 인식을 심을 수 있다는 지적이 있었다. 국어 교과서에서 아픈 아이의 보호자로서 모두 엄마로 표현된 것은 남녀의 역할을 쉽사리 단정 짓는 것일 수 있다는 의견이 나왔으며, 체육 교과서에는 남녀 각각 주로 하는 종목을 가정하여 정해놓고 사진을 싣는 경우가 많았다는 의견이 제시되었다. 사회 교과서에서는 남성은 주로 생산자의 역할을, 여성은 주로 소비자의 역할을 표현하고 있음을 지적하였다. 대부분 성별에 따른 전형적인 사고에서 벗어난 사진과 글로 변경해야 한다는 의견들이 많았다.

최근 사회적으로 젠더 갈등이 매우 심하다. 남녀 성별에 따라 구분이 생겨 우리가 옳다, 너희는 틀리다고 주장하고 있다. 똑같이 남녀평등을 계속 외치고 있지만 갈수록 상대편이나 상대방에 대한 비난이 커지게 된다. 차이가 아닌 차별을 만들어 내고 있으며 편견이 상대방을 싫어하는 혐오를 만들어 내는 양상이다. 남녀 차이를 인정하고 서로를 존중하자는 당연한 글을 쓰고 있는 지금도 상당히 조심스러운 태도로 단어 하나하나 고민하며 적고 있으며 글의 의도를 곡해할까 걱정 또한 든다.

우리 모두가 똑같은 인간이며 남녀 성별을 떠나 자신의 능력에 따라 존중받고 차별받지 않음이 마땅하다는 인식을 초등학생 때부터 심어줄 필요가 있다. 아이들이 다 자라 미래 사회 구성원들이 되었을 때 각자가 바람직한 성 평등의 인식을 가질 수 있도록 교육해야 한다. 정부의 홍보나 관련 단체의 캠페인이 나름 이루어지고 있지만, 이미 사회적으로 만연해 있는 다수의 인식을 바꾸기에는 턱없이 부족하다. 결국 학교 교육이 그 역할을 해주어야 한다. 앞선 이야기에서 TV 프로그램에 출연하여 5학년 학생들을 대상으로 양성평등 수업을 했던 선생님들도 단 한 번에 아이들의 성에 대한 잘못된 의식과 언행을 고치지는 못하더라도 지속적인 교육으로 아이들을 변화시킬 수 있다고 말한다. 양성평등 교육을 통해 결국 아이들이 서로 간의 다름을 인정해주고 타인에 대해 있는 그대로를 이해해주는 인권 존중으로 나아갈 것으로 확신하고 있었다.

남자답게, 여자답게가 아니라 나답게, 너답게, 우리답게 서로를 배려하고 상대의 이야기에 귀 기울일 줄 아는 여유로운 세상이 되기를 기대해본다. 그러한 세상을 만들기 위해서는 자라나는 아이들에 대한 교육이 반드시 필요하며 바로 지금이 성 평등에 대한 올바른 인식을 갖춰 지도 역량을 펼쳐야 하는 적기라는 생각을 해본다.

선생님은 교육과정을 어떻게 읽고 있나요?

Ⅳ. Supporting
교육과정 지원하기

학교교육과정 지원

교육과정 읽기

Ⅳ. 학교교육과정 지원

1. 국가 수준의 지원

　이 교육과정의 원활한 편성·운영을 위하여 국가 수준에서는 다음과 같이 지원한다.

가. 시·도 교육청의 교육과정 지원 활동과 단위 학교의 교육과정 편성·운영 활동이 상호 유기적으로 이루어질 수 있도록 행·재정적 지원을 한다.
　(Ⅳ-1) (Ⅳ-2) (Ⅳ-3) (Ⅳ-6)

나. 이 교육과정의 질 관리를 위하여 주기적으로 학업 성취도 평가, 학교와 교육 기관 평가, 교육과정 편성·운영에 관한 평가를 실시하고 그 결과를 교육과정 개선에 활용한다.

　1) 교과별, 학년(군)별 학업 성취도 평가를 실시하고, 평가 결과는 학력의 질 관리와 교육과정의 적절성 확보 및 개선에 활용한다. 특성화 고등학교와 산업수요 맞춤형 고등학교에서는 교육과정의 특성을 고려하여 기초 학력과 평생 학습 역량의 강화를 위한 학업 성취도를 평가할 수 있으며, 평가 결과는 기초 학력과 직업 기초 능력의 향상, 취업 역량 강화 등을 위해 활용할 수 있다.

　2) 학교의 교육과정 편성·운영과 교육청의 교육과정 지원 상황을 파악하기 위하여 학교와 교육청에 대한 평가를 주기적으로 실시한다.

　3) 교육과정 편성·운영과 지원 체제의 적절성 및 실효성을 평가하기 위한 연구를 수행한다.

다. 학교에서 평가 활동이 원활히 이루어질 수 있도록 다양한 방안을 개발하여 학교에 제공한다.

　1) 교과별로 성취기준에 따른 평가 기준을 개발·보급하여 학교가 교과 교육과정의 목표에 부합되는 평가를 실시할 수 있도록 한다.

　2) 교과별 평가 활동에 활용할 수 있는 다양한 평가 방법, 절차, 도구 등을 개발하여 학교에 제공한다.

라. 특성화 고등학교와 산업수요 맞춤형 고등학교가 기준 학과별 국가직무능력 표준이나 직무분석 결과에 기초하여 교육과정을 편성·운영할 수 있도록 지원한다.
마. 특수교육 대상 학생의 교육과정 편성·운영을 위해 관련 교과용 도서와 교수·학습 자료 개발, 평가 등에 필요한 제반 사항을 지원한다. Ⅳ-4
바. 이 교육과정이 교육 현장에 정착될 수 있도록 교육청 수준의 교원 연수와 전국 단위의 교과 연구회 활동을 적극적으로 지원한다.
사. 학교교육과정이 원활히 운영될 수 있도록 학교 시설 및 교원 수급 계획을 마련하여 제시한다. Ⅳ-5

2. 교육청 수준의 지원

이 교육과정의 원활한 편성·운영을 위하여 교육청은 다음과 같은 사항을 지원한다.

가. 시·도의 특성과 교육적 요구를 구현하기 위하여 시·도 교육청 교육과정 위원회를 조직하여 운영한다.
　1) 이 위원회는 교육과정 편성·운영에 관한 조사 연구와 자문 기능을 담당한다.
　2) 이 위원회에는 교원, 교육 행정가, 교육학 전문가, 교과 교육 전문가, 학부모, 지역사회 인사, 산업체 인사 등이 참여할 수 있다.
나. 지역의 특수성, 교육의 실태, 학생·교원·주민의 요구와 필요 등을 반영하여 교육청 단위의 교육 중점을 설정하고, 학교교육과정 개발을 위한 시·도 교육청 수준 교육과정 편성·운영 지침을 마련하여 안내한다.
다. 학교가 새 학년도 시작에 앞서 교육과정 편성·운영에 관한 계획을 수립할 수 있도록 교육과정 편성·운영 자료를 개발·보급하고, 교원의 전보를 적기에 시행한다.
라. 교과와 창의적 체험활동에 필요한 교과용 도서의 인정, 개발, 보급을 위해 노력한다. Ⅳ-6
마. 중학교 자유학기 운영을 지원하기 위해 각종 자료의 개발·보급, 교원의 연수, 지역사회와의 연계가 포함된 자유학기 지원계획을 수립하여 추진한다.
바. 학교가 국가교육과정에 제시되지 않은 교과목을 설치, 운영할 수 있도록 관련 지침을 학교에 제공하고 학교로 하여금 필요한 사전 절차를 밟도록 지원한다.

사. 학교가 지역사회의 유관 기관과 적극적으로 연계·협력해서 교과, 창의적 체험활동을 내실 있게 운영할 수 있도록 지원하며, 관내 학교가 활용할 수 있는 '지역 자원 목록'을 작성하여 제공하는 등 구체적인 지원 방안을 마련한다.

아. 학교교육과정의 효과적 운영을 위하여 학생의 배정, 교원의 수급 및 순회, 학교 간 시설과 설비의 공동 활용, 자료의 공동 개발과 활용에 관하여 학교 간 및 교육지원청 간의 협조 체제를 구축한다. IV-7

자. 전·입학, 귀국 등에 따라 공통 교육과정의 교과와 고등학교 공통 과목을 이수하지 못한 학생들이 해당 교과를 이수할 수 있도록 다양한 기회를 마련해 주고, 학생들이 지역사회의 공공성 있는 사회 교육 시설을 통해 이수한 과정을 인정해 주는 방안을 마련한다.

차. 귀국자 및 다문화 가정 학생의 교육 경험의 특성과 배경을 고려하여 이 교육과정을 이수하는 데에 어려움이 없도록 지원한다.

카. 특정 분야에서 탁월한 재능을 보이는 학생, 학습 부진 학생, 장애를 가진 학생들을 위한 교육 기회를 마련하고 지원한다. IV-4

타. 단위 학교의 교육과정 편성·운영을 지원할 수 있도록 교원 연수, 교육과정 컨설팅, 연구학교 운영 및 연구회 활동 지원 등에 대한 계획을 수립하여 시행한다. IV-8

1) 교원의 학교교육과정 편성·운영 능력과 교과 및 창의적 체험활동에 대한 지도 능력을 제고하기 위하여 교원에 대한 연수 계획을 수립하여 시행한다.

2) 학교교육과정의 효율적인 편성·운영을 지원하기 위해 교육과정 컨설팅 지원단 등 지원 기구를 운영하며 교육과정 편성·운영을 위한 각종 자료를 개발하여 보급한다.

3) 학교교육과정 편성·운영의 개선과 수업 개선을 위해 연구학교를 운영하고 연구 교사제 및 교과별 연구회 활동 등을 적극적으로 지원한다.

파. 학교가 이 교육과정에 근거하여 학교교육과정을 편성·운영할 수 있도록 다음의 사항을 지원한다.

1) 학교교육과정 편성·운영을 위해서 교육 시설, 설비, 자료 등을 정비하고 확충하는 데 필요한 행·재정적인 지원을 한다. IV-1

2) 고등학교에서 학생의 과목 선택권을 보장하기 위해 교원 수급, 시설 확보, 프로그램 개발 등 필요한 행·재정적인 지원을 한다.
3) 복식 학급 운영 등 소규모 학교의 정상적인 교육과정 운영을 지원하기 위해 교원의 배치, 학생의 교육받을 기회 확충 등에 필요한 행·재정적인 지원을 한다.
4) 수준별 수업을 효율적으로 운영하도록 지원하며, 기초학력 향상과 학습 결손 보충이 가능하도록 '특별 보충 수업'을 운영하는 데 필요한 행·재정적인 지원을 한다.
5) 지역사회와 학교의 여건에 따라 초등학교 저학년 학생을 학교에서 돌볼 수 있는 기능을 강화하고, 이에 대해 충분한 행·재정적 지원을 한다.
6) 개별 학교의 희망과 여건을 반영하여 지역 내 학교 간 개설할 집중 과정을 조정하고, 그 편성·운영을 지원한다. 특히 소수 학생이 지망하는 집중 과정을 개설할 학교를 지정하고, 원활한 교육과정 편성·운영을 위한 행·재정적인 지원을 한다.
7) 인문학적 소양 및 통합적 읽기 능력 함양을 위해 독서 활동을 활성화하도록 다양한 지원을 한다. IV-9
8) 특성화 고등학교와 산업수요 맞춤형 고등학교가 산업체와 협력하여 특성화된 교육과정과 실습 과목을 편성·운영할 경우, 학생의 현장 실습이 내실 있게 운영될 수 있도록 행·재정적 지원을 한다.

하. 학교교육과정의 질 관리를 위하여 다음의 사항을 실시한다.
1) 학교에 대한 교육과정 운영 지원 실태와 각급 학교의 교육과정 편성·운영 실태를 정기적으로 파악하고, 효과적인 교육과정의 운영과 개선 및 질 관리에 필요한 지원을 한다.
2) 학교의 교육과정 편성·운영에 대한 질 관리와 교육과정 편성·운영 체제의 적절성 및 실효성을 높이기 위하여 학업 성취도 평가, 학교교육과정 평가 등을 실시하고 그 결과를 교육과정 개선에 활용한다.
3) 교육청 수준의 학교교육과정 지원에 대한 자체 평가와 교육과정 운영 지원 실태에 대한 점검을 자율적으로 실시하고 개선 방안을 마련한다.

학교교육과정을 지원하라! IV-1

> 시·도 교육청의 교육과정 지원 활동과 단위 학교의 교육과정 편성·운영 활동이 상호 유기적으로 이루어질 수 있도록 행·재정적 지원을 한다.
>
> — Ⅳ. 학교교육과정 지원 중에서 —

2010년 9월부로, 1개 또는 2개 이상의 시·군·구를 관할 구역으로 하는 지방교육행정 기관의 명칭이 교육청에서 교육지원청으로 바뀌었다. 교육 당국에서는 교육청의 업무를 기존의 관리 중심에서 학교 현장과 교육 수요자 중심으로 개편하기 위하여, 명칭을 변경한다는 의견을 밝혔다. 그렇다면 2010년 9월 이후로, 교육(지원)청은 학교 현장을 어떻게 지원하고 있을까?

내가 초등학교 시절, 교육청 장학사가 학교에 온다고 하면, 학교 전체가 떠들썩했다. 교실 구석구석은 물론, 복도와 창틀, 화장실까지 윤이 나도록 청소를 했다. 그리고 그날은 수업 시간도 평소와는 달랐다. 우리 반 선생님의 긴장하시던 그 표정이 아직도 눈앞에 선하다. 교사가 긴장하면, 학생들도 덩달아 긴장하는 것은 당연한 이치였다. 평소보다 더 차분한 분위기였지만, 발표를 해야 하는 순간에는 기계처럼 손을 들던 그 모습도 기억이 선명하다. 그로부터 어느덧 20년에 가까운 세월이 흘렀다. 그 시절과 입장이 달라진 탓인지, 실제로 교육 현장이 변화한 탓인지는 모르겠지만, 장학사에 대한 이미지는 많이 변했다. 관리 중심에서 지원 중심으로 변화하겠다는 교육 당국의 의지와 같이, 장학사가 학교 현장을 관리한다는 인상은 상당히 덜 느껴진다. 요즘에는 교육청 차원에서 학교 현장을 컨설팅 온다는 말조차도 굉장히 조심스럽게 사용되는 느낌이다. 단적인 예로, 그동안 컨설팅단으로 불리던 이름도, 이제는 현장지원단이라는 이름으로 많이 바뀌었고, 교육청 차원에서 학교를 방문하는 날짜도 예전에는 교육청 차원에서 일방적으로 정해서 학교 현장에 통보했다면, 이제는 반대로 학교 현장에서 날짜를 협의하여, 정해진 날짜를 교육청에 통보하는 방식으로 변화하고 있다. 학교 현장에서 교육청이 갖는 이미지에 무언가의 변화가 일어나고 있음은 확실한 것 같다.

   그러나 여전히 학교 현장에서는 교육청이 학교 현장을 지원하고 있다는 느낌을 받기에는 부족함이 있다. 가장 큰 이유는 교육청이 지원하고자 하는 대상의 문제라고 생각한다. 교육청에서 주로 학교 현장을 지원하는 것은 교육청 차원에서 추진하는 업무와 관련한 것이 대부분이다. 예를 들어, 교육청에서는 학교 현장의 방과후, 돌봄 업무를 지원하기 위하여, 현장 지원단을 만들어 운영하기도 하며, 담당 장학사는 학교 현장의 업무 담당자들과 수시로 소통 채널을 만들어 업무를 추진함에 있어 어려움은 없는지, 교육청 차원에서 도울 것은 없는지 의견을 경청하고, 실제로 그것을 정책에 반영하기도 한다. 또한, 국가 정책 차원에서 추진하고 있는 소프트웨어 교육, 한 학기 한 권 읽기 등과 같은 정책적 사업 역시 마찬가지이다. 교육청 차원에서 교부된 예산이 제대로 집행되고 있는지, 사업을 운영함에 있어서 어려움은 없는지 학교 현장의 업무 담당자들과 지속적으로 소통하며, 업무가 잘 추진될 수 있도록 돕는다. 그 밖에도 교육청에서 추진하는 여러 업무들과 관련하여, 학교 현장을 지원하기 위한 다각적인 노력들이 이어지고 있다. 그러나 이러한 노력들에도 불구하고, 학교 현장에서는 교육청의 이러한 지원을 실제적으로 체감하지 못하는 이유는 무엇일까?

   이유는 간단하다. 교육청은 학교 현장을 지원하고 있는 것처럼 보이지만, 결국에는 교육청 차원에서 추진하는 업무가 현장에서 안정적으로 정착될 수 있도록 노력하고 있기 때문이다. 다시 말해, 교육청은 각 교실을 교육청 차원에서 추진하는 업무가 실현되는 장으로 보고 있으며, 교사와 학생을 그들이 주어진 정책들을 실행하는 대상으로 여기고 있다는 것을 의미한다.

학교교육과정 편성 · 운영을 위해서 교육 시설, 설비, 자료 등을 정비하고 확충하는 데 필요한 행 · 재정적인 지원을 한다.

- Ⅳ. 학교교육과정 지원 중에서 -

   교육과정 총론, 그중에서도 3장의 제목은 '학교교육과정 편성 · 운영'이며, 4장의 제목은 '학교교육과정 지원'이다. 즉, 우리나라는 국가교육과정 차원에서 학교를 운영하는 실제적인 교육과정은 학교교육과정임을 인정하고 있으며, 교육과정 실행의 주체는 단위 학교, 즉 교실 속 교사와 학생임을 명시하고 있다. 다시 말해, 국가와 교육청은 단위 학교가 그들의 학교교육과정을 편성하고, 운영함에 있어서 어려움이 없도록 지원하는 역할을 해야 할 것을 교육과정 총론 차원에서 적시하고 있다.

　이처럼 국가교육과정은 행정수권형 교육과정에서 교사수권형 교육과정으로 변화하고 있음에도 불구하고, 여전히 학교 현장은 국가와 교육청 등의 교육행정기관에서 결정된 교육과정을 실행하는 수동적인 공간으로 간주되고 있다. 그러다 보니, 교육청에서는 학교 현장에서 교육과정을 실제로 실행할 때 필요한 것들에 대한 지원이 제대로 이루어지고 있지 못하고 있다. 다시 말해, 학교 현장에서 교육과정을 실행할 때 필요한 것을 교육청에서 지원해주는 것이 아니라, 교육청에서 추진하고자 하는 교육정책이 학교 현장에 제대로 안착되기 위한 지원이 이루어지고 있는 것이다.

　이제 교육청이 학교에 묻는 질문이 바뀌어야 한다. "선생님, 소프트웨어 교육 업무를 추진함에 있어서, 어려움은 없으시나요?"가 아니라, "선생님, 아이들과 수업하실 때, 뭐 필요한 것은 없으시나요?"와 같은 질문을 할 수 있어야 한다. 소프트웨어 교육을 적용하

기 위해, 학생들이 필요한 것이 아니라, 학생들이 다가올 미래 세대를 살아가는 데 필요한 컴퓨팅 사고력 증진을 위해 소프트웨어 교육이 필요한 것이기 때문이다. 이렇게 질문이 바뀌게 되면, 학교 현장에 대한 교육청의 지원 방식도 자연스럽게 변화할 수 있을 것이다. 소프트웨어 교육을 실현하기 위해 필요한 예산이나 장비 등을 학교 현장에 일방적으로 지원해주는 것이 아니라, 학생들에게 컴퓨팅 사고력을 길러주기 위한 교육과정 활동 속에서 교사와 학생이 필요성을 느낀 시설, 설비, 자료 등을 학교 현장에 지원해줄 수 있을 것이고, 이러한 지원은 교실 속 교육활동에 보다 실제적인 도움이 될 수 있을 것이다.

교사의 존재 이유는 학생에게 찾을 수 있다. 학교, 교육청, 교육부가 존재할 수 있는 이유 역시, 당연히 학생에게서 찾을 수 있을 것이다. 그러나 가끔씩 마치, 교육청 예산을 집행하기 위해, 학생이 필요한 것처럼, 교사가 가르치기 위해 학생이 존재하는 것처럼 여겨질 때가 있다. 교사, 학교, 교육청 모두 결국에는 학생을 위해 존재하는 것인 만큼, 각자가 실행하는 교육활동, 교육과정, 교육행정의 중심에도 결국에는 학생이 있어야 한다. 학생에게 필요한 교육 시설, 설비, 자료 등을 지원하고, 그에 걸맞은 행정적·재정적 지원이 이루어질 때, 진정 교육을 지원할 수 있는 교육지원청이 될 수 있을 것이다.

코로나-19가 안긴 과제 IV-2

    2020년은 아마도 코로나-19로 기억되는 해가 될 것 같다. 2019년 12월 중국 후베이성 우한시에서 처음 발생한 뒤 전 세계적인 창궐까지 3개월이 채 걸리지 않았다. 급기야 WHO는 감염병의 세계적 대유행 상태, 즉 '팬데믹'을 선포하였다. 수십만 명이 생명을 잃었고 현재 이 글을 쓰고 있는 시점에도 이렇다 할 치료제나 백신이 개발되지 않아서 사람들에게 공포감을 주고 있다. 마스크 제조업체나 방역 업체와 같은 감염병 차단과 직접적인 관련을 맺고 있는 업체들이야 때아닌 호황을 누리고 있지만, 대부분의 기업이 위기에 처했다. 일반 시민이 피부로 느낄 정도로 유가와 증시가 폭락했고, 경제 전문가들 사이에서도 세계 경제가 침체기에 들어갔다고 보는 데 이견이 없다. 경제뿐만이 아니다. 코로나-19는 시민들의 일상생활 모습까지 바꿔 놓았다. '사회적 거리두기' 운동과 함께 연일 뉴스에서는 가급적 외출을 자제하라는 정부 차원의 홍보가 반복적으로 흘러나

오고 실제로 저녁 시간에 회식하는 직장인들로 붐비던 식당들도 사람들이 확연히 줄었다.

코로나-19의 피해는 어른들만의 일이 아니었다. 보통 3월은 봄 기운과 함께 새로운 담임선생님과 친구들을 만나야 하는 시기인데 4월이 지나도록 교육부 차원의 등교 날짜는 정해지지 않았고, 그렇다고 학교에서는 무작정 등교 개학을 기다릴 수도 없는 노릇이다. 학생들은 해마다 학년에 따라 이수해야 할 교육내용이 있다. 국가 수준 교육과정의 교과별 내용은 수준과 양을 고려하여 학생 수준에 맞게 학년별, 학교 급별로 제시되어 있다. 그렇기 때문에 어느 특정 학년에서 학습결손이 발생하거나, 배워야 할 내용을 배우지 못하고 진급이 된다면 다음에 배워야 할 내용을 공부할 때 지장을 초래한다. 그런데 교육과정 내용을 학생들이 과식하지 않고 소화할 수 있는 적정 시간이 필요하다.

초·중등교육법 시행령에는 현재 초·중·고등학교에서 연간 최소 수업일수로 190일 확보를 의무화하고 있다. 다만, 학교장이 천재지변이나 연구학교 운영, 자율학교 운영 등과 관련하여 필요한 경우 10% 이내의 감축을 허용하고 있다. 이를 종합하면 171일까지 감축하여 운영할 수 있다. 이렇게 최소 수업일수를 지정함으로써 교사는 교육과정 내용을 충실하게 가르치고 학생들은 무리하지 않고 교과 내용을 학습할 수 있다. 이러한 제도적 장치도 학생의 학습권 보호에 중요한 요소가 될 수 있다. 그런데 만약 코로나-19 사태처럼 사회의 당면한 문제가 매우 심각하여 학생들이 학교를 나오지 못하는 상황이 지속된다면 어떻게 해야 하는가? 우선적으로 평상시 해오던 방학 기간을 줄여서 수업일수를 확보할 수 있다. 그러나 방학을 줄이는 것도 한계가 있다. 자칫 감염병이 사그라지는 데까지 수개월이 걸릴 수 있다.

시·도 교육청의 교육과정 지원 활동과 단위 학교의 교육과정 편성·운영 활동이 상호 유기적으로 이루어질 수 있도록 행·재정적 지원을 한다.

– Ⅳ. 학교교육과정 지원 중에서 –

학생의 학습 피해를 최소화하고 등교가 연기됨에 따라 들이닥칠 학제 문제, 대입 문제, 넓게는 사회적 파장까지 생각한다면 정부 당국과 학교는 등교를 미루는 상황에 가만히 있을 수만은 없다. 이러한 문제 인식 아래, 결국 교육부는 온라인 개학을 발표했고, 원격으로 교사들이 수업을 하고 있다. 교실에서 실제로 학생들과 서로 호흡하며 수업을 하다가 기존에 경험해보지 못한 원격 수업을 진행하려니까 교사들은 혼란스러웠다. 학생 역시 새 학기 담임선생님을 온라인상에서 처음 접했고 친구들 간에도 한동안의 어색함은 피할 수 없었다. 또한 학부모의 혼란도 교사 못지않다. 특히, 초등학교 저학년 학생들의 경우에는 PC를 사용하기 어려우며, 이제 막 학교에 입문하는 단계인 1학년 학생들의 경우 교육과정상 아직 한글을 모르고 있는 상태이기 때문에 선생님의 안내 글을 해독할 수도 없다. 결국 부모의 지원과 자녀 학습 관리를 위한 에너지 소모가 평소보다 배가 된다. 급기야 아이 과제가 자신의 일이 된다며 성토하는 부모들도 있다. 학습 차원의 문제도 문제지만, 인터넷 접속이 원활하지 않은 가정의 경우에는 원격 수업 자체가 어려울 수 있다. 경우에 따라서는 가정 형편이 어려워서 원격 수업에 참여할 수 있는 PC가 없을 수도 있다.

정부는 이러한 모든 점을 고려하여 종합적인 지원을 해야 한다. 일차적으로 학교 현장에서 원격 수업이 제대로 이루어질 수 있는 물리적 기반을 확충해주어야 한다. 교사와 학생이 안전하게 교육활동에 참여할 수 있는 플랫폼이 있어야 하고, 단시간 내에 원격 수업에 필요한 교사 역량을 끌어올릴 수 있는 지원도 필요하다. 또한 수업 내용으로서의 콘텐츠도 확보하여 제공해야 한다. 양질의 영상이나 텍스트를 모두 교사가 제작하여 수업을 진행하기에는 그동안의 오프라인 수업에서 사용했던 일체의 자료를 온라인화 해야 하는 일종의 코딩 작업이 필요한데 교사들이 이것을 단기간 내에 수행하는 것은 무리다. 더구나 온라인 공간에서는 교사가 교실에서 수업했을 때 별 걱정 없이 활용했던 콘텐츠들에 대한 저작권 문제도 심각하게 고민하게 된다. 실제로 일선 학교에서는 혹시 모를 저작권 분쟁에 자신이 휘말리게 될까 봐 두려워 교육용 온라인 콘텐츠 제작에 많이 위축이 되고 있다.

위기 상황에서 대처하는 능력은 그 사회가 가진 역량을 대변한다. 각 기관의 지원 시스템이 얼마나 효율적으로 작동하고, 시민들이 얼마나 바람직한 시민의식을 발휘하느냐가 바로 그것이다. 이와 관련하여 교육부는 상당히 발 빠르게 대응했다. 감염병 위기가 확산되면서 개학을 연기하였으며, 질병관리본부의 발표와 전문가의 의견을 경청하고 국민 여론을 확인해가면서 전체적인 코로나-19 사태의 추이를 지켜보았다. 또한 언기가 거듭되는 상황을 염려하며 2차, 3차 대응 계획을 세워서 교육청과 일선 학교에 안내하였다. 사실 교육부가 고민해야 하는 것은 감염병의 학교 내 확산만이 아니다. 교육부는 학생교육을 위해 존재한다. 그래서 등교가 어려운 상황에서 원격 수업이라는 카드를 내놓은 것이다. 다만, 교육부는 단순히 원격 수업을 하라고 지시만 해서는 안 된다. 학교 현장에서 원격 수업이 제대로 이루어질 수 있도록 지원해야 한다. 시·도 교육청의 교육과정 지원 활동을 지원해주어야 하며, 단위 학교의 교육과정 편성·운영 활동이 상호 유기적으로 이루어질 수 있도록 행·재정적 지원을 해야 한다. 학교 역시 그에 부응하여 단순히 원격 수업을 했다는 차원을 넘어서야 한다. 학생이 원격 수업에 제대로 참여했는지, 학습 결과로서 성취기준을 충족했는지 등을 확인해야 하며, 그렇지 못한 학생에게는 적절한 피드백을 제공할 수 있어야 한다. 그것이 바로 책임교육의 실현에 한걸음 더 나아가는 길이다.

학생의 삶이 담긴 교과서 IV-3

　대부분의 학교는 9시가 되면 수업이 시작된다. 학생들은 이번 시간 공부할 과목의 교과서를 펴고, 공부할 쪽수를 찾는다. "몇 쪽이에요?"라고 묻는 학생도 있고, 다른 쪽수를 보며 '빨리 이거 해보고 싶다.'라고 혼잣말을 하는 학생도 있다. 때로는 교과서를 펴고 있지 않아 선생님과 말씨름을 할 때도 있지만 수업을 시작하기 위해서는 교과서가 펴져야 하는 것이 일종의 수업 시작 공식으로 자리 잡았다. 간혹 교과서를 활용하지 않는 수업에서 학생들은 "선생님, 왜 책 안 펴요? 오늘 공부 안 해요?"라고 말할 정도로 학생들에게 있어 교과서는 '공부하는 시간에는 꼭 있어야 할 것'이라고 생각한다.

　교실의 모습을 가만히 들여다보면 참으로 이상하게 드는 생각이 한 가지가 있다. '왜, 우리나라 어느 교실에 가더라도 교사의 각 과목별 교과서는 비슷할까?'이다. 분명, 학생도 다르고 가르치는 교사도 다른데 왜 가르쳐야 하는 과목별 교과서는 비슷한지 의문이다.

가르쳐야 될 교과 내용이 성취기준으로 제시된다고 한다면 같은 개념을 서로 다른 시점에 배울 수 있는데 대부분은 비슷한 시점에 배운다. 즉, 가르치는 방법과 수업 활동은 다른 모습으로 나타날지라도 전체적인 흐름은 매우 비슷하다. 교과가 가진 내용적 위계의 특수성을 고려하더라도 대부분의 과목에서 비슷한 흐름을 향해 간다는 것은 어떤 존재가 교사의 교육과정을 지배하고 있는 것 같은 느낌이 드는데, 그 어떤 존재는 교과서일 수도 있다는 생각이 든다.

"교과서"라 함은 학교에서 학생들의 교육을 위하여 사용되는 학생용의 서책·음반·영상 및 전자저작물 등을 말한다.
"지도서"라 함은 학교에서 학생들의 교육을 위하여 사용되는 교사용의 서책·음반·영상 및 전자저작물 등을 말한다.

― 교과용 도서에 관한 규정 중 ―

위 규정에서 정의되어 있듯이 교과서가 꼭 서책을 의미하는 것은 아니다. 음반이나 영상 등의 전자저작물도 교과서라 정의된다. 학기 시작 전, 교사에게 배부되는 학생용 교과서와 전자저작물이 들어있는 CD나 USB 등이 그 예다.

교사들에게 교사가 가르쳐야 할 교육과정이 제시되면 교사는 교육과정을 바탕으로 학생들과 함께 수업을 만들면 되는데, 왜 교과서가 학생에게, 또 교과서를 가르치기 위한 지도서를 교사에게 제공하는 것일까? 교과서의 과거, 현재, 미래를 통해 그 답을 찾고자 한다.

과거, 교과서는 학교의 교육 평준화와 교사의 질 향상에 큰 역할을 하였다. 전국에 있는 모든 교실이 같은 교과서로 수업이 만들어졌다. 즉, 모든 교실의 교육과정이 비슷하였다. 학교나 교사의 철학에 따라 달라질 수도 있었던 교육과정이 교실마다 동일하게 만들어

짐으로써 교육의 평준화를 이루는 데 도움을 주었다. 또한, 교사에게 각 과목별 교과서 교육과정이 제공되었고, 각 교육과정 안에 활동, 학습지 등이 포함되어 교사의 수업 기술과 같은 질 향상이 되었다. 하지만 2000년대 들어서며 교사가 교과서로 학생을 가르칠 때 교육의 평준화와 교사의 질 향상이라는 장점보다 지역과 학교, 교실, 학생 등의 요구들을 받아들여야 하는 상황에 직면하게 되었다. 특히, 학생을 마주하는 교사의 입장에서는 그 요구들을 반영한 교육을 할 수밖에 없었다. 매일 아침 만나는 학생의 눈을 보는 교사는 단순히 교과서의 내용을 전달하는 교과서 전달자가 아니라 학생과 함께 삶을 살아가는 교육자이기 때문이다.

현재 2000년대 이후로 '교육과정 재구성'이라는 이름으로 교육현장에 교육과정의 변화가 시작되었다. 연구진이 개발한 교과서 교육과정을 학생에게 그대로 적용하는 것이 아니라 교사의 교육철학, 환경, 학생 등에 따라 교육과정을 만들기 시작하였다. 이 교육과정 안에는 기존의 교과서가 들어갈 수도 있고 교과서 속 단원이 주제로 묶일 수도 있으며 교과서에는 없었던 내용들이 만들어질 수 있다. 즉, 교사들이 주어진 교과서 교육과정을 따르지 않고 교사가 맡은 학생에 따라, 속해 있는 학교에 따라, 지역 환경에 따라 학생의 전인적인 성장과 삶을 위한 교육과정을 만들고 실행하는 것이다. 교사들의 교육 흐름에 발맞추어 교과서는 2007 개정 교육과정부터 국정 체제에서 검정 체제로 전환을 시도하고 있다. 또한, 2015 개정 교육과정 통합교과 교과서에서는 '구성 차시'를 도입하여 교사가 학생과 함께 내용을 선정하여 수업을 만들 수 있도록 하는 등 교과서의 체제도 변화하고 있다.

> 시·도 교육청의 교육과정 지원 활동과 단위 학교의 교육과정 편성·운영 활동이 상호 유기적으로 이루어질 수 있도록 행·재정적 지원을 한다.
>
> – Ⅳ. 학교교육과정 지원 중에서 –

　이제는 교과서가 미래를 준비해야 한다. 기존의 천편일률적인 교과서의 구성은 더 이상 교사의 요구도, 학생의 요구도 맞출 수가 없다. 더욱이 심각한 것은 세상이 빠르게 변화하고 있는 상황에서 연구진과 집필진이 개발한 교육과정을 일률적으로 적용하는 것은 무리다. 교과서도 변화해야 한다. 그 어느 누구도 같은 삶을 살아가는 학생이 없듯이 교과서의 내용과 형태도 달라져야 한다. 가령, 학생용의 교과서가 워크북 형태로 제공될 수도 있고 통합교과처럼 주제 중심의 교과 통합형 교과서로도 제공될 수 있다. 여기서 더 나아가서 검정 체제와 자유발행 체제로 넘어가면서 교사가 만든 교육과정 자료들을 교과서의 한 부류로 인정을 해주며 서책 형태로 제공될 수 있는 시스템이 마련될 필요가 있다.

　교사의 교육활동을 지원하는 지도서도 함께 변화해야 한다. 지도서는 교사가 필요한 것을 제공해주어야 한다. 지금처럼 각 차시별 발문이나 내용을 세세하게 설명해 놓은 것보다 다양한 정보, 교수전략, 상황 등을 제공해주어야 한다. 뿐만 아니라, 평소 특정과목에서 교수전략을 필요로 하는 교사에게는 교수전략을 중심으로 한 지도서가 제공되는 등 실제 교사의 교육활동을 보다 효과적으로 지원해줄 수 있는 방향으로 발전되어야 한다.

  앞으로 다가올 교과서의 가장 역사적인 순간은 교사의 교육과정이 교과서가 되는 날이 될 것이다. 교사 한 명, 한 명이 콘텐츠가 되고 그 콘텐츠는 교사의 교육과정이 되고 교과서가 되는 것이다. 연구진들이 모여 개발한 교과서도 하나의 교육과정이며 교사가 맡은 학생과 만들어 간 교육과정도 교과서다. 세상에는 그 어느 누구도 같은 학생도, 교사도 없다. 이 세상을 살아가는 모든 존재는 제각각 저마다의 삶을 살아간다. 학생의 삶이 담긴 교과서가 교사의 교육과정으로 꽃피우기를 고대한다.

Not In My Backyard(NIMBY) IV-4

 2017년 서울의 모 지역에서 특수학교 설립을 두고 열린 주민 토론회가 사회적으로 크게 이슈가 됐었다. 특수학교 설립을 두고 벌어진 주민들 사이의 대립은 예상보다 매우 컸다. 급기야 일부 주민들의 완강한 반대에 부딪쳐 장애학생 부모들이 무릎을 꿇은 모습이 언론 보도를 통해서 고스란히 보도되었다. 한 엄마가 무릎을 꿇으며 "때리면 맞겠습니다, 제발 특수학교만 짓게 해주세요."라고 애원하는 장면을 보았을 때 동시대를 살아가는 한 사람으로서 안타깝고, 한편으로는 장애를 가진 자녀들의 입장을 헤아리지 못하는 이기적인 사람들의 모습에 화도 났다. 철저히 자신들의 손익만을 따지며 사회적 약자를 배려하지 못하는 행태는 부끄럽기 짝이 없다.

 특수학교 설립을 반대하는 사람들의 이면에는 경제적 논리가 깔려 있다. 자신들이 거주하는 지역에 특수학교가 생기면 집값이 하락할 수 있다는 생각이다. 하지만 이와 관련하여 교육부가 2017년 초

부산대 교육발전연구소에 의뢰해 전국 167곳의 특수학교 지역을 대상으로 지난 10년간 부동산 가격의 변화를 조사한 결과, 특수학교와 집값은 상관관계가 없는 것으로 나타났다. 그럼에도 불구하고 사람들이 이러한 우려를 하는 이유는 특수학교를 혐오시설로 바라보는 사회적 편견 때문이다. 특수학교는 핵폐기물 처리장이나 쓰레기 매립지와 같은 혐오시설과는 근본적으로 성격이 다르다. 혐오시설은 지역 주민에게 공포감이나 고통을 주거나, 주변 지역의 쾌적성이 훼손됨으로써 집값이나 땅값이 내려가는 등 부정적인 외부효과를 유발하는 시설을 의미한다. 과연 특수학교가 지역 주민에게 공포감이나 고통을 주는가?

집값이 떨어질 것이라는 심리적 걱정 때문에 이웃의 가슴에 못을 박아서는 안 된다. 소수를 바라보는 사회적 편견과 차별은 우리 사회의 발전과 통합을 좀먹는 고질적인 병폐이기도 하다. 장애학생도 우리 공동체의 일원이다. 장애를 갖고 있다는 이유만으로 공동체가 그들을 홀대하거나 기피하는 것은 매우 부도덕한 일이다. 특수한 교육이 필요한 학생도 그냥 학생이다. 우리 모두가 주민이고 환대받아야 할 사회 구성원이다.

교육을 받을 수 있는 권리는 헌법이 보장하는 인간의 기본권이다. 장애학생도 국민이며 당연히 교육을 받을 권리가 있다. 우리 사회는 장애학생을 비롯한 사회적 약자의 기본권에 대해서 어느 정도의 공감대는 형성되어 있지만 아직 갈 길이 멀다. 우리나라 장애학생들이 특수교육을 받기에는 현실적으로 엄청난 제약이 따른다. 당장 특수학교가 집 근처에 없는 경우를 들 수 있다. 서울시만 살펴보더라도 특수학교가 아직 한 곳도 들어서지 못한 자치구가 전체 자치구의 약 1/3 수준에 이른다. 그래서 특수학교에 다니기 위해서 통학 시간이 1시간을 훌쩍 넘기는 경우도 많다고 한다. 학생들에게 열악한 교육 환경을 개선하여 교육에 대한 접근성을 높이는 일은 국가의 책무다. 이와 관련하여 국가는 특수교육 대상 학생을 위한 제반 사항을 지원해야 한다.

특수교육 대상 학생의 교육과정 편성·운영을 위해 관련 교과용 도서와 교수·학습 자료 개발, 평가 등에 필요한 제반 사항을 지원한다.

– Ⅳ. 학교교육과정 지원 중에서 –

지역 교육청 또한 이들에게 적절한 교육 기회를 제공하기 위해서 노력해야 한다.

특정 분야에서 탁월한 재능을 보이는 학생, 학습 부진 학생, 장애를 가진 학생들을 위한 교육 기회를 마련하고 지원한다.

– Ⅳ. 학교교육과정 지원 중에서 –

교육부의 '2018 특수교육통계'에 따르면, 우리나라에 특수교육이 필요한 학생은 현재까지 9만780명에 달한다. 2011년 이후 연평균 1천여 명씩 증가하고 있다. 하지만 이 중 특수학교에 다니는 학생 수는 약 2만6천명에 불과하다. 이런 상황이라면 시·도 교육청이 특수학교 설립을 위해 노력하는 것은 당연한 일이다. 그럼에도 지역 주민들의 반발에 부딪쳐서 특수학교 건립이 난항을 겪는다는 것은 우리 사회의 슬픈 단면을 여실히 보여주고 있다.

지방자치단체와 교육청은 혹시 모를 주민들의 강한 반발에 대비하여 특수학교 설립에 대한 반대급부로 다양한 곶감을 꺼내든다. 정부는 주민들이 원하는 다른 편의시설을 건립한다고 약속하기도 하고, 기존에 주민들이 바라던 다른 차원의 희망사항을 들어주기도 한다. 이 광경은 마치 정치적 협상 같다. 특수학교 건립에 대한 동의를 이끌어내기 위해서 다양한 협상 카드를 준비하는 것처럼 보이니 말이다. 이와 관련하여 최근 특수학교 건립 문제와 관련하여 경기도 A도시는 주민과 큰 마찰이 없었다는 신문기사를 접했다. 그렇게 된 배경으로 지자체의 노력이 있었으며, 대표적인 노력의 일환으로 소개한 사례가 특수학교를 받아준 주민들을 위해 수억 원을 들여 학교부지로 이어지는 300m 구간의 도로 폭을 넓혀주기로 했다는 것이다. 사실 이것은 특수학교에 대해서 부정적으로 바라보는 시각을 변화시킬 수 없다는 점에서 근본적인 해결책이 될 수 없다.

다른 예를 들어보자면, 서울 강남구 일원동에 위치하고 있으며 1997년 개교하여 발달장애학생이 다니는 대표적인 특수학교로 밀알학교가 있다. 설립 당시 주민은 물론 구청장까지 나서서 반대했다. 하지만 개교 후 학교 1층 미술관에서 매월 전시회를 열고 카페를 운영하며 체육관을 지역 주민을 위한 행사장으로 제공하고 있다고 한다. 주민 전체가 이용하는 일종의 복합문화공간으로 거듭난 것이다. 물론 이러한 방식의 노력이 무의미한 것은 아니다. 사회적 약자를 보호하기 위해서 지방자치단체와 교육청, 주민들이 함께 논의를 거쳐 합의를 이끌어냈다는 점도 높이 살만하다. 하지만 합의 이전에 공동체 내 구성원 간에 서로에 대한 존중과 환대가 밑바탕이 되어야 한다. 상호 존중이 없이 사회 문제를 해결하는 과정에서 인간성은 늘 상실될 위험에 처한다.

특수학교를 설립하면 그 지역에 그에 응당한 대가가 따라야 한다는 사고방식에는 문제가 없는가? 특수학교는 결코 기피시설이 아니다. 그럼에도 불구하고 특수학교 건립에 대한 대가를 제시했다는 것은 그것을 혐오시설 정도로 여기게 만드는 기제가 될 수 있을 것 같다. 우리 사회는 점점 더 각박해지는 듯하다. 철저하게 자신의 이해타산을 고려하는 현실이 안타깝다. 특수학교는 정치적 타협의 산물이 아닌 이웃에 대한 사랑과 인간에 대한 예의의 산물이 되어야 한다. 오히려 우리 사회가 아름다운 공동체라면, 자신의 지역에 특수학교가 설립되는 것을 환영해야 하며, 사회적 차별 없이 누구나 인간다운 삶을 살 수 있는 여건이 마련되도록 힘써야 한다. 사람들이 그러한 지역으로 서로 몰려들고, 특수학교가 있는 곳에 땅값이 치솟는 광경을 보고 싶다. 특수학교 설립에 대한 반대급부로 지어지는 한방병원 등의 편의시설 때문이 아니라, 단지 특수학교 설립이 좋아서, 그것이 바람직한 길이기 때문에 기꺼이 장애학생과 그의 가족을 진정한 이웃으로 환대하고 특수학교 설립을 환영하는 주민들로 가득한 곳에서 살고 싶다.

교사당 학생 수에서
학급당 학생 수로 IV-5

학교교육과정이 원활히 운영될 수 있도록 학교 시설 및 교원 수급 계획을 마련하여 제시한다.

- Ⅳ. 학교교육과정 지원 중에서 -

며칠 전 신문을 보다가 재미있는 신문기사를 읽게 되었다. 신문기사의 제목은 '학생 수 감소로 초등교사가 중학생 가르치는 길 열릴까?'였다. 기사 내용을 읽고 보면 초등학교 교사가 중·고교 수업을 맡거나 반대로 중·고교 교사가 초등학교 수업을 맡을 수 있도록 하는 방향의 정책이 시작될 것처럼 보였다. 교육부는 구체적으로 교사 양성 단계에서 교사 한 명이 초·중등 분야 교사자격증을 모두 딸 수 있도록 하거나 임용 후 별도 자격을 취득할 길을 열어 주는 방안을 제시했다고 기사에서 밝혔다. 나는 초등학교 교사와 중학교 교사의 통합이라는 의미로 읽혀졌다. 논란의 핵심은 저출산과 학령인구 감소, 즉 인구의 감소이다. 전교생이 60명 이하인 소규모 학교가 매년 증가하고 있고, 소규모 학교의 대책인 학교 통폐합은 지역 주민의 반발과 마을 해체로 이어질 수도 있기에 유의하여 시행되고 있는 실정이다. 초등학생은 학생 수가 적어도 담임교사 1명 배치로 해결이 가능하지만 중학교나 고등학교는 과목별로 전교생이 10명 이하여도 많은 교사를 배치해야 하는 문제점이 있다.

국가교육과정 총론에서 밝히듯이 국가는 시대와 학교 현장에 알맞게 교원 수급 계획을 마련하여 제시하여야 한다. 작년 정부는 교원의 채용규모를 2030년까지 초등은 연 3,500명~4,400명, 중등은 연 3,000명~4,460명 수준으로 유지하겠다는 중·장기 교원수급 계획을 발표하였다. 학령인구가 매년 줄어들고 있어, 해마다 되풀이되는 교원수급 난맥상을 해결하려면 국가 차원의 중·장기 계획이 필요했는데 이번 중·장기 계획이 해결책이 될 수 있을 것이다. 다만, 여기서 간과되고 있는 점은 숫자 평균의 한계이다. 초등학교 교사당 학생 수를 2022년까지 경제협력개발기구(OECD) 평균 수준으로 낮춘다는 목표가 있고 실제 학령인구 감소로 인해 이 목표가 달성되고 있으나 아직도 교실에는 많은 학생들이 있다.

결과적으로 교육의 질 저하가 우려된다. 교육부가 중·장기 교원수급 계획에 담아 추진하는 교사 1인당 평균 학생 수 감소 정책으로는 대도시의 과밀학급 문제를 해소하거나 농·산·어촌의 소규모 학교 교육여건을 개선할 수 없기에 학급당 평균 학생 수를 줄여야 한다. 대도시의 경우 아직도 한 학급에 35명이 넘는 콩나물 교실이 존재하고, 학생 수가 적은 농·산·어촌은 교사가 부족해 교육의 질을 담보하기 어려운 상황이다.

2018 OECD 교육통계를 보면 초등의 경우 한국은 교사 1인당 16.5명으로 15명인 OECD 평균보다도 여전히 높은 수치를 보인다.

학급당 학생 수 역시도 한국은 학급당 23.3명으로 OECD 평균인 21.3명보다 높다. 학령인구가 지속적으로 감소하는 상황에서 어쩌면 이 수치는 자연스레 감소할 수 있다. 우리가 숫자를 평균에 맞추는 것이 아닌 학급당 학생 수를 획기적으로 낮추는 노력이 필요하다. 교사를 많이 선발하는 것은 곧 교육에 대한 직접 투자이고 교육에 대한 투자가 국가경쟁력의 강화로 이어질 수 있기 때문이다.

학생들을 가르치다 보면, 학급당 인원 수와 학습 및 생활지도의 효율이 밀접한 관계가 있음을 알 수 있다. 여러 규모의 학급을 지도해 본 결과 학생 수가 20명이 넘어가면, 효율성이 점차 떨어지는 것을 느꼈다. 학생이 적으면 담임교사는 아이들 한 명 한 명과 눈을 맞추며, 수업 중 다양하게 개별화된 지도와 피드백을 제공할 수 있다. 또 생활지도 역시 마찬가지이다. 학생 수가 적을수록 학생이 교사에게 받는 관심이 훨씬 늘어나게 된다. 상담 횟수 역시 많아지며 학생들과 교사의 관계 역시 빠르게 가까워질 수 있다.

말콤 글래드웰은 그의 저서 『아웃라이어』에서 1만 시간의 법칙을 통해 경험의 누적 차이가 개인에게 미치는 영향을 말하고 있다. 결국 중요한 것은 1만이라는 주어진 숫자보다는 누적된 경험이 결국 실력을 결정하는 것이다. 초등학교 수업시간 40분 중 학생의 발표 시간은 평균 20~25분 사이이다. 학생들의 발표에 사용되는 수업시간을 최소한으로 20분으로 보고, 교사의 질문을 포함하여 한 학생이 1회 발표에 걸리는 시간을 대략 1분이라고 가정할 때 한 반이 30명인 학급에서 학생들의 평균 발표 횟수는 1회에도 미치지 못한다. 한 번도 발표를 안 하고 무임승차하며 넘어가는 학생의 숫자 역시도 늘어나게 된다. 그러나 한 반이 10명이라면, 단순 수치이겠지만 개인당 2회 정도의 발표를 보장할 수 있다. 하루에 발표 횟수의 차이를 시간당 1회라고 계산해도 하루 6교시 수업에서 6회 정도 차이가 난다. 일주일에 30회의 차이이며, 한 달이면 120회, 1년(10달)에는 1,200회의 차이가 나게 된다. 단순 숫자의 가정이지만 학급당 학생 수의 차이에 따라 학생의 발표 횟수 기회의 차이가 발생하고 있으며, 발표가 자신의 생각을 다른 사람 앞에서 말하는 기회라고 볼 때 차이를 줄여야 한다. 단순한 기회가 아니다. 학생의 학습과 생활면에서 학생의 자신감과 자존감으로 이어지는 중요한 문제고 이는 학생의 사회성 발전에 중요한 영향을 미친다.

 교육 선진국 중에서 1위라고 평가받는 핀란드의 경우를 살펴보아도 교사 1인당 학생 수를 16명 이내로 엄격하게 제한하고, 한 학급의 학생 수를 12~18명으로 구성하는 점은 눈여겨볼 만한 사실이다. 더욱 놀라운 것은 1학급에 2명의 보조교사까지 총 3명의 교사가 한 학급을 운영하는 사례가 있다는 것이다. 일본 전국 학력 평가에서 1위를 차지하는 아키타현의 히가시나루세 초등학교이다. 전교생은 120명이고, 1학급당 학생 수는 20여 명인데 영어와 수학 등의 수업을 할 때 수업을 소인수로 지도하고, 교사 2~3명이 함께 수업하는 팀티칭 방식을 도입하여 큰 성과를 거두었다. 팀티칭을 위해 필요한 교사를 추가 배치하고 있는데, 이 예산은 아키타현에서 부담하고 있다. 위에서 언급한 대로 같은 20명이라도 일본, 핀란드의 방식과 우리나라의 실제적인 교사의 수에서 큰 차이가 있다. 통계적으로도 교사당 학생 수가 핀란드와 차이가 나지만, 학급당 학생 수는 더 큰 차이가 발생하는 것이다.

 결국 문제의 핵심은 예산이다. 예산은 한정되어 있고 교육에는 다양한 분야에 예산이 투입되어야 하기 때문에 교사의 증원에는 어려움이 따른다. 하지만 예산의 사용에 우선순위가 있다고 생각한다. 한정된 예산의 우선순위의 맨 위에 교사 수의 증원을 놓아야 한다고 본다. 교사 수의 증원은 다른 어떠한 교육 환경의 개선보다도 더 큰 효과가 있기 때문이다. 교사의 수급계획을 만드는 교육부, 행정안전부, 기획재정부가 교육경쟁력을 위해 과감히 교사 증원에 투자하길 바란다.

위에서 언급한 것처럼 가장 좋은 것은 충분한 예산으로, 학교 수를 늘리고 교사를 많이 채용하여 학급당 학생 수를 줄이면 되겠지만 현재 우리의 여건상 어려운 점이 분명 존재한다. 학교를 통폐합하기는 쉽지만 상대적으로 학교를 만드는 일은 상당한 비용과 제반 여건이 필요하므로 어려운 것이다. 기존의 자원들을 새로운 관점에서 활용하는 방안들도 있다. 소규모 학교의 학구 제한을 없애고, 인근 큰 학교와 공동학구로 운영하며, 작은 학교에 추가 예산을 지원하여 큰 학교 학생들이 자연스레 작은 학교로 옮겨가는 방법은 어떨까? 큰 학교의 과밀학교 문제도 해결하고 작은 학교의 경쟁력도 유지할 수 있으며 교사의 수요도 충족할 수 있다. 또 지금 현재도 발령대기 중인 예비 교사들의 적극적 활용도 한 방법이 될 수 있다. 인턴 교사제의 운영이 아니라, 정규 교사로 발령을 내고, 학급당 학생 수가 많은 학교에 협력교사로의 투입이나, 국어, 수학과 같은 기초 학력 과목의 수업에 협력 교사 투입도 고려해볼 만하다.

경제와 산업분야에서는 세계 1위를 목표로 외치는 우리나라가 왜 유독 교육 분야에서만은 OECD 평균을 고집하는지 모르겠다. 교사당 학생 수는 OECD 평균을 목표로 하면서 교육경쟁력은 세계 최고 수준을 목표로 하니 어려움이 생길 수밖에 없다. 학급당 학생 수를 줄이면 그 혜택은 고스란히 수업을 받는 학생들에게 돌아가게 된다. 이제는 교사당 평균 학생 수가 아닌 학급당 학생 수의 감소로 교육경쟁력을 키워가길 바란다.

에듀테크(EduTech)?
에듀데스(EduDeath)! IV-6

- 시·도 교육청의 교육과정 지원 활동과 단위 학교의 교육과정 편성·운영 활동이 상호 유기적으로 이루어질 수 있도록 행·재정적 지원을 한다.
- 교과와 창의적 체험활동에 필요한 교과용 도서의 인정, 개발, 보급을 위해 노력한다.

— Ⅳ. 학교교육과정 지원 중에서 —

    교육부와 한국교육학술정보원은 정보통신기술 연계 맞춤형 교육서비스인 ICT 교육 서비스를 한 달 동안의 시범 서비스를 거쳐 2020년, 일선 학교에 보급하기로 결정하였다.
    ICT 교육 서비스란 AI가 학생들이 학습 과정에서 발생하는 모든 상황을 데이터화하여 학생의 수준을 진단하고 다음 단계로 진입할 수 있도록 맞춤형 콘텐츠를 제공하는 것을 의미한다. 즉, 기술과 교육을 연결한 에듀테크의 일부라고 볼 수 있다. 이러한 ICT 교육 서비스에 대해 교육부와 교육학술정보원은 교사들이 학생의 수준을 객관적으로 진단하고 분석하여 과제를 내줄 수 있기에 교사를 지원하며, 교사가 학생의 분석 결과를 통해 교사 자신의 수업을 평가하고 개선할 수 있다고 말한다. 또한, 학생들에게는 그들의 수준에 맞는 콘텐츠를 제공하고, 학부모에게는 자녀의 학습 현황을 실시간으로 파악할 수 있고 관련된 학습 정보 또한 제공할 수 있는 점을 강조한다.

에듀테크의 일환인 ICT 교육 서비스의 기존과 다른 특징은 학생의 인지적인 영역뿐만 아니라 사회·정서적인 영역 또한 함께 분석할 수 있다는 점이다. 가령, 학생이 어떤 수학 문제에 머물러 있는 시간, 학습 태도 등을 데이터로 바꾸어 알고리즘으로 분석해 특정 학생에 대한 성향과 학습 습관까지도 파악할 수 있는 것이다. 학생의 인지·사회·정서적 영역까지 인공지능이 분석하여 교사를 지원할 수 있는 시스템이 현실화되고 내년부터 활용 가능하다. 또한 이 시스템은 앞으로 데이터가 쌓여감에 따라 알고리즘이 정교화되는 것은 물론 콘텐츠도 함께 제공되어 교사와 학생, 학부모에게 학생 교육에 대한 종합적인 정보 제공 시스템으로 거듭날 것으로 예상된다.

내가 학생으로서 처음 접한 에듀테크는 국내 최초의 컴퓨터를 통한 교육 관련 정보 제공 시스템으로써의 역할을 한 '에듀넷'이다. 에듀넷은 1996년 9월 개통되어 현재는 에듀넷-티클리어로 재개통되어 교사의 교육활동을 지원하는 시스템 중심으로 거듭났다. 처음 에듀넷은 교사와 학생, 학부모를 위한 전반적인 교육 관련 정보를 제공하는 시스템이었다. 국내 최초로 도입된 에듀넷은 개통 초기 5년 동안 국내 교육 시장에서 압도적인 주도권을 가졌다. 하지만 2000년대 들어서며, 민간 교육 기업의 등장과 인터넷 강의가 확장되면서 에듀넷은 점차 경쟁력을 잃게 되었다. 또한, 교사들도 기술의 발달로 교육 자료를 구하기가 어렵지 않게 되면서 에듀넷은 더더욱 시장에서 외면받게 되었다.

에듀넷이 지나온 20년과 인공지능으로서의 에듀테크의 현주소를 보며 교사들은 새로운 도전에 직면하고 있다. 이것은 교사의 죽음을 떠나 교육의 죽음으로도 이어질 수 있을 정도로 교육이 벼랑 끝에 서 있을 정도라고 감히 말할 수 있다. 교사의 교육활동에 대한 발자취를 다시 돌아보자. 교사의 교육활동에 대변혁을 일으킨 순간은 컴퓨터의 등장이다. 컴퓨터가 학교에 들어오면서 교사의 교육활동은 혁신되었다. 컴퓨터로 문서, 그림, 영상 작업 등이 가능해지고 교사들은 학생들에게 교과서뿐만 아니라 다양한 자료들을 제공해주었다. 뿐만 아니라 인터넷의 발달과 맞물리면서 교사의 교육 자료들을 서로 공유하기 시작하였고 온라인상에 교육 커뮤니티가 생겨나게 되었다. 즉, 교사가 수작업으로 만들었던 교육 자료들을 보다 정교하고 쉽게 컴퓨터로 작업할 수 있게 되었고, 다른 교사들과 공유하면서 지금껏 상상만 했던 교육 자료와 활동들을 학생에게 제공할 수 있었던 것이다. 기술이 교사의 교육활동을 지원하였다.

이제는 인공지능 기술이 교사의 교육활동을 지원하려고 한다. AI는 학생의 학습 상황과 문제 해결 방식과 과정, 결과 등에 대한 데이터를 계산된 알고리즘에 따라 학생을 판단하고 평가한다. 교사에게 학생에 대한 객관적인 자료를 제공한다는 점에서 교사와 AI가 협력 관계를 맺을 수 있다. 하지만 교사가 AI가 내린 학생에 대한 평가를 무비판적으로 바라보지 않을 때 교사와 교육이 죽음을 맞이할 수 있다. AI에 대한 무비판적인 신뢰는 교사가 학생과 1년 동안 함께하며 직관적·객관적·종합적·분석적으로 학생을 평가하는 권한을 AI에게 넘기는 것이다. 심지어는 평가 후 피드백, 학생에게 적합한 교

육과정을 제공하는 교사의 역할을 AI에게 넘기는 것이다.

앞서 말했듯이, AI는 학생의 정서적·사회적인 상황도 함께 판단한다. 인간과 인간이 마주하는 교육이 기술과 인간으로 치환되는 것이다. 처음에는 기술과 인간이 마주되는 교육에 대해 많은 사람들은 거부감을 일으킬 것이다. 하지만 데이터가 쌓이면 쌓일수록, 알고리즘은 정교화되고 시스템은 학생들의 삶 속에서 어떤 경향성들을 발견할 것이고, 그 경향성으로 학생들을 판단할 것이다. 처음에 부정적이었던 사람들도 더욱 정교화되는 경향성을 믿게 되는 순간이 오게 되면 더 이상 교사는 필요하지 않게 되고 학생들은 그 경향성을 만들기 위해 자신의 삶을 기술에게 맡길 것이다. 이 안에서 교사는 어디에 있을까? 교사는 AI의 시중을 받들고 있을지도 모른다.

에듀테크가 지배한 우리 아이들의 먼 미래는 어떤 모습일까? 단편적인 미래를 상상해보자면, 가장 큰 변화는 학교가 없어질 것이다. 다만, 학생들이 교육받는 공간은 존재한다. 그동안 같은 나이의 또래들이 모여 함께 수업을 받고 하루를 보내는 학교의 시스템에서 AI가 정해준 강의실에 들어가 나와 비슷한 관심사를 가진 사람을 만나 함께 프로젝트를 하거나 컴퓨터를 통해 다른 나라의 학생들과 문제를 해결해 갈 것이다. 수업이 끝난 시간은 정해져 있지 않고 평가 또한 즉시 가능하다. 학생의 평가 결과는 곧장 학부모에게 정보가 제공되고, 도달하지 못할 시에는 비슷한 수준의 학생들과 재교육을 받는다. 학생이 한 교육활동과 평가 결과는 계속해서 누적되고 AI는 학생의 인지, 정의적 요소들을 종합하여 분석한다. 공식적인 경쟁 평가도 없어질 것이다. AI가 판단한 대로 학생들은 살아갈 것이고 저항을 하더라도 AI가 만들어 놓은 경향성과 시스템에서 벗어나지 못한다. 학생들은 자신의 삶을 잃어갈 것이다.

에듀테크(EduTech)의 미래는 교사만이 만들 수 있다. 공학자들은 시스템을 계속해서 정교화시킬 것이고 사회를 설득할 것이다. 교사는 이에 맞서 교육의 본질로 대항해야 한다. 교육은 계량화하고 객관화할 수 있는 것이 아닌 교육 자체가 삶이라는 점을 계속해서 외쳐야 한다. 그렇지 않는다면 역사는 2019년 11월을 교육이 사라진 시작점으로 기록될 것이다.

인공지능 기술은 교사와 학생, 심지어 학부모에게 학생에 대한 정보를 제공한다는 점에서 긍정적인 측면이 있다. 하지만 이 긍정적인 측면을 다시 살펴보아야 한다. 공학이 교육을 지배하는 순간 에듀테크(EduTech)는 에듀데스(EduDeath)를 불러올 것이다. 교육은 기술이 아니라 예술이다. 예술을 하는 교사들이 교육을 실천하고 또 실천하여 교육의 본질을 헤치는 존재들을 막아내야 한다. 그 역할은 오롯이 교사만이 가능하다.

인구 절벽에서
학교 교육의 변화를 보다 IV-7

　53명. 국민학교 6학년 때 우리 반 학생 수이다. 졸업 앨범을 펼쳐보면 기억에 전혀 남아 있지 않은 아이들도 보여 '아, 우리 반에 이런 친구들도 있었구나.'라며 신기해할 때가 있다. 지금과 비교해서 크기가 꽤 컸던 당시의 교실도 항상 아이들이 많아 콩나물 시루처럼 빽빽하고 북적북적하였다. 학생 수가 너무 많아 2부제까지 실시한 적도 있었던 당시를 생각해보면 지금 초등학교 교실에서 25명 남짓한 아이들을 가르치는 현실과 중첩되면서 큰 격세지감을 느낀다. 실제 우리나라 학령 인구 수를 비교해보아도 시간이 갈수록 현저하게 줄어들고 있는 실정이다. 1980년대 초반 초등학생 수는 549만 명(총인구대비 구성비 14.4%)이었는데, 2018년 현재는 270만 명(총인구대비 구성비 5.2%)으로 절반 가까이 줄었다.

　학령 인구 수가 크게 줄고 있는 현상은 출산율이 급격히 줄고 있는 것에서 기인한 것이라 할 수 있다. 우리나라 2018년도 합계출산

율은 0.98. 역대 최저 출산율로 OECD 국가 중 가장 낮은 수준이며 이미 꽤 오래전부터 정부가 출산 장려 정책을 펼쳐왔고 막대한 예산을 투입했지만 전혀 나아지지 않고 있다. 우려스러운 점은 앞으로도 쉽게 높아지지 않을 것이라고 대다수가 같은 예상을 하고 있다는 점이다. 학령 인구 수를 살펴봐도 2010년 328만 명에서 2016년 277만 명으로 단 6년 만에 무려 16%가 감소하였다. 앞으로도 계속 이런 추세라고 볼 때 학교교육에도 굉장한 변화가 있을 것이라고 누구나 쉽게 예상할 수 있다.

모든 일이 동전의 양면을 갖고 있는 것처럼 저출산으로 인한 학령 인구의 급격한 감소가 사회적으로 우려될 만한 상황이겠지만 반면에 이 시대의 학생들에게 있어서는 더욱더 양질의 교육을 받을 수 있다는 긍정적인 면도 있다. 학령 인구의 감소로 인해 변화하는 교육 현장을 걱정하고 안타까워하기보다는 교육자로서의 혜안을 갖추고 미래를 준비해야 할 때이다. 즉, 위기를 교육 발전의 기회로 반전시킬 수 있는 묘수를 찾아야 한다.

얼마 전 범부처 인구정책 TF가 절대인구 감소 충격 완화 방안을 발표하였는데 그중 교육적인 대책들은 다음과 같다. 신규 교원수급 기준 마련 및 교원자격·양성체계 개편, 다양한 학교 설립 운영·지원(공유형, 거점형, 캠퍼스형), 학교시설 활용 확대 및 복합화(학교 내 지역시설 설치), 평생학습 강화(성인 친화적 학사제도 확대, 지역사회 연계 강화) 등이 바로 그것이다. 이러한 대책들을 살펴보면 2015 개정 교육과정 총론 중 교육청 수준의 학교 교육지원에 명시된 사항들을 떠올리게 한다.

학교교육과정의 효과적 운영을 위하여 학생의 배정, 교원의 수급 및 순회, 학교 간 시설과 설비의 공동 활용, 자료의 공동 개발과 활용에 관하여 학교 간 및 교육 지원청 간의 협조 체제를 구축한다.

- Ⅳ. 학교교육과정 지원 중에서 -

 이 사항들은 앞으로의 인구 변화에 맞추어 학교 교육에 도움을 줄 수 있으며, 학교에서도 교육청에 시대의 변화에 맞는 지원을 적극적으로 요구할 수도 있는 사항들이다. 교육청의 지원을 바탕으로 변화하는 시대에 걸맞은 학교 교육의 변화를 생각해볼 수 있다. 먼저 학교 환경의 개선이다. 앞으로는 학교에 유휴 공간이 많이 생기므로 학교 공간의 재구조화를 통해 교육적 의미를 찾으려는 노력이 확대될 것으로 보인다. 학교 재구조화가 단지 노후화된 학교시설을 리모델링 등을 통해 새롭게 갖추는 것 이상으로 학습자 중심의 교육을 구현할 수 있는 학교 공간으로 조성해야 한다. 예를 들어, 메이커 스페이스, 갤러리, 공연무대, 아트홀, 실내 놀이터, 목공실, 안전체험실, 스마트교실, 자료탐색실, 문화예술공간, 청소년 모둠방, 방송실, 가상체험센터, 북카페 등의 다양한 발전 활용 방안이 제시되고 있다. 다만, 미래 사회는 경제 인구의 감소로 인해 재정적으로 한 학교에 모든 시설이나 설비를 갖추게 하기는 힘들 것이다. 그래서 각

학교마다 특성을 가진 시설이나 환경 등이 구축된다면 학생들이 자신의 흥미나 적성에 맞는 교육활동을 선택하여 다른 학교에 가서 학습할 수도 있을 것이다. 학생들마다 직접 원하는 과정을 선택하여 학습할 수 있도록 학교 간 교육과정 개발 협력 및 공유가 유기적으로 이루어질 것이며, 교육청은 학교마다의 특성을 살려 교육과정을 실현할 수 있도록 적극 지원해주고 학교 간 운영할 집중 과정을 조정해주어야 한다.

또한 학교의 돌봄 기능이 앞으로 더욱 강화될 것으로 보인다. 현재 학교 현장에서 이루어지고 있는 초등 돌봄교실은 맞벌이 부부의 자녀에게 안심하고 양육할 수 있는 여건을 마련하고 다양하며 유익한 교육활동을 제공하고 있다. 최근 초등 돌봄교실에 대한 수요가 워낙 크고 이에 비해 학교의 돌봄 공간이 매우 부족하다는 문제점을 갖고 있는데, 이 또한 앞으로 학교에 유휴교실이 많아짐에 따라 공간 부족의 문제를 자연스럽게 해결할 수 있고 앞으로 돌봄교실이 더욱 확대될 수 있는 여건이 마련될 것이다. 학생 수의 감소로 아이들은 지금보다 더 사회적으로 대접을 받는 풍토가 형성되어 아이 한 명 한 명에 지역사회와 학교의 관심이 많이 쏟아질 것이다. 이러한 아이들에 대한 보호와 관심을 구현하기 위해 초등 돌봄교실 기능이 더욱 강화될 것으로 보인다. 최근 저녁 돌봄교실이나 종일 돌봄교실이 확대되고 있는 것도 시대적 흐름과 유관하다. 다만, 적은 학생 수에 많은 인력과 자본이 투입되기에는 너무 비효율적이므로 인근 학교 간의 네트워크나 해당 교육청과의 협조가 지금보다도 더욱 강화될 것으로 예상한다.

인구 절벽으로 전체적인 학교 교육 패러다임이 변화될 것으로 예상한다. 전통적으로 혹은 사회문화적으로 노인들을 공경해왔던 것처럼 다가올 초저출산 초고령 사회에서는 아이들이 더욱더 사랑받게 되는 사회적인 풍토가 학교에서도 고스란히 구현될 것이다. 아이들에 대한 지극한 관심과 사랑이 학생 중심의 교육적인 제도나 정책, 교육과정으로 지금보다 더욱 강화되어 실천될 것으로 보인다. 그리고 한 명 한 명의 아이들이 소중한 만큼 서로가 서로를 존중하고 배려하는 인권교육이 사회적인 변화 분위기에 따라 더욱 장려될 것이다. 또한 노동 인구의 감소로 인해 엄청난 수의 외국인들이 국내로 이주할 것이며 이에 따라 다문화 가정의 학생들이 크게 증가할 것이다. 따라서 앞으로는 다문화 교육이라는 용어가 자연스럽게 사라질 정도로 다문화 교육이 교육과정에 녹아들 것이다. 학교는 시대적 변화에 맞게 사람 중심의 교육과정을 운영해야 하고, 교육청은 이러한 학교 교육의 패러다임 전환을 유기적으로 그리고 융통성 있게 적응하여 학교교육과정을 지원해야 한다.

 이제 교육자들은 얼마 남지 않은 미래의 교육을 준비하기 위해 지혜와 통찰력을 발휘할 시간이다. 그리고 학령 인구의 감소로 인한 교육의 변화에 대해 진지하게 이야기를 나눌 시기다. 귀하디 귀한 아이들을 미래의 주인공으로 올바르게 자랄 수 있도록 하는 현명한 방법들을 다 함께 생각해보고, 인구 절벽의 위기에서 벗어나 교육을 통해 희망을 찾을 수 있도록 중지를 모아야 할 때이다.

교육지원청이 요청하는 컨설팅 IV-8

    오랜 기간 교육지원청에서는 장학이라는 이름 아래 현장 교사들의 수업 및 학생지도, 연구 활동 등을 지원해왔다. 특히, 수업의 경우에는 교사의 교수 행위에 대한 전반적인 개선을 목적으로 거의 모든 학교에 장학사들이 방문했다. 그런데 어찌된 영문인지 학교 현장에서는 장학이라는 명목으로 교육지원청에서 방문하는 것을 썩 반기지 않는 분위기이다. 교사들의 입장에서는 자신들을 지원하려고 온 장학사들이 오히려 수업과 학생지도에 집중할 수 있는 것을 방해하는 존재로 느껴지기도 한다. 장학이 원래 의도하는 것과 달리 교사들에게 부담이 되는 이유는 무엇일까?

    과거의 전통적인 장학의 모습은 지극히 Top-down 방식이었다. 단위학교에서 장학을 거부하는 것은 상식 밖의 일이었다. 물론 교육지원청은 관내 학교들과 협의를 거쳐 학교 간에 방문일이 겹치지 않도록 연간 장학 계획을 수립하고, 그것에 의거하여 장학활동을 전개

한다. 또한 교육지원청의 학교 방문 시기에 즈음하면 상호 소통하며 장학의 효과를 높이기 위해서 노력한다. 사실 단위학교의 수업 개선을 위한 직접적인 지원, 업무 경감을 위한 간접적인 지원 등 교육지원청의 역할은 매우 많다. 한 마디로 표현하자면, 교육지원청은 지역 내 학교의 교육과정 편성 · 운영 전반에 관련하여 지원하는 일을 담당한다. 교사가 부담을 느끼느냐의 여부와 상관없이 단위 학교를 위한 컨설팅 등의 지원은 교육지원청의 주된 임무이다.

단위 학교의 교육과정 편성 · 운영을 지원할 수 있도록 교원 연수, 교육과정 컨설팅, 연구학교 운영 및 연구회 활동 지원 등에 대한 계획을 수립하여 시행한다.

- Ⅳ. 학교교육과정 지원 중에서 -

    그런데 오랫동안 학교에서 관행적으로 실시되었던 장학은 형식적인 측면이 강했다. 현장에서 장학이 학교 지원이라는 순수한 의도에 맞게 실천되기란 여간 쉽지 않다. 필자가 저경력 교사 시절 경험한 수업 장학의 모습을 회상하면, 장학사가 교사의 수업을 참관한 뒤 수업 소감을 이야기하고 개선점 등에 대해서 조언하는 방식이었다. 이러한 방식의 장학이 오랜 시간에 걸쳐 우리 교육계에 고착화되면서 교사들 사이에는 장학의 필요성에 대해서 의문을 품기에 이르렀다. 아마도 교육경력이 10년 이상 된 교사라면 장학과 관련하여 저경력 교사 시절 한 번쯤은 자신이 속한 교육지원청의 장학사에게 수업 참관을 허용한 경험이 있을 것이다. 실제로 장학을 서로 꺼리는 분위기에서 수업 공개는 저경력 교사들의 몫이 되는 경우가 많았다.
    어느덧 교사, 심지어 관리자들까지도 장학의 취지가 무색할 만큼 교육지원청의 학교 방문을 꺼리는 지경에 이르렀다. 학교에 방문한 장학사들은 으레 "선생님들 모두 고생 많으십니다."라고 말하며 아이들 지도하느라 정신없는데 교육지원청에서 나온다고 해서 괜히 부담을 드린 것은 아닌지 조심스럽게 묻곤 한다. 이제는 이것도 상투적인 인사말로 들린다. 사실 이 말은 단순히 겸손의 표현은 아니다. 분명 학교의 입장에서 장학사들은 불청객은 아닐 것이다. 그들은 우리 학교를 지원하기 위해서 찾아온 반가운 손님이 되어야 마땅하다.

어떻게 하면 장학의 본래 취지를 살릴 수 있을까? 학교에 부담은 되지 않으면서 효과는 큰, 소위 가성비 높은 장학이 되기 위해서는 어떻게 해야 할까? 그 대안 중 하나로 컨설팅을 들 수 있다. 컨설팅은 전통적인 장학과 달리 학교의 주된 관심사와 처한 상황에 따라 학교가 직접 지원을 요청하는 형태이다. 장학과의 차별성이라면 과거의 Top-down 방식에서 벗어나 Bottom-up 방식으로 현장의 목소리를 최대한 반영하여 실질적인 도움을 주도록 하는 데 취지가 있다.

그런데 어찌된 영문인지 이마저도 학교가 교육지원청에 컨설팅을 요청하는 것이 아니라 교육지원청에서 학교에 컨설팅을 요청하는, 아이러니한 상황을 만나게 된다. "선생님, △△선도학교 운영 담당자 맞지요? 선도학교는 연 2회 컨설팅을 받아야 합니다. 언제가 좋을지 일정 맞추려고 연락드렸습니다." 원하지도 않는 컨설팅을 받아야 한다며 우리 학교를 담당하고 있는 컨설턴트가 전화를 한 것이다. 컨설팅이 의무가 된 것이다. 선도학교를 운영하면서 별다른 문제점이나 의문사항이 발생하지 않았음에도 불구하고 굳이 컨설팅을 형식적으로라도 받아야 하는 시스템의 문제인가? 아니면 교사들 스스로 문제 인식이 없는 것이 문제인가? 필자는 현재 관행적으로 이루어지고 있는 컨설팅 장학이 이 두 질문에서 결코 자유로울 수 없다고 생각한다.

첫 번째 질문과 관련하여, 우선 교사들이 컨설팅의 필요성을 강하게 느끼지 못하는 경우를 생각해볼 수 있다. 현재의 교사들은 자신의 교육과정 운영을 위해 어떤 도움을 필요로 할까? 교육지원청뿐만 아니라 교육청, 교육부는 현장의 목소리에 더 귀를 기울여야 한다. 교사가 호응하지 않는다면 어떠한 교육 프로그램도 학교 현장에 정착되기 어렵다. 그래서 교사들이 가려워하는 부분이 무엇인지 정확히 파악하여 긁어주고 아픈 부분은 치유시켜주는 방식의 맞춤형 지원을 해줄 필요가 있다. 예를 들어, 쉼 없이 교육과정을 운영하며 심한 스트레스를 겪거나 심신이 피로한 교사들에게 숨고르기 하는 방법을 알려주는 것도 좋은 지원이 될 수 있다. 근래에 교사 대상의 집합 연수에 힐링 프로그램을 연계하여 진행하는 경우가 많은 것도 이러한 이유에서일 것이다.

컨설팅의 성공은 일차적으로 컨설팅을 요구하는 사람의 요구를 얼마나 잘 반영하여 실행되느냐에 달려있다. 목이 마른 사람에게 마른 과자를 주는 것은 아무런 도움이 되지 않는다. 늘 교육지원청의 입장에서는 교사들이 느끼는 갈증을 탐색하고 그 원인을 분석하며, 때로는 직접 이들의 이야기를 들어봄으로써 그 갈증을 해소시키기 위한 지원책을 내놓아야 한다. 사실 교육지원청은 과거의 Top-down 방식의 장학에서는 많이 탈피했다. 그럼에도 불구하고 컨설팅이 제대로 이루어지지 않는 이유는 무엇일까? 이것이 바로 두 번째 질문과 관련된다.

두 번째 질문과 관련하여, 현장의 교사들에게도 쓴소리를 하자면, 교사들이 교육과정 운영에 있어서 전문성을 갖추기 위한 노력을 게

을리하지 말아야 한다. 교사로 임용이 된 이후에도 교사로서의 자기 연찬과 전문성 개발은 지속적으로 진행되어야 한다. 변화하는 미래 사회에 맞춰 교육과정은 변하기 마련이다. 그리고 변화된 교육과정을 운영하는 교사의 역량도 재창조되어야 한다. 하지만 학교 현장에서 종종 우려스러운 모습도 발견된다.

한 예로, 소프트웨어교육을 초등학교 실과에 2019년부터 전면 적용한다고 이미 몇 년 전부터 예고하고 교육부에서는 각종 연수와 우수사례를 개발하여 지원하고 있다. 교육청 차원에서는 소프트웨어교육과 관련하여 단위학교로 찾아가는 연수나 지역 내 선도교사를 육성하여 지원하고 있으나 연수 인원을 채우지 못하는 경우도 있다. 교육지원청은 종종 교사들에게 이미 지원한 연수 프로그램에 대한 만족도를 묻고, 차후 개설을 원하는 연수 프로그램에 대한 설문조사를 한다. 교사의 필요와 요구를 반영하겠다는 취지이다. 하지만 차기년도에 열리는 집합연수를 보면 연수 인원을 채우지 못해 거꾸로 교육지원청에서 홍보가 아닌 참여 협조를 요청하는 경우가 발생한다. 소프트웨어교육 연수도 이와 관련된 지도 역량을 대부분의 교사들이 갖추고 있기 때문에 연수를 신청하지 않는 것은 아니다.

정리하자면 이 문제는 교육지원청에서 교사들의 요구에 대한 분석을 잘못했기 때문은 아닌 거 같다. 필자는 교사들이 교육과정 운영에 충실하되 부단히 자기개발에 힘써야 한다는 점을 강조하고 싶다. 주변에서 선배교사, 후배교사 가릴 것 없이 수업에 대해서 이야기할 때면 "수업을 하면 할수록 어렵다."는 말을 하곤 한다. 이렇게 자기 수업에 대한 반성에 도달한 교사라면 동료교사와 교육지원청에 컨설팅을 요구해보는 것은 어떨까? 여기서 컨설팅의 진정한 의미가 살아나지 않을까?

책 냄새 하나, 어떠세요? IV-9

인문학적 소양 및 통합적 읽기 능력 함양을 위해 독서 활동을 활성화하도록 다양한 지원을 한다.

― Ⅳ. 학교교육과정 지원 중에서 ―

 12월이 되면 교사들의 마음 한편에는 겨울 방학을 기다리는 설렘과 한해를 돌아보며 아쉬웠던 생각이 공존한다. 그리고 나는 한해를 정리하면서 각종 연구회나 내가 후원하는 단체로부터 받은 여러 종류의 책들과 재미있다는 옆 반 선생님의 말을 따라 샀거나 광고에 혹해서 샀던 책들을 물끄러미 바라보곤 한다. 몇 권을 제외하고는 보통 샀던 때와 마찬가지로 깨끗한 새 책인 경우가 많다. 그리고 내년에는 꼭 새롭게 책을 사지 않고 현재 있는 책들을 하나하나 찬찬히 읽고 말 것이라며 의지를 다진다. 그렇게 교직생활 동안 나의 서재는 가득 차고 있는 중이다. 나의 서재가 조금씩 차면 찰수록 나의 마음의 양식이 점점 차야겠지만 그렇지 못해 못내 부끄럽다. 그럼에도 남들보다는 조금 더 읽어야겠다는 생각으로 한 달에 한 권은 읽고 있다. 하지만 구입한 모든 책을 다 읽지 못하는 것은 물론이고, '올해는 업무가 너무 힘들어서 책 읽을 시간이 없었어.', '학생들과 정신없이 지내면서 특히 고학년이라 힘들었어.'처럼 이런 저런 핑계로 한 해를 마무리한다.

  문화체육관광부는 2년마다 국민독서 실태조사를 실시하여 우리나라 성인과 초·중·고 학생의 독서량과 독서 비율을 비교·분석하고 그 결과를 발표하고 있다. 먼저 독서량의 경우 2019년 기준 성인의 연간 종합 독서량(종이책＋전자책＋오디오북)은 7.5권으로 2017년 조사 결과보다 독서량은 더 줄었으며 한 달에 책 한 권을 읽지 않는 것으로 나타났고, 초등학생은 86.9권, 중학생은 25.5권, 고등학생은 12.5권으로 조사되었다. 그리고 독서 장애 요인으로 성인들은 '책 이외의 다른 콘텐츠 이용(29.1%)', '일(공부) 때문에 시간이 없어서(27.7%)', 학생의 경우 '학교나 학원 때문에 책 읽을 시간이 없어서(29.1%)'라는 응답이 높게 나왔다. 즉, 성인과 학생의 많은 사람들은 책 읽을 시간이 없어서 독서하는 데 지장이 있다고 생각하고 있었다. 마치 내가 한 해를 마무리하면서 책을 많이 읽지 못한 핑계를 대는 것과 비슷하게 말이다.

  책 읽을 시간이 없다는 이유로 종종 아침 활동으로 학생들과 독서 활동을 함께 하곤 했다. 그나마 학생들도 책 읽으면서 선생님을 보면 교실에서 함께 책을 읽기 때문에 독서 분위기가 쉽게 생기기도 하고, 더불어 나에게도 독서에 몰입할 수 있는 환경과 시간이 확보되었다. 그런데 아침 활동으로 독서를 실천하면서 몇몇 아이들은 가끔 이렇게 질문하기도 한다. "선생님, 요즘은 인공지능이 있는데 책을 왜 읽어야 해요?", "유튜브에서도 배울 게 많은데 꼭 책을 읽어야 해요?" 이런 질문을 받을 때면 때로는 힘이 빠지곤 한다. 꾸준히 독서 활동을 해도 아이들은 이렇게 생각하는 걸 보니 현실이 조금 야속하다고 생각이 들어서다. 사실 나도 유튜브를 통해 지식을 습득하기도 하고 세상 돌아가는 이야기를 살펴보고, 인터넷과 인공지능 시스템을 이용해 정보를 검색해서 학생들에게 알려주고는 한다. 그렇지만 나는 아이들에게 이렇게 답변한다. "책에는 지식만 있는 것은 아니란다. 책 속에는 글쓴이의 속 깊은 이야기도 담겨 있고, 때로는 삶의 지혜까지도 숨겨 있거든. 그리고 책을 읽을 때의 느낌은 유튜브를 볼 때와는 또 다른 느낌이라 꼭 필요해." 내가 어렸을 때부터 책을 사는 것이나 책을 모으는 것에 거리낌이 없었던 이유는 사실 책을 만지고 넘길 때의 느낌이 정말 좋았기 때문이었다. 책을 보는 즐거움도 있었지만, 새 책을 만지고 넘길 때면 느껴지는 감촉과 냄새가 책을 사야겠다는 확신으로 나를 끌고 가곤 했다. 이런 이야기를 아이들에게 들려주면서 아침 독서 활동을 하다 보면 어느새 1교시 시작 시간이 다 되어 있다.

어느덧 스마트폰이 대중화되고 아이들은 어렸을 때부터 영상 매체에 많이 노출되어 있어 책을 손에 잡고 있는 경우가 드물다. 시간이 흐를수록 책은 점점 더 멀어지는 것 같아 아쉬움이 가득하다. 책을 통하여 기를 수 있는 깊은 사고와 집중력 등을 기르지 못한다면 디지털시대를 살아가는 아이들에게는 인생이라는 하늘을 날아가기에는 부족한 한쪽 날개가 덜 자란 것과 같을 것이다. 그렇기 때문에 더욱더 독서교육은 필요한 것이다. 이 독서교육의 첫 걸음으로 나는 책 읽기에 대한 즐거움을 가르쳐 주는 것이 독서 습관 형성에 큰 도움이 되리라 생각한다. 그러기 위해서는 우선 책이 좋아야 한다. 책이 좋아지려면 책을 가깝게 두면서 같이 읽을 누군가 있으면 좋다. 그렇기 때문에 아침 독서 활동 시간에 교사가 옆에서 같이 읽고 있는 모습을 보여주면 그 효과가 더 뛰어난 것 같다. 거기에 한 권의 책을 다 같이 읽고 느낌을 나누며 서로 읽은 부분을 이야기 나누는 것만으로도 또 다른 동기 부여가 되어 다음 부분을 읽게 된다. 가정에서는 부모가 같이 책을 읽어주면 좋고, 학교에서는 교사가 책을 읽으면 학생들은 책과 가까워질 수 있을 것이다.

많은 교사나 부모가 실수하는 부분 중 하나는 만화책이나 그림책, 글밥이 적은 책을 보는 아이들을 억지로 줄글이 많은 책을 보라고 권유하는 것이다. 영상 매체가 발달한 시대에 그림이나 만화를 보는 것은 어쩌면 당연한 결과일지도 모른다. 그렇기 때문에 학생들은 손과 눈이 쉽게 가는 것이고 무엇보다 중요한 것은 독서 활동을 지속적으로 권장하고 지켜봐주고 있다는 것을 학생들이 알도록 하는 것이다. 그렇게 계속 책을 읽는다는 것 자체에 대한 흥미를 잃지 않고 꾸준히 읽다보면 스스로 그림책과 만화책의 재미에 대한 한계를 인식하고 줄글이 많은 글로 넘어가게 될 것이다. 만약, 교사나 부모로서 학생이나 자녀가 원하는 책을 읽지 않는다면, 억지로 강요하거나

화를 내기보다 서점에 가서 학생이 읽고 싶은 책 한 권과 교사가 읽도록 하고 싶은 책 한 권을 사서 두 권 다 읽을 수 있도록 약속하는 것을 권한다.

　책을 혼자서만 읽는 것도 중요하겠지만 책을 읽는 즐거움을 나누는 활동을 통해서도 독서 교육을 실천할 수 있다. 고학년 학생들이 독서 동아리를 구성하여 그림책을 읽어주는 연습을 하고 한두 달 후 '책 읽어 주는 선배들'로서 저학년 학생들에게 재미있게 읽어주는 활동을 하는 것이다. 이렇게 책을 읽어주는 활동을 통해 보람도 느끼고 책 읽는 것에 대해 흥미를 가질 수 있도록 하는 다양한 기회와 경험을 제공해 줌으로써 학생들이 꾸준히 책 냄새를 맡을 수 있도록 하는 것이 중요한 것이다.

　마지막으로, 독서 활동의 동기 부여 방법으로 독서량 디딤돌과 같은 독서의 양에 집중하는 것보다는 한 권이라도 제대로 읽고 독자로서 감흥을 느낄 수 있는 방향으로 학생들에게 안내해보자. 아직까지도 도서관에서 책을 많이 읽은 학생들을 위해 다독상이 존재하는 학교들이 있는데, 물론 책을 많이 읽는 것도 중요하겠지만 학생들이 그 책을 읽고 무엇을 느끼고 알게 되었는지를 더 중요하게 여긴다면 좋겠다. 그렇게 하나하나의 의미를 탐색하고 깊이 있는 독서가 된다면 더 깊이 있는 생각이 자라날 수 있을 것이다.

　독서만큼 경제적인 활동이 있을까? 독서는 다른 사람들이 축적해 놓은 지식과 지혜를 자기 것으로 만들 수 있기 때문이다. 평생을 바쳐 터득한 지혜를 책 한 권을 통해서 하루 저녁이면 다 습득할 수 있으니까 말이다.

　그럼.

　"지금 이 순간, 책 냄새 하나 맡아보면 어떨까?"

여기는 교실, 업무경감 지원 바람! IV-10

교육청 수준의 학교교육과정 지원에 대한 자체 평가와 교육과정 운영 지원 실태에 대한 점검을 자율적으로 실시하고 개선 방안을 마련한다.

- Ⅳ. 학교교육과정 지원 중에서 -

교육청은 학교교육과정의 질 관리를 위해 각급 학교의 교육과정 운영에 대한 지원이 적절히 이루어지고 있는지 자체 평가와 점검을 지속적으로 실시하고 개선 방안을 마련해야 한다. 이에 따라 최근 각 교육청에서는 학교교육과정 지원에 대한 모니터링을 실시하고 개선 방안을 강구하며 노력하고 있다. 그러한 노력 중의 하나가 바로 학교 현장 교사의 행정업무 경감 지원이다.

교사라면 대부분 다급하게 행정업무를 처리하느라 본의 아니게 아이들 지도에 소홀히 한 경험이 있을 것이다. 나 역시도 예고 없이 찾아온 행정업무를 처리하고자 수업을 등한시 한 경험이 있다. 예를 들면, 어느 날 1교시가 막 시작될 무렵, 공개수업이 예정되어 있던 교실의 컴퓨터가 갑자기 켜지지 않는다고 연락이 와 얼른 해당 교실로 간 적이 있었다. 고치지도 못한 채 계속 컴퓨터와 씨름하다가 결국 수업시간에 늦게 교실로 들어간 적이 있었다. 어떤 때는 국회에서 발송한 학교 현황 조사 공문을 받았는데 결과 제출 기한일이 바로 공문을 받아 본 그날까지였다. 아마 맡은 업무에 따라 경험이 조금씩 다르겠지만 급하게 처리해야 하는 행정업무로 인해 답답하거나 기분이 상한 경험을 모두 갖고 있을 것이다. 생각하지도 못한 행정업무들을 처리하는 일은 결국 정상적인 교육과정 운영을 방해하는 것이다.

요즘 교육청에서는 이러한 학교 교육의 현실을 파악하여 교사들이 수업과 학생 생활지도에 전념할 수 있도록 행정업무 경감에 많은 노력을 기울이고 있다. 예를 들면, 매주 '공문서 없는 날'을 지정하여 일주일 중 하루는 교사들이 공문 처리를 하지 않도록 하고 있다. 또한 간단한 조사 제출 자료는 자료집계시스템을 활용하도록 권장하고 있으며 단순 알림이나 홍보 등의 공문은 게시 공문 메뉴에 탑재하고 있다. 교무행정지원사를 학교 일선에 배치하고 있으며, 학교에서 처리하기 어렵거나 비효율적인 업무들을 교육청으로 이관하여 처리하도록 하고 있다.

하지만 이러한 교육청의 노력에도 불구하고 최근 한 조사 연구 결과를 살펴보면 아직까지도 교사들은 행정업무로 인해 힘들어하고 있다는 것을 알 수 있다. 한 광역시에서 교사들을 대상으로 '교사로 근무하면서 가장 힘든 점'을 주제로 설문조사를 하였는데, 10명당 4명이 '과도한 행정업무'를 꼽았다. 이 설문 결과에 대해 아마 현장의 교사들은 충분히 공감할 것이다. 왜 학교 현장에서는 행정업무 경감 정책이 피부에 크게 와 닿지 않는 것일까?

일선 학교에서 접수하여 처리하거나 학교 자체적으로 생산해내는 공문의 양이 현장에서 체감할 만큼 줄어들지 않고 있다. 교육청뿐만 아니라 각종 교육 관련
기관이나 연수원, 다른 학교, 공공기관 및 지역단체에서 발송되어 보내지는 공문의 양이 처리하기에 어마어마한 양이다. 또한 사회적인 문제나 이슈가 발생할 때마다 일선 학교에 긴급하게 내려와 처리해야 되는 공문이 교사들을 수시로 괴롭힌다. 게다가 학교에서 이루어지는 모든 교육 활동의 계획이나 결과, 협의록, 장부, 물품 품의, 가정통신문 등 많은 양의 생산 문서를 고려해보면 교육청의 노력에도 줄어들지 않는 교사의 어려움에 대해 쉽게 이해할 수 있게 된다.

학교의 기능이 갈수록 다양해지고 복잡해지고 있는 것도 교사의 행정업무를 줄이지 못하는 큰 이유이다. 학교에서는 정규교육과정 운영뿐만 아니라 방과후학교 프로그램과 초등 돌봄교실 운영이 이어진다. 또한 학생들의 평소 건강과 안전, 급식태도에도 신경을 쓰는 것은 당연한 일이고 아이들의 학업, 생활, 교우관계와 진로 및 가정에 관한 일까지 상담을 해준다. 학교폭력이 발생하여 처리하는 것도 교사가 해야 할 일이며, 각종 청소년단체 및 학교별 육성종목 체육지도 역시 교사의 몫이다. 학교에 다양한 기능이 생길수록 교사가 해야 할 행정업무는 덩달아 커지게 되고, 이는 다시 아이들 지도에 소홀해질 수밖에 없는 악순환이 발생하게 된다.

그렇다면 행정업무 경감을 위해서는 추가적으로 어떤 노력이 필요할까? 먼저, 전자 시스템의 개선을 꼽을 수 있다. 수신 공문과 발송 공문, 처리해야 할 공문, 학교 자체적으로 생산해내는 공문들의 총량은 앞으로 더 늘어나면 늘어나지 절대로 줄어들지 않을 것이다.

따라서 피하지 못할 공문 처리라면 그나마 교사들이 최소한의 노력과 시간으로 쉽게 해결할 수 있도록 현재 시스템의 처리 단계가 간단해질 수 있게 개선되어야 한다. 또한 지금보다 더욱 안정되고 빠른 속도의 업무 시스템으로 변해야 할 뿐만 아니라 사용자 편의 기능이 많이 추가되어야 한다.

둘째, 행정업무를 대체해줄 수 있는 인력 배치다. 현재도 거의 대부분의 학교에서 교무업무를 처리하는 인력이 배치되어 있어 학교 업무를 지원해주고 있다. 많은 예산이 소요되더라도 한 명의 지원 인력이 학교에 더 근무하게 된다면 학교 교육의 질이 더욱더 높아질 것이다. 또한 최근 몇몇 학교에서 운영하고 있는 교무행정업무 전담팀을 구성하고 활성화하는 것도 방법이 될 수 있다. 교무행정업무 전담팀은 교감을 중심으로 교무행정사, 행정실 교직원이 교육지원업무를 수행하는 것이며 팀원이 부족한 경우 부장교사가 지원할 수 있도록 해야 한다. 위에서 언급했던 설문조사에서도 가장 많은 교사들이 교원 행정업무 경감 개선책으로 '실질적인 행정업무 전담팀 운영'을 꼽았다.

셋째, 전국 학교의 네트워크화다. 모든 학교들은 나름 각 학교의 특성과 환경, 학생 수준 및 가정의 실태에 따라 독특한 학교 문화를 가지고 있지만 학교들의 업무 처리 방법은 전국 공통적이다. 학교 내에서 업무 처리를 고민하는 것보다 다른 학교나 교사들의 정보나 조언 등 도움을 받아 일을 처리하는 것이 매우 수월할 수도 있다. 따라서 다른 학교들과의 소통을 원활하게 해줄 수 있는 네트워크가 형성될 필요가 있다. 정보공개포털(www.open.go.kr) 시스템을 활성화하여 활용하는 것도 교사들의 시간과 노력을 단축시킬 수 있는 좋은 방안이 될 수 있다.

그 밖에도 학교에 존재하는 각종 위원회들을 통합하여 운영할 필요가 있으며, 위원회를 동학년 협의회나 전체 교직원 협의회로 대체하는 것도 방법이 될 수 있다. 또한 전자문서로 작성한 문서도 수기로 작성한 것과 동일하게 취급해줌으로써 보다 효율적으로 업무를 추진할 수 있어야 한다. 더불어 학교 내 위임전결규정을 대폭 간략화하여 결재 과정을 매우 간단히 할 필요가 있다.

무엇보다도 교원 업무경감이라는 의식을 우리 모든 교육자들이 갖고 있어야 한다. 시간이 지나면서 자연스럽게 교사의 업무가 늘어나기 마련이다. 학교 문화의 특성상 기존에 있던 업무를 없애는 것은 어렵고 새로운 업무가 발생하기는 매우 쉽다. 따라서 업무경감을 항상 인지할 수 있도록 주기적으로 학교 관리자 및 교사들을 대상으로 안내 및 교육을 해주어야 하며, 교육청 자체에서도 교직원들을 대상으로 이에 대한 내용을 계속해서 환기시켜주어야 한다. 그리고 쉽지 않겠지만 모든 교육자들이 공문 자체를 줄여나가야 한다는 근본적인 인식을 가지고 계속해서 노력해야 할 것이다.

학교 현장에서 교사의 업무경감 정책을 성공적으로 안착시키기 위해서는 일반 기관이나 기업에서 처리하는 행정 방식이 아닌 학교만의 특성을 가진 학교 행정 체계가 이루어져야 한다. 그리고 교육청은 총론에 나온 항목처럼 지속적인 모니터링을 강화하여 불필요한 업무의 정비 사례를 계속해서 발굴하고 모든 학교에 일반화해야 한다. 실질적인 업무경감이 이루어져 학교 현장이 만족하는 정책이 될 수 있도록 교육청이 적극적으로 노력해줄 것을 요청한다. '물 들어올 때 노 젓는다.'라는 말처럼 교원들의 행정업무 경감에 대해 교육계와 사회적으로 공감대를 형성한 바로 지금이야말로 확실하게 교원 행정업무를 실질적으로 경감시킬 수 있는 기회이다. 다시는 없을 절호의 기회다.

참고 문헌

- 김세영, 정광순(2013). 교육과정 가능성의 개념 탐구. 교육과정연구, 31(4), 27-50.
- 문화체육관광부(2020). 2019년 국민 독서실태 조사 결과 발표. 보도자료. 세종 : 문화체육관광부.
- 사토 마나부(2014). 授業を變える 學校が變わる. 손우정(역)(2014). 수업이 바뀌면 학교가 바뀐다. 서울 : 에듀니티.
- 여성가족부(2018). 교과서 속의 성차별 이렇게 바꿔주세요. 정책뉴스. 서울 : 여성가족부.
- 유성열, 정광순(2018). 2014 핀란드 교육과정으로 본 학교교육과정 지원하는 국가교육과정의 역할 탐색. 통합교육과정연구, 12(4), 171-196.
- 이성화 외(2015). 세계시민교육의 실태와 실천과제. 연구보고 RR 2015-25. 서울 : 한국교육개발원.
- 이윤미, 정광순(2015). 초등교사의 교육과정 실행 경험으로 본 교육과정 실행 관점과 의미. 교육과정연구, 33(4), 65-89.
- 이정우(2017). 교실 수준에서 핵심역량을 어떻게 평가할 것인가. 교육광장. 65. 40-43.
- 이호준 외(2016). 초등학교 담임연임제 정책의 쟁점 및 개선방안 : 강원도교육청의 운영 사례를 중심으로. 교육행정학연구. 34(5), 193-221.
- 정광순(2012). 교사의 교육과정에 대한 문해력. 통합교육과정연구, 6(2), 109-132.
- 정성식(2014). 교육과정에 돌직구를 던져라. 서울 : 에듀니티.
- 정현종(2015). 시인의 그림이 있는 섬 : 정현종 시선집. 파주 : 문학판.
- Gladwell, M.(2009). Outliers. 노정태(역)(2019). 아웃라이어 성공의 기회를 발견한 사람들. 파주 : 김영사.
- Nussbaum, M.(2011). Creating Capabilities. 한상연(역)(2015). 역량의 창조 : 인간다운 삶에는 무엇이 필요한가. 파주 : 돌베개.
- Torrance, E. P.(1995). Why Fly? : A philosophy of creativity. 이종연(역)(2005). 토랜스의 창의성과 교육. 서울 : 학지사.
- World economic forum(2016). The Future of Jobs : Employment, Skills and Workforce Strategy for the Fourth Industrial Revolution. Genève : World Economic Forum.

[인터넷 자료]

- 성홍식(2019.11.06.). 인구급감에 새 교원수급기준 마련한다.
  내일신문, 〈http://www.naeil.com/news_view/?id_art=330714〉에서
  2020년 6월 5일 검색.
- 이연희(2019.07.14). 학생 수 감소로 초등교사가 중학생 가르치는 길 열릴까.
  뉴시스, 〈https://newsis.com/view/?id=NISX20190712_0000709637〉에서
  2020년 6월 5일 검색.
- 한희정(2019.10.08.). 법령에 따라 교육해야 하는 교사는 왜 법이 두려운가.
  에듀프레스, 〈http://www.edupress.kr/news/articleView.html?idxno=4322〉에서
  2020년 6월 5일 검색.
- 홍후조(2019.02.25). 새 학년에 생각해보는 담임 연임제.
  데일리비즈온, 〈http://www.dailybizon.com/news/articleView.html?idxno=12710〉에서
  2020년 6월 5일 검색.

교사들이 국가교육과정을 읽으며 풀어낸 49가지 이야기

교사, 교육과정을 읽다

1판 1쇄 초판 2020년 7월 1일
1판 1쇄 발행 2020년 7월 6일

지은이   이한진 이광재 김상헌 유성열 남승종 이찬희
그린이   김도현
발행인   강재경 박종윤
펴낸곳   도서출판 미래가치
주 소   서울시 영등포구 선유로 130 에이스하이테크시티3 5층 511호
연락처   02-6956-1510 | FAX 02-6956-2265
등 록   제2011-000049호

ISBN 979-11-5502-819-3 13370

ⓒ 이한진 이광재 김상헌 유성열 남승종 이찬희, 2020

본 도서는 저작권법에 의해 보호를 받는 저작물이므로 무단 전재 및 복제를 금합니다.

이 도서의 국립중앙도서관 출판예정도서목록(CIP)은 서지정보유통지원시스템 홈페이지(http://seoji.nl.go.kr)와 국가자료 종합목록 구축시스템(http://kolis-net.nl.go.kr)에서 이용하실 수 있습니다.(CIP제어번호 : CIP2020025126)